古典文獻研究輯刊

三一編

潘美月・杜潔祥 主編

第 1 冊

《三一編》總目

編 輯 部 編

袁同禮與中國圖書館事業(上)

潘 梅 著

國家圖書館出版品預行編目資料

袁同禮與中國圖書館事業（上）／潘梅 著 -- 初版 -- 新北市：
花木蘭文化事業有限公司，2020〔民109〕
序 6+ 目 4+254 面；19×26 公分
（古典文獻研究輯刊 三一編；第 1 冊）
ISBN 978-986-518-142-0（精裝）
1. 袁同禮 2. 圖書館事業 3. 中國
011.08   109010370

ISBN-978-986-518-142-0

古典文獻研究輯刊
三一編 第一冊   ISBN：978-986-518-142-0

袁同禮與中國圖書館事業（上）

作　　者　潘梅
主　　編　潘美月、杜潔祥
總 編 輯　杜潔祥
副總編輯　楊嘉樂
編　　輯　許郁翎、張雅淋　美術編輯　陳逸婷
出　　版　花木蘭文化事業有限公司
發 行 人　高小娟
聯絡地址　235 新北市中和區中安街七二號十三樓
　　　　　電話：02-2923-1455／傳真：02-2923-1452
網　　址　http://www.huamulan.tw 信箱 hml810518@gmail.com
印　　刷　普羅文化出版廣告事業
初　　版　2020 年 9 月
全書字數　470747 字
定　　價　三一編 9 冊（精裝）台幣 26,000 元

《三一編》總目

編輯部　編

《古典文獻研究輯刊》三一編　書目

《三一編》各書作者簡介・提要・目次

第一、二冊　袁同禮與中國圖書館事業

作者簡介

潘梅（1982～），北京大學管理學博士，主要研究領域為圖書館學理論與圖書館學史、信息諮詢，發表學術論文十餘篇。先後就職於貴州民族大學和電子科技大學。2019 年至今，受聘於貴州民族大學，講授《信息諮詢》、《圖書館學趨勢與前沿》、《圖書館學研究與社會調查》等課程。

提　要

袁同禮是民國時期圖書館界的一位重要人物。他長期擔任國立北平圖書館館長和中華圖書館協會主席職務，奠定了北平圖書館的藏書基礎、人才基礎和業務格局，推動了中國圖書館的普及與現代化，促進了中西文化的理解與溝通，是一位傑出的圖書館事業家和目錄學家。

通過爬梳與袁同禮相關的史料，編寫了《袁同禮先生年譜初編》。在此基礎上，總結袁同禮在領導國立北平圖書館和中華圖書館協會時的重要工作、進行文獻採訪編纂的主要活動、開展國際圖書交流的情形以及目錄編製的具體實踐，分析他在圖書館事業發展觀、文獻採訪編纂觀、文化交流觀、目錄學思想等方面的獨特性及其對現代圖書館事業發展的借鑒意義。

本書有助於豐富中國圖書館學史的研究。

目　次

上　冊

下 冊

附 錄

第三冊　碩堂輯佚札叢

作者簡介

何廣棪，字碩堂，號弘齋。廣東省鶴山縣人。早歲畢業香港新亞研究所，獲文學博士學位。絡繹任教珠海學院、清華學院、遠東學院、樹仁大學幾廿載。一九九三年東渡臺灣，受聘華梵大學東方人文思想研究所。初任教授，後兼所長。除授課多門外，另指導研究生撰作博、碩士論文，通過而獲學位者近百人。

在臺期間，榮獲中華民國教育部頒發「教授證書」；行政院頒發「教授任職滿二十年服務成績優良，依獎章條例之規定，特頒給二等服務獎章」；又以《陳振孫之經學及其〈直齋書錄解題〉經錄考證》一書參賽，榮獲中華文化復興總會頒發「一九九九年度中正文化獎」。

二零零九年八月，年近古稀，依例榮休返回香江，惟仍服務母校新亞研究所。一度出任教務長與《新亞學報》編輯委員。未幾又被香港大學饒宗頤學術館敦聘為「榮譽研究員」，以迄於茲。

平素勤於治學與著述，出版著作主要有《宋詞賞心錄校評》、《李清照研究》、《李易安集繫年校箋》、《李清照改嫁問題資料彙編》、《陳振孫研究六種合編》、《碩堂文存》一至六編、《何廣棪論學雜著》、《何廣棪論學雜著續編》等，現又梓行《碩堂輯佚札叢》，凡收相關論文卅二篇。

何教授研究陳振孫凡廿八年，著成專書六種，三百一十餘萬言；鑽研甚富，多所創穫，論其業績，庶可凌駕陳樂素、喬衍琯二老輩而上之，曷勝榮藉。

提 要

我國歷史悠久，學人著作富贍。然書有五厄，多遭散佚，殊可惋也！斯固有待後人不斷之輯佚，方謀其重現。

學術研究之成果，常有待新資料之獲得，輯佚亦蒐求新資料之一法也。本書撰人何廣棪教授夙好輯佚，近將其歷年就輯佚所得資料，用以研成新成果，選取其中卅二篇論文，結集為《碩堂輯佚札叢》。其書編理之次序，一遵佚文撰人年齒長幼安排，計有陳振孫、范濱、勞乃宣、簡朝亮、葉德輝、黃克強、梁啟超、陳垣、葉恭綽、楊樹達、錢玄同、陳寅恪、董作賓、錢穆、傅斯年、李滄萍、俞平伯、羅香林、曉雲法師、張舜徽諸位，下及余少颿、阮廷焯之蒐輯近代粵佚詞，以上諸位學者皆學術界名家也。

就前所述，吾人既深悉學術研究有待新資料之發現，始可作新研究；而有新研究，方有新成果。本書撰人學問淵贍，博涉多通，就此可推知本書既經撰人精心撰就，則其公之於世，必對學術研究有卓新之貢獻。治學諸君望垂注焉。

目　次

第四冊　阮刻《周禮注疏》校考（外二種）

作者簡介

　　孔祥軍，江蘇揚州人，文學碩士，歷史學博士，碩士生導師，揚州大學社會發展學院教授，日本北海道大學訪問學者。主持國家社科基金項目「阮刻《十三經注疏》圈字彙校考正集成研究」「清人地理考據文獻集成與研究」、教育部社科基金項目「清人經解地理考據整理與研究」、教育部後期資助項目「阮刻《毛詩注疏》圈字彙校考正」等多項科研項目。在《清史研究》、《中國經學》、《域外漢籍研究集刊》、《古典文獻研究》等學術刊物發表論文八十多篇。正式出版《毛詩傳箋》點校整理本（中華書局「中國古典文學基本叢

書」），以及《阮刻〈周易注疏〉圈字彙校考正》、《清人經解地理考據研究》、《出土簡牘與中古史研究》等專著六部。

提　要

　　本書稿是對阮刻《周禮注疏》進行校考，所謂校，乃從經、注、疏、釋文，三個層面展開，以言經文，所據者則有宋代以來各種重要經注本、注疏本之經文；以言注，所據者有宋代以來各種重要經注本、注疏本之鄭注；以言賈公彥《疏》，所據者，則有日藏殘抄單疏本《周禮疏》、宋刊魏了翁《周禮折衷》、南宋刊八行本《周禮疏》、元刊十行本《周禮註疏》及元明以下諸注疏本；此外，北宋刊《通典》、南宋刊《儀禮經傳通解・續通解》等文獻中頗有引及《周禮》注、疏文字者，皆在彙校取材範圍之內，可以說本成果已將目前所知各種重要《周禮》注、疏網羅殆盡，在這樣的範圍內進行彙校，實屬首創，其創新價值不言而喻。所謂考，目前所見《周禮注疏》整理本，幾乎都以阮本為底本，如北大本、臺灣新文豐本、傳世藏書本等等，而校記也是根據阮本，幾乎未作校勘工作，更遑論彙校了，可見阮本對後世整理本的影響是空前的，本書稿致力於對最有可疑之處的文字進行徹底的彙校判定工作，不僅如此，還將結合上下文語境、前後文邏輯、引據文獻、文辭書法，以及包括阮元《周禮注疏校勘記》、加藤虎之亮《周禮經注疏音義校勘記》在內之前人各類研究校記，對其是非進行判斷，從而為釐正文字，特別是今日重新整理《周禮注疏》提供重要參考。

目　次

第五冊 晚明日用類書勸諭思想研究

作者簡介

郭正宜，台灣台中人，國立成功大學中國文學博士。目前任教於高苑科技大學資訊傳播系，教授劇本創作、故事編撰、影視文學賞析及習作、文化創意產業現況及分析等課程。研究領域：越南瑤族宗教與文化、道家、道教思想、環境倫理學等。著有《道家、道教環境論述新探》一書。

提 要

本書的研究目的在於探討晚明日用類書中的勸諭思想。本書的研究方法，是運用比較法與脈絡化二種。所謂比較法，即透過具有比較基礎的兩種以上的材料，使得單一視角下的研究對象，擁有對揚比較的反映或反射，進而彰顯出研究對象的特殊性。在本書的比較法，包含三種比較：歷時性的比較、共時性的比較與大小傳統的比較。在脈絡化上，主要是從社會的脈絡出發，探討士人與庶民的共同語境及勸諭思想之影響、與彼此之間交涉、融攝與互動。第一章緒論，討論本書的研究動機與目的、現況、晚明日用類書的讀者群像及研究方法與步驟。第二章射利與獵奇，討論晚明日用類書的體例、及其勸諭內容，並舉隅晚明的尚奇風氣。第三章勸善共修身，討論了晚民間倫理與教化倫理相關概念，並說明晚明日用類書中的民間倫理，略可區分為：安分養心觀、謙忍處世觀、孝悌睦族觀等。第四章了官和戒奢，討論了晚明奢華世相與庶民的對應態度及方式，即勸民先繳納官糧、莫舉債做門風，與勸諭民眾崇尚節儉與勤勞工作等。第五章酒色及財氣，透過「酒色財氣行船圖」說明晚明社會關於「酒色財氣」的士人與庶民所共同面對的語境脈絡，

並運用大小傳統的交融，也說明了士人與庶民對待「酒色財氣」不同的態度
與方式。本章亦說明了「以舟為身體的想像」，回覆了「酒色財氣行船圖」構
成的語境。第六章護生暨壽考，討論了晚明遵生的社會氛圍、護生與生存焦
慮、護生與戒殺生的思想淵源、放生會組織與晚明通俗日用類書中的護生與
戒殺生勸諭思想等。

目　次

第六、七冊　嚴可均《全上古三代秦漢三國六朝文》研究

作者簡介

　　陳玫玲，研究的方向是屬於清人文獻領域，包括輯軼學、辨偽學與目錄學方面，而博士論文題目是清人嚴可均《全上古三代秦漢三國六朝文》，指導教授是中央研究院研究員林師慶彰先生。筆者自 2 萬多篇的錄文中逐篇對校，突破了前人的研究，也釐清許多的盲點。研究領域雖以文獻為主，卻也利用該材料，兼論其經學相關研究，如〈啖、趙、陸三家疑經與考辨學風之繼承與影響〉、〈張伯行編著《正誼堂全書》對理學的繼承〉、〈從書院學規看清人「實學」的開展─以蘇州書院為例〉。目前藉助文獻研究方法，正專研經學領域，延續經學學術的價值，是不因時代的變遷而有所抹滅的。

提　要

　　《全上古三代秦漢三國六朝文》（簡稱《全文》）是部輯佚典範之作，由於該書部峽大，牽涉面向極廣，近代學者僅能針對幾個層面泛說，少有獨創新義。究其原因，未能審閱原典出處，僅憑《全文‧凡例》說明而評析蠡測，迫使研究成果與文本有些許的差異。因此，本論以文本架構為主軸，探討作者小傳、篇文綴合、案語內容等相關議題，從而突破前人之研究。

　　嚴可均為乾嘉考證學風下之鉅子，其學貫通《六經》，浩博無涯名重一時。在進行研究時，有幾個發現：其一，《全文》如何繼承梅鼎祚《歷代文紀》、張溥《百三家集》二書，以及與彭兆孫《全上古三代附全秦文》、《南北朝文》兩者間之關係。其二，論文主要核心分三，首先，針對作者部分，分別以目次編列、作者考證為討論範圍。其排列次序的義涵，具有史家筆法；仿效《四庫全書總目》先釋家類後列道家之編次原則；創設新的類目「國初群雄」。取材出處注明有義例可尋，通常以史傳具載則不注明居多。對於篇文輯錄問題

之探討，主在二個要項：第一輯錄篇文方式：（一）內容輯錄某處，全無增刪；（二）是內容有所增刪、改寫、合併；（三）是輯錄之篇文，凡出自同書，不同段落，內容有增刪、改寫、合併；（四）是輯錄篇文，出自多家文獻，有增刪、改寫、合併。透過本文研究，讓今人研治輯佚者了解，《全文》並非僅停留在抄書層面，從文獻取資觀點視之，確有其極高的學術價值。第二《全文》文體編次以根源五經原則，以及探討其分類異同之連結為研究面向。最末《全文》案語部分，在檢閱過程從而發現嚴可均利用其形式，表達自己的觀點、陳述稽考資料的歷程，提出合理解釋與成果。其中，尤以採酌史傳資料比例甚高，用意在於交代事件原委始末，兼及考校文字、相關人物。

統而言之，當代學術風氣以「通經明道」治學宗旨，借助文字、訓詁、音韻的方法來研治經學，考證範圍兼擅天文、地理、出土文獻。意謂《全文》編纂如此縝密，堪稱輯佚典範，是有其時代淵源。嚴氏一生用力於此，後人難以並駕齊驅。

目　次

上　冊

第八冊　王陽明《居夷集》文學研究

作者簡介

　　鍾翌晨，河南永城人。2016 年畢業於華南師範大學文學院，獲文學學士學位。2019 年畢業於貴州大學文學與傳媒學院，獲文學碩士學位。現為深圳市寶安區石岩公學語文教師。

　　趙永剛，山東鄒城人。2011 年畢業於南京大學文學院，獲文學博士學位。現為貴州大學文學與傳媒學院副教授，中文系主任、中國古代文學專業碩士生導師、中國古典文獻學專業碩士生導師。學術兼職有：中華詩教學會理事、貴州省紅樓夢研究學會副會長、貴州省儒學研究會常務理事。出版學術專著：《清代文學文獻學論稿》《杭世駿年譜》《王陽明年譜輯存》《中國古代文學傳習錄》。

提　要

　　本書以《居夷集》為中心而展開，通過探討《居夷集》的成書過程及緣由，分析《居夷集》詩文中，陽明的精神世界與儒者風範，論述陽明文學創作對經學文本的融攝，揭示陽明作為一代大儒，於居夷處困中的化解之法與超越之境，以互證、論述、分析等方法，挖掘陽明文學思想深度，力圖展現陽明詩文創作風貌，以期對王陽明文學的獨立價值有較為明晰之衡定。本書對《居夷集》之外的王陽明作品亦有較為深入之剖析，運用文本細讀之法，以史證詩，詩史互證，發掘出《紀夢》詩與內閣首輔楊廷和複雜而微妙之關係。以龍場悟道為契機，梳理出王陽明生命價值體系之建構，並以此闡發王陽明蘊含於詩歌中之生命意識。推源溯流之法為吾國文學批評之舊傳統，本

此傳統,以王陽明良知學與知識論為中心,論述其對《紅樓夢》創作之影響。王陽明是有明一代集「立德、立言、立功」三不朽之完人,於事功、思想、教育、文學等領域均有卓越之建樹。王陽明在事功上的成就及哲學上的造詣,名彪史冊,論者雲集,文學成就則被邊緣與掩覆。目前學界對王陽明文學之整體研究,遠不及對其哲學與事功之研究。故此本書之撰述,於王陽明文學成就之展露,頗有助益之功。

目　次

第九冊　明代女教書研究

作者簡介

　　王光宜，生於高雄市，國立中興大學歷史系，國立臺灣師範大學歷史研究所碩士班畢業，研究明史、明代社會文化史與婦女史相關領域，承蒙恩師林麗月教授悉心提點、鼓勵與批閱，使拙著得以順利完成。現任教於國立華僑高中。

提　要

　　本文所探討的明代女教書，包括明人編纂及刊刻流傳的女教讀本，有單行本或數種女訓讀本合輯的問世，不論篇幅多寡，均為本文研析的對象。

　　在史料運用方面，本文除了分析明代各官、私修的女教書外，尚及於士人家訓，以及文人為婦女撰述的墓誌銘、行狀等文獻，三者均為建構明代女教思想與婦女生活的重要史料。此外，為探討女教書的出版概況，採用了明代的圖書印刷與版畫史等相關文獻，期使對明代女教書的刊刻品質與文化形貌有更進一步地了解。至於方志中對婦女傳記的記載，同樣也代表了明人對婦女的期許，故清初陳夢雷所編纂《古今圖書集成》，亦為本文探討婦女行為的重要文獻。

　　在章節安排上，本文共分六章，除緒論與結論外，首論明代女教書的類別及其成書背景，並就各類女教書在體例與內容兩方面作一概括的分析與比較。次論女教書的刊刻特色與流布概況，進而對女教書閱讀市場的分佈作一蠡測。再論女教書揭示的教化思想，分別從德性觀、貞節觀與才智觀三方面探析士人意圖建構的理想婦女形象之內涵，最後考察明代婦女的禮教行為與女教書之間的關聯與影響。希望藉由本文的探析，可稍補明代婦女社會文化史的不足，對瞭解明代婦德與女教書之間的關係裨有助益。

目　次

袁同禮與中國圖書館事業(上)

潘梅 著

作者簡介

潘梅（1982～），北京大學管理學博士，主要研究領域為圖書館學理論與圖書館學史、信息諮詢，發表學術論文十餘篇。先後就職於貴州民族大學和電子科技大學。2019年至今，受聘於貴州民族大學，講授《信息諮詢》、《圖書館學趨勢與前沿》、《圖書館學研究與社會調查》等課程。

提　　要

　　袁同禮是民國時期圖書館界的一位重要人物。他長期擔任國立北平圖書館館長和中華圖書館協會主席職務，奠定了北平圖書館的藏書基礎、人才基礎和業務格局，推動了中國圖書館的普及與現代化，促進了中西文化的理解與溝通，是一位傑出的圖書館事業家和目錄學家。

　　通過爬梳與袁同禮相關的史料，編寫了《袁同禮先生年譜初編》。在此基礎上，總結袁同禮在領導國立北平圖書館和中華圖書館協會時的重要工作、進行文獻採訪編纂的主要活動、開展國際圖書交流的情形以及目錄編製的具體實踐，分析他在圖書館事業發展觀、文獻採訪編纂觀、文化交流觀、目錄學思想等方面的獨特性及其對現代圖書館事業發展的借鑒意義。

　　本書有助於豐富中國圖書館學史的研究。

自 序

袁同禮（1895.3.23～1965.2.6），民國時期著名的圖書館學家和目錄學家。

在執掌北平圖書館二十餘年的職業生涯中，兢兢業業，矢忠矢勤，奠定了中國國家圖書館的藏書基礎、人才基礎、業務基礎，培植了一大批重量級學術人才（如王重民、向達），保護了大量珍貴的民族文化遺產，是一名傑出的圖書館館長。領導中華圖書館協會期間，促進了中國圖書館的普及與現代化，加強了國內外圖書館界的聯繫，增進了中西文化的理解與溝通，是一位卓越的圖書館事業家。他編製的目錄作品，便利學術研究，得到人們的廣泛認可，是一位優秀的目錄學家。其學術特徵是：「知識為公」的治學理念，「厚養博學」的學術面貌，「開放協作」的學術視野。

1949 年初，袁同禮攜家眷赴美，之後定居美國。對此，人們有著不同看法。某些看法甚至影響到對袁同禮先生卓越事功和巨大貢獻的公允評價和認知。

綜觀袁同禮在民國時期的思想認識和行為表現，他酷愛圖書館的工作，遠勝於對政治的興趣。離開大陸赴美，只是一個知識分子在反覆權衡之後的歷史選擇，並無背棄祖國之意。

在他離開北平之前的一段時間，與之過從的部分友人（如馬衡、張申府）用日記或文章記錄了他當時的狀態，大體可用「緊張」、「焦慮」、「害怕」等語彙表述〔註1〕。1948 年 11 月 18 日，袁同禮致函恒慕義（Arthur W.

〔註1〕馬衡撰；施安昌，華寧，釋注，馬衡日記（附詩鈔）：一九四九年前後的故宮〔M〕，北京：紫禁城出版社，2005：25；張申府．所憶：張申府憶舊文選〔M〕，北京：中國文史出版社，1993：45。（其實，當時有彷徨、恐懼心理的知識分子不在少數。無論是留下來的，還是離開平津去南京的，或多或少都有在面臨人生選擇時的躑躅彷徨。）

Hummel），透露了他對於學術自由的某些「擔憂」〔註2〕。如果這是「為學」層面上的擔心，那麼，另一個層面的焦慮是「為人」之忠義。他作為北平圖書館的館長，長年所食俸祿，來自國民政府和美國支持的「中基會」。在北平被解放軍包圍、南京國民政府催促文教界知名人士南下〔註3〕之時，袁同禮如若不從，可能有「不忠」之嫌。工作中（比如請款），與國民政府官員有一些交道，不可避免，也很自然。1944年12月，奉行政院委派，赴美考察文化事業，促進中美文化關係，並考察戰後農業復員工作，臨行前由蔣介石召見指示一切〔註4〕。與蔣介石的簡單牽連，並不是他主動接近權力中心，更多是在抗戰艱難時期，知識分子願為國奔走、為國效勞的真摯樸素情懷。這與胡適先生在美國，為中國抗戰大力奔走是一個道理。此外，他的表姐妹有韓詠華（清華大學校長梅貽琦之妻）、韓權華（抗日虎將衛立煌之妻），這些姻親關係的身份和選擇，也是需要考慮的因素。反覆權衡後，他離開了北平。而對國民黨，恐也不抱希望，加之國民政府教育部在經費問題上，對中央圖書館和北平圖書館的長期厚此薄彼，因此沒去臺灣。〔註5〕那麼何處能容身？鑒於曾在美國留學，受歐美文化影響，以及與美國文教界人士多年建立的私人友誼，他考慮赴美暫避。在上述與恒慕義的信中，他對自己的未來作了安排：將於1949年1月休公假，赴美國國會圖書館進行研究，為了應對嚴格的限制，希望恒氏發一封電報正式任命他，並寫明國會圖書館東方部將承擔他在美國的費用。後來，美國國會圖書館館長艾文斯博士（Dr. Luther H. Evans）邀請他做中國文獻部（Chinese Literature Division）榮譽顧問。

　　自從他離平赴美後，不少友朋鴻雁傳書，勸其回國〔註6〕，希望他繼續執

〔註2〕信函複印件，袁清先生提供。

〔註3〕1948年，朱家驊給袁同禮發電報，其中有「並又派機先飛青島，隨時飛平，候接兄等南來」等語。（袁清先生提供電報複印件）

〔註4〕袁同禮今日離渝赴美考察農業〔N〕，中央日報，1944-11-30（2版）。

〔註5〕2011年5月12日，筆者採訪袁同禮外孫女索菲（Sophie Volpp）女士，她認為，其外公來去臺灣大概有以下幾方面原因：一是他與國民黨比較遠。二是他預想到去臺灣的後果，即去了臺灣就再也回不了中國大陸了。當時的打算是，先去美國待一兩年，觀望一段時間，如果中國共產黨能容他們，就可以回來。三是他希望回國實現未竟的事業，繼續有一番作為，比如為實現「中國每一個村子都有一個圖書館」的志向而努力（最後一點據稱是袁慧熙夫人的轉述）。

〔註6〕目前筆者能查到的勸回書信有：1949年3月28日、6月15日、11月27日、1950年1月19日，王重民致袁同禮的信函；1949年11月28日，趙萬里致袁

掌北平圖書館。如 1949 年 3 月 28 日，王重民致函袁同禮（信的主體部分在 2 月份已寫好）：「……師一月廿四日信後，適報載有古書古物運美之說，即發表一個書面談話，附帶說明吾師赴美，將由歐返平。對一班的人也都表示『以前不得不晉京的苦衷，到了南方，便不好意思一直回來，必須向歐美繞個道兒，幾月後一定返回北平。』文化接管委員會對於這件消息，十分高興。……吾師南京之行，已獲得劉王二君十分諒解，不論如何，他們都希望吾師能早早回到北平。比方京滬若一二月內能解放，便望師夏秋之間能回來。……吾師不論在美在歐，萬勿發表任何有關政治之言論，因為處在美洲，差不多算是另一個世界，以不談為最妙」〔註7〕。又如 1949 年 11 月 28 日，趙萬里致函袁同禮，曰：「文物局負責人鄭西諦（正局長）王冶秋（副局長）兩先生均以吾公羈居海外，決非長策，擬懇早日回駕新京，共襄建國大業。萬里暨本館多數同人，久隨吾公，一旦遠離，不勝依戀，望公之來，有如望崴，尚乞俯順輿情，即日啟程赴歐轉蘇考察返國，固本館同人之幸，亦全國圖界所殷殷之切望也」〔註8〕。其中，既可看出共事同仁的細心鋪墊、真心勸解，也可看出中共高層的某種意願。從友人的多封覆函中（尤其是王重民和王毓銓的勸回書信），可以得知他確實萌生過回國的想法〔註9〕，不願「只把他鄉作故鄉」。然而各種形勢的急遽變化，並未給他這個機會。

臺灣方面，蔣復璁〔註10〕也曾致函邀其赴臺，並寄上臺灣國立中央圖書

同禮的信函；1950 年 1 月 6 日，李馨吾致袁同禮的信函；1956 年 6 月 7 日，王毓銓致袁同禮的信函。（以上皆係袁清先生提供信函複印件）
〔註7〕信函複印件，袁清先生提供。
〔註8〕信函複印件，袁清先生提供。
〔註9〕1956 年 6 月 7 日，王毓銓致函袁同禮，其中寫到：「這幾年中我們經常盼望先生回國，因為在紐約時先生嘗說願意回國」。（袁清先生提供信函複印件）
〔註10〕蔣復璁在香港而未去臺灣之前，向大陸方面表明願意回北京工作，但因其與國民黨的關係特殊，如回國將接受思想改造，且不能任行政職務。1949 年 11 月 27 日王重民覆函袁同禮時，提到此事：「蔣慰堂□方面託人來說，要來京作事，但因他和反動派有較長的歷史，如回來，亦需要先給予較長時期的訓練和改造。在最近將來，不能負任何行政責任。西諦已明白表示」。李馨吾在 1950 年 1 月 6 日覆函袁同禮時，也同樣提到：「蔣慰堂現在香港，來函叫苦，託人疏通，俾能返國。據人云：縱能回來，欲復員中央圖書館，不可能也」。（以上皆係袁清先生提供信函複印件。）抗戰時期，上海淪為孤島後，鄭振鐸（西諦）等人組成「文獻保存同志會」，搜羅流散的珍貴文獻。此時，該會得到蔣復璁及國民黨教育部的大力支持，搜羅文獻成果豐富，為民族文化遺產的保護，做出了重要貢獻。期間，鄭振鐸與蔣復璁關係密切，而對袁同禮

館的聘書。函曰:「先生斯學先進,敢以奉屈,謹將聘書、規程及首次會議錄
等寄奉……先生去國多年,企望彌深,敢乞早日命駕回國,共襄盛業,則不
僅圖書館界之厚幸也」〔註11〕。雖然未能目睹袁同禮的覆函,但他從未踏上
臺灣、終生未加入國民黨是不爭的事實。

袁同禮一生愛國,沒有做過對祖國不利的事情。在民族大義前,從未失
足落水,相反,在民族危亡之際,勇擔責任,不顧生命危險保護國寶轉移。
他任勞任怨,為中國文化教育界的發展,爭取到大量國際援助,從而為抗戰
做出了巨大貢獻。1948年12月離開北平赴南京,有其不得不如是之苦衷,儘
管這種選擇如梅貽琦、陳寅恪「出走」一樣,有其主動性〔註12〕,但也裹挾
了時代大背景下個人選擇的彷徨、迷茫和恐懼。赴美後,他一直關注國內局
勢發展,關心傾注了一生心血的北平圖書館的動向,希望形勢許可時,能葉
落歸根。所以,寓美很長一段時間,都未改變國籍。待大陸實行「雙百方針」
時,他打算啟程歸國,然而這一政策很快過去,一家人回國無望,才因生計
所迫,加入了美國國籍。〔註13〕

袁同禮無意於政治,既不是共產黨員,也不是國民黨員。他熱愛自己的
國家,熱愛圖書館的事業,遠適異域,不過是一個知識分子在時代洪流中,
面對「巨大的未知恐懼」、權衡各種具體情況做出的個人選擇,正是因為這種

欲為平館分得一杯羹,多有誤解或「敵意」。(從那一時期鄭、蔣二人往來頻
繁的書信中可知。參見:沈津.鄭振鐸致蔣復璁信箚(上)(中)(下)〔J〕,
文獻,2001(3):249~275;2001(4):214~228;2002(1):216~231。
沈津整理的書信有部分失誤,參見:陳福康.《鄭振鐸致蔣復璁信箚》整理中
的錯誤〔J〕,學術月刊,2002(7):90~93. 論文在後文引用沈津一文資料,
皆參考了陳福康先生的更正信息,特此說明。)建國後,政治形勢變化,鄭
振鐸能「諒解」袁同禮離平赴美,並希望其回國重操平館,而對蔣復璁,則
以其「和反動派有較長的歷史」,而與之劃清界線了。

〔註11〕信函複印件,袁清先生提供。

〔註12〕黃延復、梅貽琦、陳寅恪「解放」前夕為何要「出走」?〔OL〕,炎黃春秋網
(刊外稿),(2010-05-23)〔2010-08-25〕,http://www.yhcqw.com/html/kwgnew/
2010/523/10523189256BF9A742222A86GI7DAH9B58.html。

〔註13〕2011年5月19日,索菲用電子郵件轉來袁清先生對此事的補充看法:「我感
覺父母在離開中國一事上是有分歧的,爸爸真的不想離開,媽媽想;袁靜不
想離開,袁澄想。我認為對未知的恐懼是離開的主要原因。1956年的『百花
齊放』運動是我們考慮回國的極重要因素。假如『百花齊放』再持續六個月
左右,可能我們一家人都回國了。」可見,袁同禮先生當時確實希望回國發
展,這體現了他對祖國的熱愛之情,也展現了他由猶豫、觀望到下定決心回
國的心路歷程。

具體性、歷史性，我們應對其選擇持同情的理解和理性的認知。本質上，他是一位愛國書生，傑出館長，與國家民族共患難的知識分子，努力溝通中西文化的卓越之士。如他為轉運存滬善本書赴美一事，焦慮不堪，以致「精神病大發」數日。經過近一年的艱苦奔走、多方求助後，終於成功將善本運出，但次女袁桂卻因患盲腸炎醫治不及時而早夭，他個人在經濟上亦告破產。就保護珍貴的民族文化遺產而言，我們當然希望有袁同禮這樣一位能人擔當此事，但對他個人而言，為此付出失去愛女的代價，又何嘗不是一種犧牲呢？正是在艱難環境下的取捨，更可見他的愛國情操。

袁同禮，字守和，他的一生確實是以「守和」來要求自己。但正如曾國藩所說：「大抵任事之人，斷不能有譽而無毀，有恩而無怨」。在領導北平圖書館時期，他與中央圖書館館長蔣復璁的「內鬥」是不爭的事實。這種「爭鬥」，是眾多學人「內鬥」故事中的一個。所爭之事的出發點各不相同，折射出民國學人內心世界及學術生態的某些深層次東西。民國時期，引領潮流的知識分子大多崇尚現代自由、民主的理念，但在具體處事時，又常常用前現代的做法。考察民國知識分子間的各種「內鬥」情況，可以發現，因內耗而造成的學術損失，已經到了十分嚴重的地步。那個時代，知識分子「現代化的」思想認識與「前現代的」行為方式之間的深刻矛盾，在宏大敘事的歷史背景板上，被後世某種程度上有選擇性的忽略、遺忘、醜化、美化，而「事實」反而成了任人打扮的小姑娘。曾經的學人恩怨糾葛，學術派系鬥爭，在今天並未遠去，值得深思。

需要說明的是，本書是九年前博士論文的舊作。原無出版打算，但恩師多次鞭策：「世上沒有完美的作品，你做了一步，就展示一步，實在沒有時間，二步三步，留待其他學人吧！」筆者在撰寫博士論文時，因時間所限，關於袁同禮先生的心路歷程、人脈關係、學術洞見的論述不夠深入。書信和檔案複印件，數量龐大，部分內容未及編入年譜。工作後，略有增補，但因事務繁忙，以上遺憾仍未能彌補。在此，向讀者諸君深表歉意！歡迎大家指出錯訛之處。

最後，向辛勤指導我的恩師王子舟教授和熱心幫助我的袁清教授，致以最崇高的敬意！

潘梅　寫於成都

2020 年 3 月 3 日

目

次

下　冊
附　錄

緒　論

第一節　研究緣起和意義

一、研究緣起

（一）研究背景

清末民初，學術史作為顯學勃興。面對中國數千年未有之大變局，空前的民族危機，以及西學東漸所帶來的方法論、認識論的革命，學術轉型應時而動。時隔百年，學術史研究重新勃興，回顧和總結 20 世紀中國學術發展史的潮流已蔚然成風。面對「全球化」和中國崛起的時代背景，學術嬗變的契機再次到來。回顧轉型期百年中國學術史的演變和轉換歷程，總結先輩學人的經驗和教訓，為今天的學術研究尋找新方向，成為時代的應有之義。

中國圖書館學在二十世紀的發展史，是百年轉型期中國學術史的重要組成部分。立足學術史的維度，重新縱向梳理，成為當前圖書館學研究的一個重要問題。從寫法上來看，學術史的寫法可大致歸納為三種，即以著作為中心，以人物為中心，以思想演變為中心。目前，這三種寫法在圖書館學史研究領域，皆有嘗試。如，范凡的《民國時期圖書館學著作出版與學術傳承》（2008年），是從著作的角度研究民國圖書館學的學術傳承；王子舟的《杜定友和中國圖書館學》（1999 年）、吳忠良的《經世一書生：陳訓慈傳》（2009 年）是從人物的角度研究圖書館學史；程煥文的《晚清圖書館學術思想史》（2004 年）是從圖書館思想在晚清的演變來研究圖書館學史。相比而言，以著作和思想

演變為中心的寫法，在中國圖書館學史研究領域，還是鳳毛麟角，而以人物為中心的研究，已有學人作了有益探索。

目前，國內以人物為中心的圖書館學學術史研究主要有以下著作。1997年，中山大學程煥文撰寫的《中國圖書館學教育之父：沈祖榮評傳》出版。該書分上下兩篇，上篇敘述沈祖榮的生平事蹟，下篇總結其學術思想，書後附《沈祖榮先生著述目錄初編》、《沈祖榮先生年譜初編》〔註1〕。這是國內第一部系統研究圖書館學家的學術專著，有開創之功。1999年，王子舟研究杜定友的博士論文完成，並於2002年以《杜定友和中國圖書館學》之名出版。是書由正文和附錄構成，正文挖掘了杜定友的圖書館學成就和貢獻，梳理了中國圖書館學史上的眾多學術問題，附錄是《杜定友年譜初編》，資料翔實。該作是目前研究圖書館學人物較有深度的作品。作者秉持的寫作原則，值得效法，即要抱著「歷史同情」的態度去認識和評價學術人物，不事先預設主觀概念或思想指向，在評價時要遍尋與其同時代的有關論述作參照〔註2〕。2009年，吳忠良的《經世一書生：陳訓慈傳》出版。該作從七個方面論述了陳訓慈的一生，即家世與求學、「獻身史學」、「主政浙圖」、「烽火護寶」、「圖書文物工作四十年」、「社會交遊」、經世精神與學術貢獻〔註3〕。文後附陳訓慈「著述年表」和「大事年表」。該作資料較詳，述論結合，是一部不錯的傳記體作品。

2008年，王子舟的《圖書館學是什麼》出版，第五章「圖書館學大家及其貢獻有哪些」較有新意，將圖書館學大家分為四類：文獻整理編纂家、經營服務拓展家、學科理論創建家、專業人才教育家〔註4〕。這種分類雖是粗略的劃分，但擴展了圖書館學家的範圍，重新定位其貢獻，是一種全新的視角，極富啟發意義。

此外，一部分以紀念文集形式出版的作品相繼問世，如《李小緣紀念文集》（1988年）、《一代宗師：紀念劉國鈞先生百年誕辰學術論文集》（1999年）、《王重民先生百年誕辰紀念文集》（2003年）、《陳訓慈百年誕辰紀念文集》

〔註1〕程煥文，中國圖書館學教育之父：沈祖榮評傳〔M〕，臺北：臺灣學生書局，1997。

〔註2〕王子舟，杜定友和中國圖書館學〔M〕，北京：北京圖書館出版社，2002：前言頁3。

〔註3〕吳良忠，經世一書生：陳訓慈傳〔M〕，杭州：杭州出版社，2009。

〔註4〕王子舟，圖書館學是什麼〔M〕，北京：北京大學出版社，2008：151～187。

（2006 年）等。這些作品大多是由研究論文匯編而成，側重從各個方面總結圖書館學人物的思想或成就，足資參考。

1949 年以後，特別是近 30 年來，出現了不少研究圖書館學人物的論文。如《我國早期的圖書館學家楊昭悊——兼述楊太夫人紀念圖書館》（四川圖書館學報，1985 年 2 期）、《懷念一位有成績的圖書館工作者——李鍾履先生傳略》（圖書館學研究，1985 年 6 期）、《回憶金敏甫先生從事我國圖書館事業的一生》（江蘇圖書館學報，1986 年 4 期）、《漫漫長路留屐痕——記安慶市圖書館蔣元卿先生》（黑龍江圖書館，1991 年 6 期）、《蔣元卿先生事略》（大學圖書情報學刊，2004 年 22 卷 2 期）等。

近幾年，部分研究者開始選擇圖書館學家作為碩士論文題目。如北大信息管理系的魏成剛對劉國鈞的研究等。

綜上所述，學者們對圖書館學人物的研究，日益重視，所取得的成果，可以為筆者研究袁同禮提供視角或方法上的啟示。

（二）現實問題

當前，圖書館學從理論到實踐，遇到了一系列的現實挑戰。無論是圖書館學、圖書館學教育，還是圖書館實踐，對許多問題都產生了困惑。比如，圖書館學向哪裏去？圖書館學的發展空間在哪裏？圖書館學教育如何改革？圖書館人才如何培育？圖書館工作如何更好支持學術的發展？研究圖書館學的演進歷程和推動圖書館事業發展的重要人物，或許能為這些問題的解答提供參考。處於發軔時期的民國圖書館學，所遭遇的困境，比之今日更甚。作為當時圖書館事業的重要領導者——袁同禮，他所推動的圖書館管理的專業化及學術交流的廣泛性，對今天的圖書館學研究和圖書館實踐，具有非常強的參照意義。

二、研究意義

（一）深入認識袁同禮在中國圖書館史上的傑出貢獻

袁同禮曾長期擔任中華圖書館協會主席、理事長，北平圖書館副館長、館長，他全面參與並領導了中國圖書館的現代化運動，其貢獻是多方面的。論文將重點論述袁同禮在中國圖書館事業發展中的傑出貢獻。正是這種傑出的貢獻和開放的精神，奠定了中國國家圖書館的基本格局，豐富並影響了中國圖書館的歷史。

（二）合理評價袁同禮在中國圖書館史上的歷史地位

人們對袁同禮有著不同的評價，其中，有些評價爭鋒相對，出入極大。論文既不遵從某種學術觀點，也不立足某種政治立場，而是儘量根據袁同禮一生的行事方式，以及所涉及的具體史實、所關涉的時代整體進行理性分析。一味的讚譽或貶損，都無益於做出準確的學術判斷，只有真相是最好的裁判。所以，論文試圖通過追尋事實真相，對袁同禮在中國圖書館史上的歷史地位做出合理評價。

（三）總結袁同禮對當今中國圖書館事業發展的啟迪

歷史與歷史之間，有時總會有某種關聯或驚人的相似性。因此學術史研究的鑒往知來，成為可能。袁同禮作為民國時期中國圖書館事業的領袖人物，他的視野格局、思想觀念、人格操守、處事方式、領導藝術、學術關懷，對當今中國圖書館的發展，無不具有啟發意義。論文意欲總結這種啟迪，並挖掘其中閃爍的智慧見識。

第二節　研究綜述

一、關於生平事略的研究

吳光清為哥倫比亞大學出版社出版的《民國名人傳》（*Biographical Dictionary of Republican China*，第四冊）所寫的傳記「Yuan T'ung-li（袁同禮）」，詳細介紹了袁同禮的生平事略。〔註5〕此後，他又用中文寫作《袁守和先生傳略》一文，敘述相對簡略。〔註6〕該文略作修改，以《原北平圖書館館長袁同禮學術傳略》之名發表於《文獻》雜誌。〔註7〕秦賢次為劉紹唐主編的《民國人物小傳》（第二冊）所寫的傳記《袁同禮（1895～1965》，主

〔註5〕初稿見：K. T. Wu（吳光清），Biographical Dictionary of Republican China: Article on Yuan T' ung-li [G] //袁慧熙，袁澄編，思憶錄：袁守和先生紀念冊，臺北：臺灣商務印書館，1968：48～71。（英文部分）出版稿見：Howard L. Boorman, Richard C. Howard, ed..Biographical Dictionary of Republican China [G], New York: Columbia University Press, 1971，Vol.4: 89-92。兩文內容有一定差異，初稿更為詳細。

〔註6〕吳光清，袁守和先生傳略〔G〕//袁慧熙，袁澄編，思憶錄：袁守和先生紀念冊，臺北：臺灣商務印書館，1968：3～7。

〔註7〕吳光清，原北平圖書館館長袁同禮學術傳略〔J〕，文獻，1985，（4）：139～143。

要參考吳光清《袁守和先生傳略》和李書華《追憶袁守和先生》兩文而成，但對部分史實有增補。〔註 8〕王振鵠在《國史擬傳》第九輯上，撰寫了《袁同禮傳》，所敘較詳。〔註 9〕

　　在 *Contemporary Authors: Permanent Series* 中，有「YUAN, T'ung-li (1895-1965)」詞條，簡單介紹了袁同禮的家庭、受教育情況、職業經歷和晚年著作。〔註 10〕傅路德（L. Carrington Goodrich）簡要介紹了袁同禮的求學經過及職業履歷。〔註 11〕

　　對袁同禮的生平事蹟，部分工具書也有簡單介紹，例如：《當代中國名人錄》〔註 12〕、《中國文化界人物總鑒》〔註 13〕、《圖書館學情報學詞典》〔註 14〕、《中國圖書館界名人辭典》〔註 15〕、《圖書館學與信息科學大辭典》〔註 16〕、《民國人物大辭典》〔註 17〕、《世界圖書館與情報服務百科全書》（*World encyclopedia of library and information services*）〔註 18〕，等等。

　　李文潔《袁同禮年譜簡編（1895 年～1949 年）》一文，首次以年譜形式，對袁同禮在國內的行蹤進行了梳理。〔註 19〕

〔註 8〕秦賢次，袁同禮（1895～1965）〔G〕//劉紹唐主編，民國人物小傳（第二冊），臺北：傳記文學出版社，1977（民國六十六年）：129～132。

〔註 9〕王振鵠，袁同禮傳〔J〕，國史擬傳（第九輯）：107～120。

〔註 10〕YUAN, T'ung-li (1895-1965) [J], Contemporary authors: permanent series, 1975(1): 695-696.

〔註 11〕L. Carrington Goodrich.The T. L. Yuan Memorial Scholarship [G] //袁慧熙，袁澄編，思憶錄：袁守和先生紀念冊，臺北：臺灣商務印書館，1968：3～4。（英文部分）

〔註 12〕樊蔭南編纂，當代中國名人錄〔M〕，上海：良友圖書印刷公司，1931：210。

〔註 13〕橋川時雄編纂，中國文化界人物總鑒〔M〕，北京：中華法令編印館，1940（昭和十五年）：381～382。

〔註 14〕周文駿主編，圖書館學情報學詞典〔M〕，北京：書目文獻出版社，1991：538。

〔註 15〕麥群忠，朱育培主編，中國圖書館界名人辭典〔M〕，瀋陽：瀋陽出版社，1991：516。

〔註 16〕胡述兆主編，圖書館學與信息科學大辭典（中）〔M〕，臺北：漢美圖書有限公司，1995：1177～1178。

〔註 17〕徐友春主編，民國人物大辭典（上）〔M〕，增訂版，石家莊：河北人民出版社，2007：1104。

〔註 18〕Chi Wang.Yuan, T'ung-li [M] // Robert Wedgeworth.World encyclopedia of library and information services.2nd ed.. Chicago: American Library Association, 1986: 863-864.

〔註 19〕李文潔，袁同禮年譜簡編（1895 年～1949 年）〔C〕//國家圖書館編，袁同禮紀念文集，2012：23～88。

其他論文中涉及袁同禮的生平事蹟，大多未逾以上資料所述。茲不贅。

此外，介紹袁同禮親屬的論文主要有：李宗侗《敬悼袁同禮學長》，敘述了袁同禮的曾祖父（袁繩武）、祖父（袁廷彥，字霽雲，也作季雲、寄耘、季筠）、祖母（彭書舫）、父親（袁祥甫）、兄弟等相關情況。〔註20〕袁疆等《袁復禮三兄弟》一文，介紹了袁同禮的祖父、父親等概況，並詳述了袁復禮、袁同禮、袁敦禮三兄弟的生平事蹟。〔註21〕李曉澤《袁同禮親屬及其贈書研究》概述了袁廷彥、袁復禮、袁敦禮、袁昶、袁榮叟的生平及部分著述。〔註22〕王菡依據袁同禮存箚，介紹其祖母彭書舫參與清末女學教育的情況，如參與天津女學，任職奉天女子師範監督，與呂美蓀（字眉生、清揚）、呂碧城姊妹共事，應邀義務任教於江亢虎在北京創辦的「女學傳習所」等，認為彭書舫是清末女子教育的佼佼者。〔註23〕

二、交往及貢獻的論述

論述袁同禮的人際交往和貢獻的文獻，最為豐富。許多文獻既論述了與袁同禮的交往情況，又總結了袁同禮的各種貢獻。為省篇幅，凡交往與貢獻並論的，將交往情況納入貢獻中隨文簡述，凡只談（或側重談）交往情況的，則納入「親朋往事追憶」中。

（一）鞠躬盡瘁——創建並領導北平圖書館

1、總論對北平圖書館的貢獻

王世杰認為袁同禮的貢獻主要有：首創大規模的現代化的公立圖書館、廣集善本圖書、保全善本圖籍。〔註24〕戚志芬從「生平和經歷」、「辦館思想和實踐」、「治學與著述」三方面論述了袁同禮偉大的一生，側重闡述了他在

〔註20〕李宗侗，敬悼袁同禮學長〔N〕，（臺北）中央日報，1965-02-16（6版），（是文收入《思憶錄：袁守和先生紀念冊》44～46頁）

〔註21〕袁疆、袁靜、袁玫等，袁復禮三兄弟〔G〕//北京市政協文史資料委員會編，名人與老房子，北京：北京出版社，2004：198～223。

〔註22〕李曉澤，袁同禮親屬及其贈書研究〔J〕，保定師範專科學校學報，2007，20（3）：108～110。

〔註23〕王菡，袁同禮存箚中清末女學資料淺析〔C〕//國家圖書館編，袁同禮紀念文集，2012：295～301。

〔註24〕王世杰，袁守和先生的貢獻〔G〕//袁慧熙，袁澄編，思憶錄：袁守和先生紀念冊，臺北：臺灣商務印書館，1968：19～20。

文獻收藏、文獻利用和人才培養中的開創性貢獻。〔註25〕鍾衍星從六個方面總結了袁同禮的辦館方略：「任人唯賢，用人不疑」、「實行專家治館方針，重用學有專長的人」、「重視培養人才」、「始終重視徵集圖書的工作」、「管理嚴格，注重效率」、「傾盡心血保護圖書資料」。〔註26〕顧廷龍總結了袁同禮在圖書館事業中的創導之功，尤其稱讚他將「研究與服務相結合的方式，實為大型圖書館和專門圖書館向高層次發展的必由之路」。〔註27〕資中筠側重論述了袁同禮在收集與保存善本、調查和集錄流失海外的文物典籍、編纂《西文漢學書目》等有價值的目錄書方面的貢獻，認為他的「湮然無聞」是「世事之不公」。〔註28〕袁靜、袁澄、袁清聯名撰文，簡述其父袁同禮為北京圖書館做出的貢獻，包括：創建中國第一座現代圖書館、「典藏整理和保衛文物珍品」、「擴大中西書刊交換、廣徵抗日戰爭史料」、「羅致和培養圖書館人才」。〔註29〕全根先論述了袁同禮在文獻徵集採訪、拓展業務、培養人才、出版刊物等方面的領導作用。〔註30〕此外，宋鳳英等也對袁同禮與北圖的關係作了概述。〔註31〕

2、分述對北平圖書館的某種貢獻

（1）文獻收藏、整理

　　目前的研究主要集中於論述袁同禮在中日戰事史料的徵輯、地方志和少數民族文獻的搜集、西文館藏建設以及金石文獻的徵集等方面的貢獻。倫明作詩以贊袁同禮：「萬人海里人焉瘦，點鬼簿上鬼自由。容膝室中密四周，都在圖書館學求。」認為袁先生在主持北圖時，有三法足取：「（一）

〔註25〕戚志芬，為圖書館事業奉獻一生的袁同禮先生〔J〕，北京圖書館館刊，1992（1）：24～30。

〔註26〕鍾衍星，我國早期圖書館學專家袁同禮〔J〕，高校圖書館工作，1994（3）：35～37，45。

〔註27〕顧廷龍，紀念袁同禮先生百齡冥誕〔G〕//（臺灣）中國圖書館學會輯印，袁同禮先生百齡冥誕紀念專輯，1995：2～3。

〔註28〕資中筠，袁同禮——中國現代圖書館的先驅〔M〕//資中筠，讀書人的出世與入世，北京：中國社會科學出版社，2002：38～49。（原載《萬象》2000年1期，51～60頁）

〔註29〕袁靜，袁澄，袁清，父親袁同禮與北京圖書館〔J〕，北京觀察，2003（5）：40～42。

〔註30〕全根先，袁同禮與國家圖書館的業務建設〔C〕//國家圖書館編，袁同禮紀念文集（打印本），2010：142～151。

〔註31〕宋鳳英，袁同禮與北京圖書館〔J〕，文史月刊，2007（3）：29～31。

編目不以經史子集分，而以筆劃多少分，諸要書各附索引，亦有合若干種書，共作一索引者，於檢甚便。（二）記書目於散片上，可以隨時更調增損。（三）書帙包上下四周，不似舊式之空其上下。書本大小長短不同，而帙則同，插架有整齊劃一之觀。此三事，藏書家皆當遵用者」〔註 32〕。戚志芬論述了袁同禮在中日戰事史料徵輯會中做出的重要貢獻，認為他為我國圖書館事業奠定了永久基礎。〔註 33〕李曉明、李娟論述了袁同禮對「中日戰事史料徵集會」的倡導和領導，總結了中國國家圖書館所藏中日戰事史料徵集會藏書的概貌，及這批文獻的史料價值、版本價值和經濟價值。〔註 34〕楊殿珣回憶了袁同禮對中文採訪工作的意見及做法，如不僅要「採」而且要「訪」，合理利用有限的經費，多和書商打交道，關注私人藏書家，通過徵求、繳送等方式搜羅臨時性資料等。〔註 35〕楊印民、張捷梳理了北平北海圖書館時期、1929～1937 年國立北平圖書館時期、抗戰時期、抗戰勝利至 1949 年建國前夕這四個時段，北平圖書館的地方志採訪、編目、出版、保存等情況，突出了袁同禮的領導和推動作用。〔註 36〕張廷銀論述了北平圖書館在「搶救稀見彝族、納西族等西南少數民族文獻」、「收集西南方志、傳拓西南碑文」方面的成就，認為這體現了袁同禮的果斷決策和文獻識見，以及萬斯年、范騰端等人的學術素養和專業敏感。〔註 37〕彭福英認為，北平圖書館通過捐贈、寄存、購買、國際交換的方式豐富了西文藏書建設，並加強西文編目索引工作，以便利讀者。文章突出了袁同禮的領導和參與工作。〔註 38〕賈雙喜介紹了中國國家圖書館金石組的歷史沿革，以及袁同

〔註 32〕倫明著，辛亥以來藏書紀事詩〔M〕，雷夢水校補，上海：上海古籍出版社，1990：104。

〔註 33〕戚志芬，袁同禮與中日戰爭史料徵輯會〔J〕，北京圖書館通訊，1989（1）：58～62，70。

〔註 34〕李曉明，李娟，袁同禮與中日戰事史料徵集會〔C〕//國家圖書館編，袁同禮紀念文集，2012：135～144。

〔註 35〕楊殿珣，對袁同禮館長的回憶〔J〕，北京圖書館通訊，1989（1）：68～70。

〔註 36〕楊印民，張捷，袁同禮主持國立北平圖書館時期的地方志收藏與整理〔C〕//國家圖書館編，袁同禮紀念文集，2012：111～125。

〔註 37〕張廷銀，抗戰時期北平圖書館收集西南文獻述論——兼及袁同禮先生的文獻識見〔C〕//國家圖書館編，袁同禮紀念文集，2012：127～134。（是文曾發表於《國家圖書館館刊》2005 年第 1 期，收入《袁同禮紀念文集》時略有改動。）

〔註 38〕彭福英，袁同禮與國立北平圖書館的西文建設〔C〕//國家圖書館編，袁同禮紀念文集（打印本），2010：130～136。

禮在延攬金石人才（如劉節）、徵集甲骨文獻方面的貢獻。〔註39〕林世田、
劉波勾勒了編印《國藏善本叢刊》的緣起與籌備狀況，以及各方的協商及
該叢刊的選目情況。認為《國藏善本叢刊》雖因抗戰軍興而中絕，但包括
袁同禮在內的各界先賢，為此事的籌劃奔走，以及傳承文化、服務學術的
出版理念，值得表彰。〔註40〕

（2）培植人才

嚴文郁回憶了二人的交往情況，稱頌袁同禮在網羅人才和培養人才（如
與國外大學合作、向基金會爭取獎學金、與國外圖書館交換館員等）方面的
突出貢獻，認為「他肯培植人才的功勞高過一切」。〔註41〕王伊同稱讚其延
攬推介人才之功：「丈之主司北平圖書館也，士懷才知，必禮延善遇，置之
館舍，厚其俸祿，以專其向焉，越數年而功大著。……才秀趨歸，若水之匯
海也。比年居華京，遠顧高瞻。唯才是獵。國人有所長，延譽推介不容口，
必使人盡其才，才盡其用而後已」〔註42〕。傅安明認為袁同禮「以學術領導
行政」，「每能因事得人，因人成事。而又能使人盡其才，才盡其用」〔註43〕。
李興輝認為袁同禮「重視人才的使用和工作人員的培養」，並從藏書建設、
圖書編目、閱覽工作、派員深造幾方面簡要論述之。〔註44〕朱士嘉回憶了與
袁同禮的交往情況，感念袁先生在他生活困難之際以及在地方志研究方面所
給予的無私幫助。〔註45〕李國慶分析了俄亥俄州立大學東亞圖書館的兩位奠
基性人物──嚴文郁和胡應元與袁同禮的交往，及其他們接受袁同禮栽培之
情況。〔註46〕

〔註39〕賈雙喜，袁同禮館長與金石組的發展〔C〕//國家圖書館編，袁同禮紀念文集
　　　　（打印本），2010：137～141。

〔註40〕林世田，劉波編印《國藏善本叢刊》史事鉤沉〔C〕//國家圖書館編，袁同禮
　　　　紀念文集，2012：169～189。

〔註41〕嚴文郁，提攜後進的袁守和先生〔J〕，（臺北）傳記文學，1966（民國五十五
　　　　年），8（2）：38～39。（是文收入《思憶錄：袁守和先生紀念冊》74～79頁）

〔註42〕王伊同，袁守和丈〔G〕//袁慧熙，袁澄編，思憶錄：袁守和先生紀念冊，臺
　　　　北：臺灣商務印書館，1968：11～12。

〔註43〕傅安明，悼念袁守和先生〔G〕//袁慧熙，袁澄編，思憶錄：袁守和先生紀念
　　　　冊，臺北：臺灣商務印書館，1968：21～24。

〔註44〕李興輝，回憶老館長袁同禮先生〔J〕，北京圖書館通訊，1989（1）：72。

〔註45〕朱士嘉，我所瞭解的袁同禮先生〔J〕，圖書館學通訊，1985（3）：90～92。

〔註46〕李國慶，道德偉績耀海外──袁同禮先生與俄亥俄州立大學東亞圖書館〔C〕
　　　　//國家圖書館編，袁同禮紀念文集，2012：249～253。

（3）讀者服務

質素回憶了北平圖書館的環境、藏書、借閱制度和服務態度，尤其提到館中設茶點和午餐方便讀者，是袁先生的一大功德。〔註47〕朱文長（朱家驊之子）回憶了北平圖書館為讀者提供的便利，如有暖氣設備、物美價廉的食堂、「北平唯一公開的現代衛生設備」等，以及袁同禮對他的鼓勵和幫助。〔註48〕張書美闡述了袁同禮的讀者服務工作，即注重讀者閱覽、提供豐富館藏、重視參考諮詢、服務人性化。〔註49〕

（4）調查敦煌經卷與永樂大典

蘇瑩輝追憶了與袁同禮在滇緬道上認識的情景，敘述了袁先生派向達、王重民赴海外抄錄、攝照、研究敦煌卷軸的作用，認為這是「高瞻遠矚」之舉。並提及袁先生在抗戰爆發前將館藏敦煌卷軸分裝四十箱密存於上海英租界，「用心良苦」（具體史實參見李宗侗《敬悼袁同禮學長》一文）。他不但盡了守藏之責，更培植了幾位研究敦煌學的學者，這在中國學術史上應「大書特書」。〔註50〕張昇首次系統總結了袁同禮在《永樂大典》研究方面所做出的開拓性貢獻，包括：（1）《永樂大典考》一文推動了民國《永樂大典》研究的興起；（2）多種《永樂大典現存卷目表》成為當時國內最權威的有關《永樂大典》下落的統計表；（3）重視對《永樂大典》研究資料的搜集與刊布，例如，曾刊布《關於永樂大典之文獻》、《永樂大典存目》等；（4）所著《四庫全書中永樂大典輯本之缺點》一文的主要觀點，一直被相關研究者接受和傳揚。〔註51〕

（二）參加並領導圖書館協會

薛芳渝、胡冉記述了袁同禮在清華大學圖書館任職時的活動及貢獻，以

〔註47〕質素，袁同禮創設的北平圖書館〔N〕，（臺北）中央日報，1965-02-14（6版），（是文收入《思憶錄：袁守和先生紀念冊》43頁）

〔註48〕朱文長，袁同禮與其紀念獎學金〔G〕//袁慧熙，袁澄編，思憶錄：袁守和先生紀念冊，臺北：臺灣商務印書館，1968：58～61。（原載（臺北）《中央日報》，1965年4月）

〔註49〕張書美，袁同禮先生的讀者服務觀〔J〕，圖書館，2007（1）：122～124，127。

〔註50〕蘇瑩輝，北平圖書館與敦煌學——悼念袁守和先生〔N〕，（臺北）中央日報，1965-02-25（6版），（是文收入《思憶錄：袁守和先生紀念冊》47～50頁）

〔註51〕張昇，再解《永樂大典》正本下落之謎〔C〕//國家圖書館編，袁同禮紀念文集，2012：319～325。

及參加北京圖書館協會和少年中國學會的相關情況。〔註 52〕武世俊、陳廣梅從五個方面總結了袁同禮對中華圖書館協會的領導工作：「進行圖書館學教育，培養專業技術人材」、「開展圖書館學研究」、「提高管理水平，推動圖書館事業現代化」、「開展國際間學術交流」、「注重古籍文獻整理，保存民族文化遺產」。〔註 53〕李彭元論述了袁同禮在北京圖書館協會、北平圖書館協會、中華圖書館協會的成立中發揮的作用，以及他在主持中華圖書館協會期間，對中國圖書館事業的貢獻，包括：「發展圖書館事業」、「研究圖書館學術」、「培養圖書館人才」、「開展對外學術交流」、「調查圖書館及相關資源」。〔註 54〕

（三）抗戰時期的活動

徐家璧全面總結了袁同禮在抗日戰爭期間的十大貢獻，即：移運善本圖書出平；與長沙臨時大學及昆明西南聯合大學合作；向國外徵求圖書，恢復各館庋藏；編製西文學術及專門期刊索引；創設中日戰事史料徵輯會；《圖書季刊》恢復出版；銳意收訪西南文獻；協助國立院校採購運輸圖書儀器；主持國際學術資料供應委員會；邀請美國圖書館學專家來華考察。〔註 55〕

另有一些文章對袁先生在抗戰中的某種貢獻，加以詳細闡述。如，錢存訓講述了北平圖書館善本書運美的詳細經過，其中談到袁同禮主持布置的幾件事情：1937 年 7 月派錢存訓主持南京分館工作；盧溝橋事變後，發電報給錢存訓，派其前往上海保護平館藏書；與胡適聯繫，擬將平館善本書運往美國國會圖書館暫存；1941 年初親往上海布置運送事宜；寄送介紹信，囑錢存訓往訪上海海關監督丁桂堂；抗戰勝利後，復員到滬，轉達教育部對錢存訓的嘉獎。〔註 56〕曾凡菊則運用書信及檔案資料，對袁同禮主持善本運美的前

〔註 52〕薛芳渝，胡冉，1916～1920：袁同禮在清華〔C〕//國家圖書館編，袁同禮紀念文集，2012：89～96。

〔註 53〕武世俊，陳廣梅，袁同禮與中華圖書館協會〔J〕，淮海文匯，1997（6）：28～30。

〔註 54〕李彭元，袁同禮主持中華圖書館協會對我國圖書館事業的貢獻〔C〕//國家圖書館編，袁同禮紀念文集，2012：191～200。

〔註 55〕徐家璧，袁守和先生在抗戰期間之貢獻〔J〕，（臺北）傳記文學，1966（民國五十五年），8（2）：40～45。（是文收入《思憶錄：袁守和先生紀念冊》80～92 頁）

〔註 56〕錢存訓，北平圖書館善本書籍運美經過──紀念袁守和先生〔J〕，（臺北）傳記文學，1967（民國五十六年），10（2）：55～57。（是文收入《思憶錄：袁守和先生紀念冊》114～118 頁）

後經過，作了進一步闡述。〔註 57〕周原詳細敘述了袁同禮在抗戰前期，爭取美國圖書館協會（American Library Association，簡稱 ALA）的援助，及 ALA 實施「捐書中國」活動的具體情況。〔註 58〕

（四）長才大略──國際學術文化交流

　　袁同禮的國際文化交流活動頻繁而豐富。在幫助來華學者方面，以幫助費正清（John K. Fairbank）〔註 59〕、西門華德（Walter Simon）〔註 60〕、賽珍珠（Pearl S. Buck）〔註 61〕、顧立雅（H. G. Creel）〔註 62〕、芮瑪麗（Mary C. Wright）〔註 63〕等的事蹟較為典型。在國際學術文化交流的重要事蹟和偉大貢獻方面，大量文獻進行了總結。費正清從以下幾方面論述了袁同禮對國際學術界的支持：編印《圖書季刊》，受到國外學者的關注；「時時注意使有價值的學術資料，供學者使用」，並「領導有能力的圖工作人員，出版各種參考資料，供給學問研究上不斷的支持」；注重中美關係及中西關係，發展了一種「學術界中的文化交換」。〔註 64〕顧立雅認為：「在促進對中國文化的

〔註 57〕曾凡菊，袁同禮與北圖善本運美之前前後後〔J〕，學術論壇，2008（5）：156～158。

〔註 58〕周原，袁同禮先生與抗戰期間 ALA 的「捐書中國」活動〔C〕//國家圖書館編，袁同禮紀念文集，2012：201～211。

〔註 59〕費正清，我所認識的袁守和先生〔G〕//袁慧熙，袁澄編，思憶錄：袁守和先生紀念冊，臺北：臺灣商務印書館，1968：13～14；John K. Fairbank.Tung-li Yuan as I knew him [G] //袁慧熙，袁澄編，思憶錄：袁守和先生紀念冊，臺北：臺灣商務印書館，1968：18～20。（英文部分）

〔註 60〕西門華德（Walter Simon）撰；陳祚龍，譯，悼念袁同禮博士〔G〕//袁慧熙，袁澄編，思憶錄：袁守和先生紀念冊，臺北：臺灣商務印書館，1968：30～32；Walter Simon（西門華德），In memoriam Yuan T'ung-li [G] //袁慧熙，袁澄編，思憶錄：袁守和先生紀念冊，臺北：臺灣商務印書館，1968：41～44。（英文部分）

〔註 61〕Pearl S. Buck.In memoriam [G] //袁慧熙，袁澄編，思憶錄：袁守和先生紀念冊，臺北：臺灣商務印書館，1968：10～11。（英文部分）

〔註 62〕H. G. Creel.A Confucian Accolade [G] //袁慧熙，袁澄編，思憶錄：袁守和先生紀念冊，臺北：臺灣商務印書館，1968：16～17。（英文部分）

〔註 63〕Mary C. Wright.Dr. T'ung-li Yuan: A personal reminiscence [G] //袁慧熙，袁澄編，思憶錄：袁守和先生紀念冊，臺北：臺灣商務印書館，1968：46～47。（英文部分）

〔註 64〕費正清，我所認識的袁守和先生〔G〕//袁慧熙，袁澄編，思憶錄：袁守和先生紀念冊，臺北：臺灣商務印書館，1968：13～14；John K. Fairbank.Tung-li Yuan as I knew him [G] //袁慧熙，袁澄編，思憶錄：袁守和先生紀念冊，臺北：臺

真正理解上，沒有人比袁同禮做得更多」。因為，他不但以學者和目錄學家的身份為此努力，而且更重要的是，他以獨特的方式領導北平圖書館為之。此外，在他內心深處，能夠包容中西兩種文化，從而把北平圖書館建成世界級的研究機構：「一個非正式的高級研究中心」。〔註65〕傅吾康（Wolfgang Franke）認為，袁同禮通過出版學術刊物、編撰目錄著作、支持各國學術團體等方式，成為中西文化溝通的使者和「將中國傳統文化與現代學術相融合的傑出先驅」。〔註66〕錢存訓在《袁同禮先生對國際文化交流的貢獻》一文中，認為袁同禮「是一位有口皆碑、眾望所歸的最重要領袖人物」，而「促進國際學術發展與文化交流」是「袁先生的長才大略，使北圖和他的事業享譽國際」。爰從五個方面全面總結了他的此項貢獻，即「接待外國學者、建立研究中心」，「協助採訪圖書、提供出版信息」，「派員出國進修、交換中外人才」，「徵集外文書刊、攝製善本書影」，「編著西文書目、記錄學術交流」。〔註67〕該文經修改後，刊載在《袁同禮紀念文集》中，題名為《紀念袁同禮先生》。〔註68〕袁清先生全面介紹了袁同禮在中西文化交流中的重要事蹟（如豐富北圖館藏、幫助來華學者、派員出國深造、請求國外書刊、培植人才幫助整理國外中文館藏、編纂各種目錄索引等），認為「促進中西文化的相互理解」是他「職業生涯的宗旨」。〔註69〕

在中德文化方面，鄭壽麟記述了與袁同禮的交往，及袁同禮對中德文化溝通的努力，如拜訪德國漢學家孔好古（August Conrady），邀請德國圖書館

灣商務印書館，1968：18～20。（英文部分）

〔註65〕H. G. Creel.A Confucian Accolade [G] //袁慧熙，袁澄編，思憶錄：袁守和先生紀念冊，臺北：臺灣商務印書館，1968：16～17。（英文部分）

〔註66〕Wolfgang Franke.Dr. Yuan T'ung-li: the cultural mediator between East and West [G] //袁慧熙，袁澄編，思憶錄：袁守和先生紀念冊，臺北：臺灣商務印書館，1968：22～29。（英文部分）

〔註67〕錢存訓，袁同禮先生對國際文化交流的貢獻〔G〕//（臺灣）中國圖書館學會輯印，袁同禮先生百齡冥誕紀念專輯，1995：10～14。

〔註68〕錢存訓，紀念袁同禮先生〔C〕//國家圖書館編，袁同禮紀念文集，2012：1～7。

〔註69〕Tsing Yuan.Tung-li Yuan (1895-1965): Founding father of National Library of China and cultural communicator between the East and West [M] //沈志佳，周煉紅，陳同麗編，架起中美文化的橋樑：華人圖書館員協會回眸三十年，1973～2003（Bridging cultures-Chinese American librarians and their organization: a glance at the thirty years of CALA, 1973-2003），桂林：廣西師範大學出版社，2004：174～187。

人士演講，為中德學會提供辦公場所等。〔註70〕德國著名學者、圖書館專家和中國文獻專家賽貝爾利克（Wolfgang Seuberlich）回憶了在德國與袁同禮兩次會面，以及後來二人多次通信，談論漢學出版物、有關中國及遠東的書目、中國學生姓名及作者信息等相關問題的情形。〔註71〕

在中美文化方面，格雷夫斯（Mortimer Graves）認為，袁同禮在幫助美國的漢學研究方面，功勳卓著。他與人們自由分享著目錄學知識，美國的漢學研究將世代感激他。〔註72〕孟佛（L. Quincy Mumford，曾任國會圖書館館長）記述了袁同禮與美國國會圖書館之間的事蹟，如求學期間在國會圖書館參加中文圖書編目，幫其獲取中文資料，贈送「玉海珠淵」木匾，派出交換館員，晚年在國會圖書館工作等，認為他對促進中美文化關係及圖書館學的進步，貢獻尤大。部分文獻分析了袁同禮與美國圖書館或大學的關係。〔註73〕盧雪鄉記述了袁同禮為美國國會圖書館做出的貢獻，比如促成將中國運美善本圖書影印成膠卷，在抗戰期間代為搜集採購中國研究資料及國民政府文件，重校王重民的《國會圖書館藏中國善本書錄》，從事編目工作，利用業餘時間編製部分重要書目等。〔註74〕潘銘燊分析了1945年2月2日袁同禮在美國國會圖書館的一次演講。〔註75〕王成志通過梳理1934年哥倫比亞大學向袁同禮授予「大學卓越勳章」和1945年哥大隆重宴請袁同禮兩件事情的始末，來說明袁先生與哥倫比亞大學的密切關係。〔註76〕這篇論文提供了許多極有價值的史料。

〔註70〕鄭壽麟，從永樂大典與圖書集成說起——袁守和先生與中德文化之溝通〔N〕，（臺北）中央日報，1965-03-18（6版），（是文收入《思憶錄：袁守和先生紀念冊》56～57頁）

〔註71〕Wolfgang Seuberlich.A personal reminiscence [G] //袁慧熙，袁澄編，思憶錄：袁守和先生紀念冊，臺北：臺灣商務印書館，1968：39～40。（英文部分）

〔註72〕Mortimer Graves.T. L. Yuan-A friend [G] //袁慧熙，袁澄編，思憶錄：袁守和先生紀念冊，臺北：臺灣商務印書館，1968：30。（英文部分）

〔註73〕L. Quincy Mumford.T. L. Yuan and the Library of Congress [G] //袁慧熙，袁澄編，思憶錄：袁守和先生紀念冊，臺北：臺灣商務印書館，1968：35～36。（英文部分）

〔註74〕盧雪鄉，袁同禮先生與美國國會圖書館〔C〕//國家圖書館編，袁同禮紀念文集，2012：229～233。

〔註75〕潘銘燊，袁同禮在美國國會圖書館的一次演講〔C〕//國家圖書館編，袁同禮紀念文集，2012：235～237。

〔註76〕王成志，袁同禮先生和哥倫比亞大學〔C〕//國家圖書館編，袁同禮紀念文集，2012：239～248。

（五）對中國圖書館事業的貢獻及歷史地位

　　林清華的碩士論文《袁同禮先生與近代中國圖書館事業》，是第一份系統研究袁同禮的文獻。該論文以時間為線索，共分五章，即緒論、抗戰以前對圖書館事業的經略、抗戰及復員期間對圖書館事業的經營、旅美時期從事圖書館及學術事業的研究工作、結論，文後附《袁同禮先生大事簡表》及徵引文獻等，資料豐富。該文認為，「袁同禮先生在近代中國的圖書館事業史上之地位，是一位具有超然的貢獻與成就的前驅人物」〔註77〕。李婷從三方面論述了袁同禮對圖書館事業的貢獻，即「籌建國立北平圖書館」、「促進國內外學術交流」、「著述及圖書館學思想」，認為他在「學政兩界」處於領導地位，使北平圖書館成為全國公共圖書館的典範，是「中華民國圖書館界的中堅人物」。〔註78〕嚴文郁認為袁同禮是「中國的杜威」，但二者有異同。二人在圖書館協會的成立與發展、創辦圖書館學刊物、注重國際宣傳與合作方面具有相似性，但不同處是，袁同禮「未辦圖書館學校」、「不作有商業性的事業」、「雖做行政，同時治學」、「分秒必爭」。〔註79〕郭成棠也論述了袁同禮的多方面貢獻，認為他是「宏揚華夏文化的巨人」。〔註80〕張秀民從九個方面總結了袁同禮一生的卓越貢獻，即「創建新館」、「充實館藏」、「利用圖書」、「戰時服務」、「保存善本」、「培養人才」、「方便讀者」、「協助友館」、「著述等身」，認為他是「圖書館界的偉人」。〔註81〕唐德剛《袁同禮在中國近代史上的位置》一文認為，袁同禮是近代中國領導圖書管理學和目錄學轉型的「帶頭人和啟蒙大師」，他在服務觀念轉型、制度和技術引進、編纂各種書目上有重要貢獻，是「無名英雄」。〔註82〕該文被收入其著《晚清七十年》第一部「中國社會文化轉型綜論」第 11 章中，名為《中國近代目錄學的先

〔註77〕林清華，袁同禮先生與近代中國圖書館事業〔D〕，臺灣私立中國文化大學史學研究所圖書文物組，1983。

〔註78〕李婷，袁同禮與民國時期圖書館事業〔J〕，北京圖書館通訊，1989（1）：63～67。

〔註79〕嚴文郁，袁同禮先生：中國的杜威〔G〕//（臺灣）中國圖書館學會輯印，袁同禮先生百齡冥誕紀念專輯，1995：4～6。

〔註80〕郭成棠，悼念一位承先啟後的不朽學人袁同禮先生〔G〕//（臺灣）中國圖書館學會輯印，袁同禮先生百齡冥誕紀念專輯，1995：24～26。

〔註81〕張秀民，袁同禮先生與國立北平圖書館〔J〕，國家圖書館學刊，1997（3）：53～59，92。

〔註82〕唐德剛，袁同禮在中國近代史上的位置〔J〕，（臺北）傳記文學，1995（民國八十四年），67（6）：29～35。

驅袁同禮先生》。〔註83〕而在收入《袁同禮先生百齡冥誕紀念專輯》時，有
所刪節。〔註84〕焦樹安認為，袁同禮將北圖變成了「中外圖書文獻的收藏中
心」，「開闢了搜訪民族文獻和邊疆文獻的途徑」，對流散海外的文獻藝術珍
品進行調查、拍攝、編目，積極組織中國圖書分類法和編目條例的編製和推
廣使用，編製書目索引、開展館際互借，積極開展參考工作，出版刊物，培
養人才等，為中國圖書館事業做出了卓越的貢獻，「是解放前中國圖書館界
的靈魂性人物」。〔註85〕袁清講述了父親袁同禮與中國現代圖書館運動的關
係：「在他的領導下，國立北平圖書館成為這場運動的範本和智庫；在他的
領導下，中華圖書館協會得以在中國圖書館的普及、圖書館管理的標準化、
圖書館運動的國際化方面起了決定性作用」〔註86〕。徐文堪認為袁同禮的一
生「是為中國現代圖書館事業奠定永久基礎的輝煌一生」。〔註87〕

（六）親朋往事追憶

袁同禮生前親朋好友撰寫了大量回憶文章，這些文獻提供了某些生動的
細節，是瞭解袁同禮的重要參考。沈亦雲回憶了與袁同禮相識的過程，以及
黃膺白請袁同禮為參加華盛頓會議的私人秘書、請其參加整理故宮書籍，她
請其看《亦雲回憶》的初稿，袁同禮關心沈君怡留學申請等事。〔註88〕恒慕
義（Arthur W. Hummel）講述了袁同禮在美國留學時，利用暑假到國會圖書
館為中文圖書編目，引起了美國農業部一位植物引種專家〔註89〕對中國古代

〔註83〕唐德剛，晚清七十年（第一冊）〔M〕，臺北：遠流出版事業股份有限公司，
　　　　1998：283～307。（是書於 1999 年在長沙嶽麓書社出版時，有所刪節，講述
　　　　袁同禮的那一章已刪去了。）
〔註84〕唐德剛，袁同禮在中國近代史上的位置〔G〕//（臺灣）中國圖書館學會輯印，
　　　　袁同禮先生百齡冥誕紀念專輯，1995：7～9。
〔註85〕焦樹安，將畢生精力貢獻給中國圖書館事業的袁同禮〔J〕，國家圖書館學刊，
　　　　2001（2）：74～81，86。
〔註86〕Tsing Yuan. Tung Li Yuan 袁同禮（1895～1965）and the Chinese Modern Library
　　　　Movement [J], Journal of Chinese American Studies（華美族研究集刊），2007
　　　　（13）：1～25。
〔註87〕徐文堪，永懷中國現代圖書館事業的奠基者袁同禮先生〔C〕//國家圖書館編，
　　　　袁同禮紀念文集，2012：13～19。
〔註88〕沈亦雲，紀念袁守和先生〔G〕//袁慧熙，袁澄編，思憶錄：袁守和先生紀念
　　　　冊，臺北：臺灣商務印書館，1968：15～18。
〔註89〕即美國國會圖書館負責採購中文圖書的施永高博士（Dr. Walter T. Swingle，一
　　　　譯施永格）。他是美國農業部植物和生物學專家。

著作中講述的植物物種和分布的關注。〔註 90〕友人約翰・波普（John A. Pope，曾任弗利爾美術館館長）記述了袁同禮在 40 年代末首次參觀弗利爾美術館（Freer Gallery of Art），以後又經常前往那裡的圖書館閱讀，並與工作人員討論問題的情況。當袁先生編撰《中國藝術考古西文目錄》時，就更頻繁地光顧該美術館。〔註 91〕前美國國會圖書館副館長克萊普（Verner W. Clapp）曾多次與袁同禮見面，例如在華盛頓、舊金山、北平等地，但與其有親密接觸的是在北平簡短的三天時間裏（1948 年 1 月 16～18 日）。其中，印象最深的是 18 號那個寒冷的夜晚，袁同禮親自帶領他登上北海的小山，參觀白塔，坐在臺階上喝熱茶、賞明月、望星空、觀煙火。〔註 92〕勞幹《記袁守和先生》一文，記述 1930 年代，因傅斯年介紹，他與袁同禮先生得以認識。後在長沙、昆明、麻省康橋，二人也有見面或談話。1961 年，《新疆建置志》刊行時，袁先生請他作跋文。勞幹認為袁同禮「兼有精明與渾厚之長」。〔註 93〕傅振倫追述了袁同禮的一生，回憶了二人的交往始末，重點闡述了袁先生對他的提攜和幫助，以及愛護人才、化私為公、重視方志、關心中國博物館事業等。〔註 94〕後他在《近百年博物館事業先輩的事蹟》一文中，對袁同禮與中國博物館事業的關係，作了進一步說明。〔註 95〕劉東元談及袁同禮給其印象最深的三點：抗戰勝利後，「能記得每個工作人員的姓名，並瞭解大多數工作人員的專長和專業水平」，重視職員的培養；注重館際交流與聯繫；「經常利用上下班之便到一些書店、書攤和古董店去瀏覽。遇到比較好的圖書或物美價廉的硬木家俱等物，即告知採訪股或庶務科」，讓其派人接洽採購，「館內不少硬木家俱，大多是經由袁同禮先生選購來的，迄今還保留在舊館使用」。〔註 96〕周策縱記述了與袁同禮在國會圖書館相識、相交的過程，追憶

〔註 90〕Arthur W. Hummel.The memory of intellectual companionship [G] //袁慧熙，袁澄編，思憶錄：袁守和先生紀念冊，臺北：臺灣商務印書館，1968：31～32。（英文部分）

〔註 91〕John A. Pope.A delightful human being [G] //袁慧熙，袁澄編，思憶錄：袁守和先生紀念冊，臺北：臺灣商務印書館，1968：37～38。（英文部分）

〔註 92〕Verner W. Clapp.To the memory of T. L. Yuan [G] //袁慧熙，袁澄編，思憶錄：袁守和先生紀念冊，臺北：臺灣商務印書館，1968：12～15。（英文部分）

〔註 93〕勞幹，記袁守和先生〔J〕，（臺北）中外雜誌，1968，4（2）：9～10。

〔註 94〕傅振倫，袁同禮先生行誼（手稿複印件），1982：1～7。

〔註 95〕傅振倫，近百年博物館事業先輩的事蹟〔J〕，中國博物館，1992（1）：24～28，41。

〔註 96〕劉東元，憶袁同禮先生二、三事〔J〕，北京圖書館通訊，1989（1）：71。

了袁同禮鼓勵他研究五四運動、談論書籍資料及邊疆問題、共赴賴伯陽（Bayard Lyon）夫婦的晚餐等事。〔註97〕吳文津在《憶守和先生》一文中，回憶了在斯坦福大學與袁同禮認識及交往的情況，認為他「是一位非常和藹可親的人」，所編纂的書目工具書有裨益學術，具有不朽價值。〔註98〕是文經增補後，刊載於《袁同禮紀念文集》，題名為《袁守和先生：中國圖書館的先達》。〔註99〕David Kaser 簡要回憶了 1960 年代初期，在國會圖書館與袁同禮見面一事。會面時間雖不足十分鐘，但袁先生的耐心、親切、和藹給他留下了深刻印象。〔註100〕李田意回憶了與袁同禮在耶魯大學相識、在出版《西文漢學書目》中相交的過程，認為在「處理問題既仔細又公正」、「守時守約」、偏好目錄學三方面，受袁先生的影響極大。〔註101〕袁澄回顧了父親的一生，對於其晚年編纂目錄及患病前後情形，記述甚詳。〔註102〕因親侍在側，所感較切，文字催人淚下。這是一篇瞭解袁同禮晚年工作、生活情形的可貴文獻。袁清記述了父親生前的點點滴滴，談及他對子女的引導、對祖國的熱愛以及工作的勤奮。〔註103〕

（七）書信往來

近年來，出現了一些刊布或研究袁同禮往來書信的文獻。白壽彝公布了兩封袁同禮的來信，展示袁先生對學術文化事業的熱情。〔註104〕趙達雄分析了蔡元培、袁同禮二先生給國民政府教育部的呈函（函件是關於影印《四庫

〔註97〕周策縱，憶袁同禮先生〔G〕//（臺灣）中國圖書館學會輯印，袁同禮先生百齡冥誕紀念專輯，1995：18～21。

〔註98〕吳文津，憶守和先生〔G〕//（臺灣）中國圖書館學會輯印，袁同禮先生百齡冥誕紀念專輯，1995：22～23。

〔註99〕吳文津，袁守和先生：中國圖書館的先達〔C〕//國家圖書館編，袁同禮紀念文集，2012：9～11。

〔註100〕David Kaser.Dr. Yuan T'ung-li and Indiana University [G] //（臺灣）中國圖書館學會輯印，袁同禮先生百齡冥誕紀念專輯，1995：27～29。

〔註101〕李田意，回憶袁同禮先生〔G〕//（臺灣）中國圖書館學會輯印，袁同禮先生百齡冥誕紀念專輯，1995：15～16。

〔註102〕袁澄，勞碌一生的父親〔J〕，（臺北）傳記文學，1966（民國五十五年），8（2）：46～50。（是文收入《思憶錄：袁守和先生紀念冊》132～146 頁，有幾處文字略有增改）

〔註103〕袁清，回憶我的父親袁守和先生〔G〕//（臺灣）中國圖書館學會輯印，袁同禮先生百齡冥誕紀念專輯，1995：30～31。

〔註104〕白壽彝，關於袁同禮的兩封信〔J〕，文獻，1988（1）：263～254。

全書》未刊珍本的建議），認為其觀點，至今仍有價值。〔註105〕劉以煥介紹了
王觀濤為其兄王觀泉先生購買的一件墨蹟，此係一隻信封，內無信件，是袁
同禮寄給李濟的。投寄日期為 1944 年 10 月 5 日，寫信人地址印有「重慶沙
坪壩北平圖書館袁守和寄」字樣，收信人地址寫有「南溪李莊第三號郵箱」
字樣，「南溪李莊」即當時中研院史語所之所在，信封上寫有一「快」字。〔註
106〕王菡對 1948 年 1 月 5 日毛準（子水）、王重民寫給胡適和袁同禮的信函進
行分析，以考察毛、王二先生當時對中國圖書館學教育和圖書館事業發展的
認識和規劃。〔註107〕耿雲志從 1919 年 8 月 26 日傅斯年致袁同禮的函件，分
析傅氏對五四運動的反思。〔註108〕徐文堪分析了其父徐森玉與袁同禮的書信
往來，並結合相關史料，說明袁同禮在抗戰時期的遠見卓識，以及對祖國的
深厚感情。〔註109〕

三、著述研究

對袁同禮著述的研究主要分兩類：

（一）編寫著述目錄

最詳細的是袁清和徐家璧合輯的《袁守和先生中英文著述目錄》，除個別
遺漏外，基本收羅完備。〔註110〕李文潔為袁同禮的各種論著，編寫了提要。
〔註111〕

〔註105〕趙達雄，影印宜止，比勘當行——讀蔡元培、袁同禮先生「對於影印《四庫
　　　　全書》的建議」有感〔J〕，出版發行研究，2001（8）：76～78。
〔註106〕劉以煥，從袁守和遺存在大陸的一件墨蹟說起〔J〕，新亞論叢，2003（5）：
　　　　111～114。
〔註107〕王菡，王重民致胡適、袁同禮的一封信〔J〕，國家圖書館學刊，2004（1）：
　　　　87～89。
〔註108〕耿雲志，傅斯年對「五四」運動的反思——從傅斯年致袁同禮的信談起〔J〕，
　　　　歷史研究，2004（5）：106～115；社會觀察，2004（12）：91～98。
〔註109〕徐文堪，永懷中國現代圖書館事業的奠基者袁同禮先生〔C〕//國家圖書館編，
　　　　袁同禮紀念文集，2012：13～19。
〔註110〕袁清，徐家璧，同輯，袁同禮先生中英文著述目錄〔J〕，（臺北）傳記文學，
　　　　1967（民國五十六年），10（2）：59～62。（是文收入《思憶錄：袁守和先生
　　　　紀念冊》119～128 頁。其中文著述目錄又載於《文獻》1985 年 4 期 143～148
　　　　頁）
〔註111〕李文潔，袁同禮論著提要〔C〕//國家圖書館編，袁同禮紀念文集，2012：255
　　　　～274。

（二）著作分析

　　袁同禮先生編撰了大量目錄著作，除著作前的序言有所評介外，還有不少研究文獻也對其進行了評述。1995 年，錢存訓在紀念論文中，對袁同禮的三類目錄著作（西文有關中國著述之圖書總目、西文有關中國之專科書目、中國留學生博士論文目錄）進行評價，認為搜羅廣泛，著錄詳明（如部分目錄對每一作者皆加注中文姓名和生卒年月，足見其功力深厚），是二十世紀前半期中外學術交流的重要記錄，是研究的寶貴參考資料。〔註 112〕下面分別總結人們對袁同禮目錄著作的研究情況。

1、《西文漢學書目》

　　（*China in Western Literature: A Continuation of Cordier's Bibliotheca Sinica*）。溫國強認為，袁同禮的《西文漢學書目》一書，「各條目中涉及中文人名和書名的均加注中文原名」，著錄完整準確，體例完備，檢索方便，是「從事中國研究及中西文化交流史研究者必備的重要參考書」。〔註 113〕余豐民對《西文漢學書目》的分類體系進行了分析，認為其有 4 個特點：類目設立參考眾家所長（重點參考美國國會圖書館分類法），強調「書目與參考書」的設置；突出當時西方漢學研究的特點；學科分類（前 21 類）與重點地域分類（後 7 類）相結合，以方便查檢；類目級別遵循形式邏輯法則。〔註 114〕周欣平認為，《西文漢學書目》不僅是西方漢學研究的必讀書，而且難能可貴處在於袁同禮親自閱讀了其中的大部分書籍，走訪各國圖書館，並與作者進行交談。該書目能夠很好反映 20 世紀前 50 年美國漢學研究興起與迅速發展的歷史。與同類漢學工具書比較，它的格局和規模都較大，並重視收集一些鮮見的資料。在分類方面，注重設立專題，以反映西方漢學的研究重點。他還指出，《西文漢學書目》在語言學方面存在不少漏收的情況，是遺憾之處。〔註 115〕張紅揚首先分析了法國著名漢學家亨利・考狄（Henri Cordier，1849～1925）與袁

〔註112〕錢存訓，袁同禮先生對國際文化交流的貢獻〔G〕//（臺灣）中國圖書館學會輯印，袁同禮先生百齡冥誕紀念專輯，1995：10～14。

〔註113〕溫國強，袁同禮與《西方文獻中之中國》〔J〕，上海高校圖書情報學刊，2002（4）：48～51。

〔註114〕余豐民，袁同禮《西文漢學書目》分類體系淺析〔J〕，圖書館理論與實踐，2008（4）：131～132。

〔註115〕周欣平，袁同禮和他的《西文漢學書目》〔C〕//國家圖書館編，袁同禮紀念文集，2012：275～281。

同禮的教育背景與學術經歷之異同，然後從三個方面（即緣由、收錄範圍和編製原則、分類體系）比較了二人分別編製的《中國學書目》和《西文漢學書目：續考狄中國學書目》的異同，以突出「袁氏書目在繼承和發展漢學研究傳統方面的貢獻」。〔註116〕

2、《現代中國數學研究目錄》

（*Bibliography of Chinese Mathematics 1918-1960*）。數學大師陳省身回憶了二人在長沙聖經學校相識，以及袁先生在編著中國數學研究目錄時，二人常有書信往來，商討西文著者的譯名、原名等事情。他對袁先生的目錄工作極為稱讚：「這本書目錄和他的中國留美學生博士論文目錄，都是重要的工作。這種工作，要在能完備。守和先生在這方面的功力和細心實在叫人驚佩。將來如有人從事於中國近代科學史的研究，這裡面將有無限的資料」〔註117〕。

3、《袁同禮中國藝術考古西文目錄》

（*The T. L. Yuan Bibliography of Western Writings on Chinese Art and Archaeology*）。袁先生生前，只完成了該作的一半，另一半是由芝加哥大學的范德本（Harrie A. Vanderstappen）教授及助手完成，他們進行了擴充、核實、分類、索引、編輯等工作。1977 年，Margaret Medley（英國大衛德基金會中國瓷器博物館原館長）和 Katheryn M. Linduff（林嘉琳，美國匹茲堡大學中國藝術史教授）分別為《袁同禮中國藝術考古西文目錄》撰寫了書評。前者認為該作的優點是：收錄範圍廣泛，子目清晰，排版清楚，列出了書評信息，書評作者也編入作者索引（以星號表示），作者索引中在首條論文文獻編號前加 A 以示區別，同一圖書在不同類目中出現時，只在第一次出現的條目中列舉書評信息，其他則用參見標注；缺點是：俄文作者名和書名在羅馬化拼寫時存在前後矛盾的情況，有部分印刷錯誤。〔註118〕後者認為該作搜羅廣泛（多

〔註116〕張紅揚，考狄的《中國學書目》和袁同禮的《續考狄中國學書目》〔C〕//國家圖書館編，袁同禮紀念文集，2012：283～293。

〔註117〕陳省身，懷念守和先生〔G〕//袁慧熙，袁澄編，思憶錄：袁守和先生紀念冊，臺北：臺灣商務印書館，1968：36。

〔註118〕Margaret Medley.Review of The T. L. Yuan Bibliography of Western Writings on Chinese Art and Archaeology (1975, edited by Harrie A. Vanderstappen) [J], Bulletin of the School of Oriental and African Studies, University of London, 1977, 40(1): 185-186.

語種、多地區、多種類），子目詳細，資料珍貴（如包含展覽目錄、圖書和展覽評價、未出版的博士論文等），可通過類目多寡判斷研究情況，是極有價值的工具書。不足之處是：將目錄分為圖書和論文兩大類無必要，這讓用戶對同一主題須檢索兩次；缺乏類目之間的參照；最嚴重的遺漏是主題索引。〔註119〕之後，舒悅也分析了該書的優缺點。認為優點是：收錄全面，檢索方便，列出各著作相關書評（以星號表示，可以書評的多少來判斷著作的重要性），在作者索引中以 A 區分期刊文章。缺點是：沒有主題索引表，各主題間無相互參照提示；先將目錄分成書籍、文章兩大類，再在其下按相同主題、次主題等分類，加重讀者檢索負擔；一些俄國學者名字的拼寫出現混亂。〔註120〕

4、《中國留美同學博士論文目錄（1905～1960）》

（*A Guide to Doctoral Dissertations by Chinese Students in America 1905-1960*）。1962 年，芝加哥大學遠東圖書館的錢存訓（Tsuin-Hsuin Tsien）教授為該作撰寫書評。他先介紹該書的基本情況，再指出統計表的意義（如能反映留美中國學生取得博士學位最多的領域是在自然科學，其次是工程學、社會學、生物學、人文科學；該目錄收錄了 6 篇圖書館學博士論文，其中 4 篇來自芝加哥大學），最後作了精彩點評：「這一記錄不僅顯示了中國人對美國高等教育的貢獻，而且反映出美國科學技術對中國現代化的影響。因此，它是一份關於中美文化交流和文化關係的珍貴文獻，這是兩國都引以為傲的」〔註121〕。

除上述研究外，趙河清、王英智介紹了保定師範專科學校（現保定學院）圖書館所藏贈書（係袁清先生 1987 年贈）中的袁同禮著述，包括《永樂大典現存卷目表》5 冊（其中 3 冊於 1929 年出版，2 冊於 1932 年出版）、《故宮所藏觀海堂書目序》、《南行紀事詩注跋》、《對於黃膺白先生參加華盛頓會議之回憶》。〔註122〕相關研究還有：李書華論述了二人的交往經過，介紹了袁同禮

〔註119〕Katheryn M. Linduff.Review of The T. L. Yuan Bibliography of Western Writings on Chinese Art and Archaeology (1975, edited by Harrie A. Vanderstappen) [J], The Journal of Asian Studies, 1977, 37(1): 104-105.

〔註120〕舒悅，評《袁同禮的中國藝術及考古西文文獻書目》〔J〕，中國索引，2008，6（2）：41～43。

〔註121〕T. H. Tsien.Review: A Guide to Doctoral Dissertations by Chinese Students in America 1905-1960 [J], The Library Quarterly, 1962, 32(3): 241-242.

〔註122〕趙河清，王英智，袁氏贈書提要及袁同禮部分著述題解〔J〕，保定師範專科學校學報，2007，20（3）：106～107，110。

旅美期間編纂目錄的情況。〔註 123〕吳萍莉簡要論述了袁同禮在美國國會圖書館期間的著述工作。〔註 124〕胡應元回憶了袁同禮幫其答疑解惑，修改論文，以及給耶魯大學圖書館東方部提改進意見，謝絕夏威夷大學東方圖書館高薪聘請等事情，並闡釋了他的目錄學著作對學術研究的重要作用，如部分著作被列入哥倫比亞大學和華盛頓大學的課本或重要參考書，「對不瞭解中文之西人，尤有莫大之助益」，「不僅為圖書館界大放異彩，且對祖國文化之研究與發揚，更具無比之功能」。〔註 125〕

　　此外，部分文獻揭示了袁同禮重視中國外交及西北問題研究。金問泗記述了二人的交往情況及袁同禮重視中國外交問題研究的幾件事，如協助黃膺白整理參加華盛頓會議的資料，囑長子袁澄起稿、自己修改 *The Soviet Grip on Sinkiang*（蘇聯對於新疆之操縱）一文，編訂《新疆研究叢刊》等。〔註 126〕郭廷以認為，袁同禮注重中國西北問題研究，表現在：出版《新疆研究叢刊》十種，主持重刊了鄒代鈞的《中俄交界圖說》、錢恂的《中俄界約》、施紹常的《中俄國際約注》，將《俄國在東方》（*Russia in the East*，1876～1880）一書中附錄的信札翻譯成中文，以幫助人們更好瞭解中俄伊犁交涉問題。在臺灣中央研究院近代史研究所的努力下，信札於 1966 年出版，名為《伊犁交涉的俄方文件》。〔註 127〕

四、研究資料彙編

　　有關袁同禮的研究資料彙編，主要包括以下四種：

〔註 123〕李書華，追憶袁守和先生〔J〕，（臺北）傳記文學，1966（民國五十五年），8（2）：33～35。（是文收入《思憶錄：袁守和先生紀念冊》62～68 頁，以及李書華著《碣廬集》（傳記文學叢書之八）1967（民國五十六年），287～294 頁中）

〔註 124〕吳萍莉，袁同禮與美國國會圖書館〔J〕，晉圖學刊，2005（5）：75～77。

〔註 125〕胡應元，袁守和先生與學術研究工作〔G〕//袁慧熙，袁澄編，思憶錄：袁守和先生紀念冊，臺北：臺灣商務印書館，1968：25～28。

〔註 126〕金問泗，袁守和先生對於本國外交問題之留意〔J〕，（臺北）傳記文學，1966（民國五十五年），8（2）：36～37。（是文收入《思憶錄：袁守和先生紀念冊》69～73 頁）

〔註 127〕郭廷以，伊犁交涉的俄方文件·序〔M〕，臺北：中央研究院近代史研究所，1966（民國五十五年）：1～5。（是文收入《思憶錄：袁守和先生紀念冊》110～113 頁）（《伊犁交涉的俄方文件》是《中央研究院近代史研究所史料叢刊》第 2 輯）

1、袁慧熙和袁澄主編的《思憶錄：袁守和先生紀念冊》。該書是袁同禮逝世後，生前親朋友好撰寫的悼念和追憶文章的彙編，分中、英文兩部分，中文又分未發表和已發表兩類。〔註128〕它包含豐富史料。

2、朱傳譽主編的《袁同禮傳記資料》。除收錄《思憶錄》中的部分文章外，另收有四文，即：秦賢次為《民國人物小傳》（第二冊）撰寫的袁同禮小傳；吳光清為《民國名人傳》（*Biographical Dictionary of Republican China*）撰寫的袁同禮小傳；《國聞週報》第 10 期中的《時人匯誌：袁同禮、趙梅伯、蔣中正、江民聲》；勞榦撰寫的《記袁守和先生》一文。〔註129〕

3、臺灣中國圖書館學會輯印的《袁同禮先生百齡冥誕紀念專輯》。它包括 11 篇紀念性文章。〔註130〕

4、中國國家圖書館彙編的《袁同禮紀念文集》。共彙集了 31 篇研究文獻。〔註131〕

這四種彙編資料中的文章前已述及，此不贅。

五、其他評介

（一）品質

蔣復璁在悼念文章中，著重論述了袁同禮在北平圖書館的建築、設計、故宮博物院圖書分館的成立等方面的貢獻，認為袁先生是中國所有圖書館員中「最勤於所事」的人。〔註132〕傅安明從三個時期總結了袁同禮的生平，即少年遊學期、盛年事業展布期、晚年著述期。認為他的優秀品質是「律己嚴，而待人恕」；一生勤勉：「先生之勤，不止於看書著述，下筆千言，倚馬可待。即運思，訪友，寫信旅行，無一不勤」，「先生之於勤，可謂無微不至矣」。〔註133〕

〔註128〕袁慧熙，袁澄編，思憶錄：袁守和先生紀念冊〔G〕，臺北：臺灣商務印書館，1968。
〔註129〕朱傳譽主編，袁同禮傳記資料〔G〕，臺北：天一出版社，1979（民國六十八年）。
〔註130〕（臺灣）中國圖書館學會輯印，袁同禮先生百齡冥誕紀念專輯〔G〕，臺北：（臺灣）中國圖書館學會，1995。
〔註131〕國家圖書館編，袁同禮紀念文集〔C〕，北京：國家圖書館出版社，2012。
〔註132〕蔣復璁，悼念袁同禮先生〔N〕，（臺北）中央日報，1965-02-10（5版），（是文收入《思憶錄：袁守和先生紀念冊》39～42頁）
〔註133〕傅安明，悼念袁守和先生〔G〕//袁慧熙，袁澄編，思憶錄：袁守和先生紀念冊，臺北：臺灣商務印書館，1968：21～24。

郅玉汝認為袁同禮「周而不比」，處世達練，胸襟豁朗，治學勤奮，為人「謙和懇摯」。〔註134〕袁澄闡述了袁同禮經歷的人生三大危機，認為他的興趣有語言、文學、藝術史、音樂、數學和科學，他「提倡通過目錄學的方法治史：即一個人絕不能寫史，除非他已經查閱了所有可獲得的材料」。其哲學理念是「知識為公」（Knowledge for others），這使他從容面對世事變化，無私服務於學者，也是他事業成功、快樂堅忍的原因。〔註135〕

（二）政治態度

部分文獻談到了袁同禮的政治態度，但對此作專門分析的文章似乎還不多。彭昭賢追憶了與袁同禮由初識、交往到結成郎舅之親的過程，側重闡述了袁同禮的政治見解和態度。如，「他不曾參加過任何政治活動，平時也很少對政治有所批評。但他對於政治的演變也並非漠不關心。」除了一次贊許國民黨並寄以衷心期待外，以後再見彭昭賢時，從不「談及國民黨的是非得失，也從不探問國民黨將如何如何。甚至連當前的時局問題，他似乎也避免和談及。然而他是個具有很濃厚的國家觀念的人」。〔註136〕李璜回憶了與袁同禮在北平和華盛頓的交往情況，認為袁同禮是學者式人物，愛國心甚熱烈，「性子耐煩，治事勤能」，「酷愛他所做的工作，而並無意參加實際政治活動」。〔註137〕焦樹安從政治態度和學術業務兩方面來評價袁同禮。認為他在政治上大節不虧，有深厚的愛國之心，是阻止北圖善本轉運臺灣的有功之人。晚年客居他鄉時，未做過對祖國和人民不利的事情。〔註138〕

〔註134〕郅玉汝，憶守和先生〔G〕//（臺灣）中國圖書館學會輯印，袁同禮先生百齡冥誕紀念專輯，1995：17。

〔註135〕C. Yuan（袁澄），'Knowledge for others': A note [G] //袁慧熙，袁澄編，思憶錄：袁守和先生紀念冊，臺北：臺灣商務印書館，1968：72～74。（英文部分）

〔註136〕彭昭賢，追念袁守和先生〔G〕//袁慧熙，袁澄編，思憶錄：袁守和先生紀念冊，臺北：臺灣商務印書館，1968：99～109。（原載香港《展望》，1966年5月1日）

〔註137〕李璜，憶民十四五在北大教書時的四位好友〔J〕，（臺北）傳記文學，1967（民國五十六年），10（5）：23～26。（其中憶袁守和部分，收入《思憶錄：袁守和先生紀念冊》129～131頁）

〔註138〕焦樹安，將畢生精力貢獻給中國圖書館事業的袁同禮〔J〕，國家圖書館學刊，2001（2）：74～81，86。

第三節　研究思路和方法

一、研究思路

　　論文的研究思路是，立足圖書館學史的角度，重新界定和評價袁同禮，並在此基礎上，檢省和反思當前圖書館事業發展中的一些關鍵問題。為了能有效推進本項研究工作，論文的形成分為兩個階段：首先，系統梳理史料，編寫袁同禮先生年譜。通過整理年譜，從而回歸到袁同禮時期的「歷史現場」中，全面瞭解袁同禮的生平、事功及對事業發展的見解。此項工作為進一步研究提供文獻支持。其次，在此基礎上，系統梳理、總結袁同禮先生在領導國立北平圖書館和中華圖書館協會時的重要活動、進行文獻採訪編纂的主要活動、開展國際圖書交流的情形以及目錄編製的實踐，並分析他在圖書館事業發展觀、文獻採訪編纂觀、文化交流觀、目錄學思想等方面的獨特性及其對現代圖書館事業發展的借鑒意義。

　　論文以袁同禮這樣一位圖書館事業家為切入點，綜合大量史實，以史為鑒，對當前圖書館事業發展的一些重要問題，做出探索。論文的敘述方式基本遵循「先史後論」的寫作邏輯，這與袁同禮的人物特性密切相關。袁同禮先生首先是個圖書館事業家，其在推動圖書館事業發展方面的貢獻，更為突出，因此，論文用大量篇幅，總結了他的事功；在此基礎上，進一步總結和闡發他的學術思想。

二、研究方法

　　本研究運用的主要方法有：

　　（一）文獻研究法

　　這是貫穿論文的基本研究方法。論文將通過對大量文獻的搜集、鑒別、整理、閱讀，梳理事件經過，獲取歷史現場感，並通過對文獻的研究，形成對袁同禮的客觀評價。

　　（二）文本分析法

　　要得出有深度的結論，就必須深入到文本中去，所以，文本分析法在研究中十分重要。論文將對袁同禮的論文、著作，以及他領導編撰的各種期刊、目錄，以及其他相關文獻進行文本分析，以瞭解民國學術背景和袁同禮的學

術思想。

（三）比較研究法

比較研究法是常用的科研方法。論文將通過大量的橫向比較和縱向比較，得出有說服力的結論。

（四）系統分析法

系統分析法是科學研究中常用的方法，論文將從國際國內形勢、民國學術環境、圖書館事業狀況，來綜合考慮各種情況，進行系統分析，而不是孤立地推論。

（五）過程分析法

由於論文會對大量的信函往來、歷史細節開展微觀研究，所以過程分析法就成為重要的研究方法，這有利於理清每一事件的來龍去脈（原因、過程、結果），為「小切口、深分析」提供基礎。

（六）採訪法

採訪相關人士，可以獲取大量鮮為人知的資料，這也是論文研究的重要方法。比如，2009 年 9 月 7 日、9 月 14 日，筆者兩次採訪袁清先生，獲得了有關袁慧熙夫人及袁氏兄弟姐妹的許多情況，對論文寫作十分有用。

第四節　研究難點和研究特色

一、研究難點及不足

（1）資料收集難。由於條件限制，對收藏在美國國會圖書館、哈佛大學東亞圖書館、伊利諾大學圖書館等的多種檔案，不能全面打撈。這會給論文的寫作，帶來資料上的缺陷。對藏於法、德等國的資料，由於語言問題，也很難獲得相關信息。

（2）文獻閱讀難。由於袁同禮精通多國語言，閱讀其部分著述，會面臨語言問題。各國人士用不同語言寫成的回憶文章，也不易閱讀。大量的檔案複印件，因是手寫體，不易識讀。

（3）跨學科研究難。論文研究會涉及圖書館學、歷史學、社會學、教育學、政治學等多個學科，需要對多學科的相關知識有相當瞭解，並做到準確

運用，這對於筆者有一定難度。

（4）廓清事件真相，得出符合歷史邏輯的認識，有一定難度。受限於資料的不足，對某些事件只有一鱗半爪的瞭解，難以廓清事實的真相。而即便史料詳備，因個人閱歷尚淺，學識不足，要得出符合歷史邏輯的深度認識，也十分不易。

限於時間精力及個人學識、閱歷等因素，論文還有極大的侷限性。主要表現為：

（1）對歷史複雜性的理解和把握不夠，未能將袁同禮置於活態的歷史情境中進行深度分析。例如，缺乏對袁同禮投身中國圖書館事業的時代背景的理論闡釋。袁同禮 1948 年離平赴美有其深刻的時代背景和政治原因，論文未能進行深度挖掘。

（2）部分內容缺乏橫向和縱向比較。比如，北平圖書館在不同時期、不同館長領導下的發展狀況，它與同時期的中央圖書館的比較；中華圖書館協會在民國時期的特色，它與今天的中國圖書館學會在運作上有哪些不同？對今天有何啟發？論文對這些問題所下工夫還很欠缺。

（3）理論視野狹窄，缺少寬厚的知識基礎，不能從多視角解讀袁同禮的行為、思想及觀點，致使有些解釋和結論過於簡單。比如，在影印《四庫全書》未刊珍本一事上，袁同禮為何如此執著，甚至掀起一場學界論戰，此事反映了他怎樣的認識和心態？抗戰時期，中美政治關係的微妙變化如何影響袁同禮圖書請援活動的開展？袁同禮與蔣復璁長達十餘年的內鬥，揭示了什麼？由於筆者學識有限，現在還不能對這些問題作深入的解答。

（4）由於時間倉促，年譜還有大量史實待補入。已成文的部分，仍有部分存疑處（如具體時間、地點）需要核實。

二、研究特色

（1）論文通過大量的文獻，努力還原歷史情境，儘量弄清與袁同禮有關的一些重要事件的來龍去脈，文獻考證較為翔實，尤其附錄《袁同禮先生年譜初編》具有一定的史料價值。

（2）論文以袁同禮這樣一位圖書館事業家為切入點，對民國時期圖書館事業發展中的一些重要問題做出了探索，如人才培養、文獻採訪編纂、國際圖書交流、目錄實踐等，希望以史為鑒，對當代中國圖書館事業發展有所啟迪。

（3）論文立論建立在豐富的史料基礎上，對於重新認識和研究同時期的一些重要但被忽略的圖書館學家、圖書館事業家，具有一定的參考意義。

第一章　生平事略

第一節　家世

　　袁同禮，字守和，祖籍河北徐水。1895 年 3 月 23 日（清光緒二十一年二月二十七日）出生於北京宣武區南橫街 20 號（現南橫東街 155 號）。

　　曾祖父袁繩武，清同治初年任山西知縣，光緒年間升至江南知府，告老回家，寄居北平南橫街。生一子一女，女嫁李仙洲（李宗侗伯父），子袁廷彥（字霽雲，也作際雲、寄耘、季筠）（袁同禮祖父）。廷彥官至某部員外郎，善書顏體，曾管理畿輔先哲祠。生四子，長子袁祥甫（袁復禮、袁同禮父親）、次子袁幼雲（袁敦禮父親）。袁祥甫生三子，長子七、八歲時病故（據袁幼云講，其人極聰穎，幼時舉止如成人，管教諸位弟弟甚嚴，頗為祖父鍾愛），次子袁復禮，三子袁同禮。〔註1〕

　　祖母彭書舫，原籍蘇州，彭蘊章〔註2〕孫女，自幼習中國詩書，國文功底好。光緒年間，經東三省提學使聘請，赴奉天（今瀋陽）一中學教書。〔註3〕後又參與天津女學，與呂美蓀（字眉生、清揚）、呂碧城姊妹共事。又任奉天女子師範監督，與呂美蓀同事。曾應邀義務任教於江亢虎在北京創辦的「女

〔註1〕李宗侗，敬悼袁同禮學長〔N〕，（臺北）中央日報，1965-02-16（6 版），（是文收入《思憶錄：袁守和先生紀念冊》44〜46 頁）

〔註2〕彭氏家族「是當地數百年名門望族」。彭蘊章「曾任清咸豐朝武英殿大學士軍機大臣領班（相當於首相地位）」。（梁漱溟，憶往談舊錄〔M〕，北京：金城出版社，2006：74〜75。）

〔註3〕李宗侗，敬悼袁同禮學長〔N〕，（臺北）中央日報，1965-02-16（6 版）。

學傳習所」等。到老年，才回北京頤養天年。她是清末女子教育的佼佼者。彭書舫二姐彭桂孫，是近代詩人錢綏盤之母。〔註4〕彭書舫之弟彭詒孫（字翼仲），與梁漱溟之父為結拜兄弟。他倡導愛國自強和維新運動，在北京創辦《啟蒙畫報》、《京話日報》、《中華報》，其中以《京話日報》影響較廣。曾因言得罪袁世凱，被謫新疆。〔註5〕彭穀孫（字子嘉），是彭詒孫五伯父彭祖彝之子，曾出售房產供彭詒孫辦報。

母親韓毓曾，出生於天津望族家庭。〔註6〕

二哥袁復禮，字希淵，1893 年生，著名地質學家和古生物學家。堂弟袁敦禮，字志仁，1895 年生，著名體育學家。學術文化界尊稱三兄弟為「三袁」或「袁氏三禮」〔註7〕。堂妹有袁勤禮（因幼年失母，由祖母和袁同禮母親照護，後嫁彭昭賢，袁清先生叫她二姑）等。其表姐妹有韓詠華（嫁梅貽琦，袁清先生叫她五姑）、韓權華（嫁衛立煌，袁清先生叫她七姑）等。〔註8〕

岳祖父袁昶，曾向慈禧諫言不可借義和團亂殺洋人，因言獲罪，1900 年被殺。後被慈禧平反，葬於西湖。〔註9〕岳父袁沖。妻子袁慧熙，1902 年 4 月 3 日在浙江桐廬出生。在松江長大，後就讀於北平女子師範大學，學習音樂，在女師大有「美人」之稱。畢業後，由其業師劉復（字半農）、蕭友梅、趙元任等留校在音樂系任教。〔註10〕

袁同禮的子女有：袁靜（女）、袁澄（子）、袁桂（女，兄妹稱其「小八妹」，因患盲腸炎不幸早夭）、袁清（子）。其兄袁復禮的子女有：袁偉（子，兄妹稱其「傻大哥」，因四五歲時患大腦炎，留下後遺症，以致出現智障）

〔註4〕王菡，袁同禮存箚中清末女學資料淺析〔C〕//中國國家圖書館編，袁同禮文集（打印本），2010：277～283。

〔註5〕梁漱溟，憶往談舊錄〔M〕，北京：金城出版社，2006：59～83。

〔註6〕袁復禮，生平大事年譜〔M〕//袁疆等編著，西北科學考察的先行者——地學家袁復禮的足跡，北京：新華出版社，2007：289。

〔註7〕袁疆、袁靜、袁玫等，袁復禮三兄弟〔G〕//北京市政協文史資料委員會編，名人與老房子，北京：北京出版社，2004：198～223；李曉澤，袁同禮親屬及其贈書研究〔J〕，保定師範專科學校學報，2007，20（3）：108～110。

〔註8〕2009 年 9 月 14 日筆者採訪袁清先生。

〔註9〕2009 年 9 月 14 日筆者採訪袁清先生。有關袁昶其人其事可參閱《太常袁公行略》、《拳匪紀略》、《清季外交史料》、《義和團資料彙編》等書。

〔註10〕2009 年 9 月 14 日筆者採訪袁清先生；袁疆、袁靜、袁玫等，袁復禮三兄弟〔G〕//北京市政協文史資料委員會編，名人與老房子，北京：北京出版社，2004：214；彭昭賢，追念袁守和先生〔G〕//袁慧熙，袁澄編，思憶錄：袁守和先生紀念冊，臺北：臺灣商務印書館，1968：99～109。

〔註 11〕、袁疆（女）、袁剛（女）、袁揚（女）、袁方（子）、袁鼎（子）。堂弟袁敦禮的子女有：袁玫（女）、Lucille（女）、袁玖（女）、袁璞（子）、袁樂（子）。袁清先生告訴筆者，她的幾位姐姐的排行分別是袁疆（大姐）、袁靜（二姐）、袁玫（三姐）、Lucille（四姐）、袁剛（六姐）、袁揚（七姐）、「小八妹」（八姐）、袁玖（九姐）。〔註 12〕

第二節　求學生活

袁同禮曾在北京畿輔小學堂念書，同學有李宗侗等人。〔註 13〕

1913 年，考入北京大學預科第一部英文甲班，與傅斯年、毛以亨、朱一鶚等人同學。〔註 14〕1914 年春，北京大學預科文學會成立，任英文部文牘和英文部編輯長。1915 年秋，任英文部部長。1916 年春，參加由北京大學、北京高等師範學校、清華學校、匯文大學、通縣協和大學舉行的五校聯合辯論會。〔註 15〕因此次辯論會，受知於清華大學教授王文顯。是年夏，從北京大學畢業，經王文顯介紹，進入清華學校（1928 年更名為國立清華大學）圖書室工作〔註 16〕，兼授英文，張洪沅（後任重慶大學校長）、何永佶等為其學生，他還教授過袁伯燾、梁實秋、冀朝鼎等人〔註 17〕。

1917 年秋，清華學校圖書館主任戴志騫赴美留學，1919 年秋回國，其間，由袁同禮代理主任，主持日常工作，並協助新館建設（新館建設時間是 1916 年 4 月至 1919 年 3 月）。〔註 18〕

〔註 11〕此係袁剛女士 2010 年 7 月 29 日告知筆者。

〔註 12〕2009 年 9 月 14 日筆者採訪袁清先生。

〔註 13〕李宗侗，敬悼袁同禮學長〔N〕，（臺北）中央日報，1965-02-16（6 版），

〔註 14〕學生一覽〔J〕//吳相湘，劉紹唐主編，國立北京大學紀念刊　第二冊（民國六年廿週年紀念冊　上），臺北：傳記文學出版社，1971（民國六十年）：29～30。

〔註 15〕北京大學雄辯會〔J〕//吳相湘，劉紹唐主編，國立北京大學紀念刊　第一冊（民國六年廿週年紀念冊　上），臺北：傳記文學出版社，1971（民國六十年）：182～186。

〔註 16〕秦賢次，袁同禮（1895～1965）〔G〕//劉紹唐主編，民國人物小傳（第二冊），臺北：傳記文學出版社，1977（民國六十六年）：129～132。

〔註 17〕袁澄，勞碌一生的父親〔J〕，（臺北）傳記文學，1966（民國五十五年），8（2）：46～50。（是文收入《思憶錄：袁守和先生紀念冊》132～146 頁，有幾處文字略有不同）

〔註 18〕薛芳渝，胡冉，1916～1920：袁同禮在清華〔C〕//中國國家圖書館編，袁同禮文集（打印本），2010：89～95。

　　1918 年 12 月 3 日，被推選為北京圖書館協會籌備委員會委員長。12 月 21 日，「北京圖書館協會」正式成立，袁同禮當選為會長。該會在袁同禮出國留學後，逐漸停止了活動，直到 1924 年 3 月，在中華教育改進社的敦請下，戴志騫才再次發起成立了「北京圖書館協會」。1924 年，袁同禮為該會之個人會員。約在翌年，當選為北京圖書館協會會長。1928 年 12 月，該協會更名為北平圖書館協會。此後，袁同禮多次擔任北平圖書館協會執行委員會主席，積極參會並主持開展各項工作。

　　1919 年 7 月 1 日，「少年中國學會」在北京正式成立。袁同禮為北京分會會員，參加了成立大會。〔註 19〕該會宗旨是「本科學的精神，為社會的活動，以創造少年中國」，下設評議會、執行部和編譯部。袁同禮在編譯部任編譯員，兼任《少年中國》月刊編輯〔註 20〕。李大釗、王光祈、康白情、田漢、宗白華、周太玄、李璜、張申府、劉國鈞、毛澤東等都曾是「少年中國學會」會員。有學者稱「這個學會是五四時期一個人數最多、影響最大、分布最廣、時間最長的全國性青年社團，幾乎聚集了全國各地、各青年社團的精英分子」〔註 21〕。

　　1920 年 8 月，得北京大學校長蔡元培舉薦赴美深造，並獲哥倫比亞大學柯林斯獎學金（Collins Fellowship），以及清華學校、北京大學資助。抵美後，插入哥倫比亞大學本科歷史系三年級（因當時留學生公費尚無圖書館學名額），肄業兩年。1921 年 9 月至翌年 2 月，袁同禮被黃膺白請為私人秘書，前往華盛頓，幫助其收集參加華盛頓會議的資料。1922 年夏，獲哥倫比亞大學文學士學位（之後，他與哥大一直保持密切的校友關係）。旋轉讀於紐約州立圖書館專科學校（New York State Library School，1926 年併入哥倫比亞大學圖書館學學院，School of Library Service of Columbia University），肄業一年。1923 年夏，從紐約州立圖書館專科學校畢業，獲圖書館學碩士學位。在 1921～1923 年三個暑假中，他為美國國會圖書館中文圖書編目，這不僅訓練了他的編目能力，而且對國會圖書館的組織、管理有所瞭解。在美國的求學生活，讓他的英語水平有較大提升，對美國人的性格有深入理解，這對他以後與美國各界人士交往，有極大影響。

〔註 19〕少年中國學會消息〔J〕，少年中國，1919，1（1）：34～36。
〔註 20〕少年中國學會消息〔J〕，少年中國，1919，1（2）：50。
〔註 21〕吳小龍，毛澤東與少年中國學會〔J〕，炎黃春秋，2002（7）：52～57。

約在 1923 年 6 月底赴英，在歐洲考察一年，大量參觀圖書館、博物館，並在英國倫敦大學歷史研究院和法國巴黎國立文獻學院（École Nationale des Chartes）研究。其間，開始調查《永樂大典》，關注中國珍品流失海外的情況。1924 年 2 月，從倫敦寄回的《永樂大典考》在《學衡》雜誌第 26 期發表，該文推動了民國《永樂大典》研究的興起。在歐洲考察期間，結識了漢學家孔好古（August Conrady）和西門華德（Walter Simon）。

第三節 投身中國圖書館事業

1924 年夏，歸國，任國立廣東大學圖書館館長。秋，供職北洋政府，任國務院諮議（時黃膺白任執政），但從不做政治方面的事情。同年秋，北京大學教育系正式設立，袁同禮任該系教員（一直到 1926 年，1929 年復任），主講圖書館學、圖書利用法、目錄學等課程，並兼任北大圖書部主任，為北京大學圖書館西文書編製目錄。次年兼在北京師範大學講授目錄學，對處於困難境地的弟子王重民有所幫助，介紹他在課餘到圖書館工作。

1925 年 4～10 月，任中華圖書館協會執行部代理部長（代戴志騫）。5 月 27 日，中華圖書館協會董事部舉行第一次會議，公選梁啟超為部長，袁同禮為書記。6 月 2 日，參加假歐美同學會禮堂舉行的中華圖書館協會成立儀式。夏，中華圖書館協會與國立東南大學、中華職業教育社、江蘇省教育會合組暑期學校，定於 7 月 15 至 8 月 15 日在東南大學開課，袁同禮參與講授「分類法」和「圖書館集要」兩門課。1926 年 3 月 10 日，參加北京大學三院反俄援僑大會。5 月，當選中華圖書館協會執行部部長。自此，他長期連任中華圖書館協會執行部部長，以及後來改稱之中華圖書館協會執行委員會主席、理事會會長等要職。

1925 年 6 月 30 日，《中華圖書館協會會報》第 1 卷 1 期出版，由中華圖書館協會執行部發行，袁同禮參與該刊的編譯工作。1926 年 3 月，中華圖書館協會下屬之出版委員會主持之《圖書館學季刊》第 1 卷 1 期出版，劉國鈞任主編，袁同禮不僅在該刊發表文章，而且積極為其約稿。

1925 年 10 月，中華教育文化基金董事會（簡稱「中基會」）與教育部擬合組國立京師圖書館，袁同禮被聘為圖書部主任，後因故教育部不能履約，中基會遂獨力舉辦北京圖書館，於 1926 年 3 月 1 日成立，聘梁啟超、李四光為正副館長，袁同禮為圖書部主任。次年 6 月，袁同禮升為副館長。1928 年

6月，代理北京圖書館館長職務。10月，北京圖書館更名為北平北海圖書館。1929年1月17日，正式就任北平北海圖書館館長。6月，中基會議決，將國立北平圖書館（原京師圖書館）與北海圖書館合併，名稱仍為國立北平圖書館。8月30日，袁同禮被國民政府教育部正式聘為國立北平圖書館副館長。8月31日，兩館合併成立。1930年6月至1935年2月，兼任國立北平圖書館期刊部主任。因正館長蔡元培先生社會活動較多，所以館務實際由袁同禮主持。他通過交換館員、爭取基金會經費支持等多種方式派員深造，培養了不少學術英才，成為學界佳話。在文獻搜集方面不遺餘力，為北平圖書館搶購、徵集到許多珍貴的文獻，豐富了館藏。領導職員從事文獻整理和學術研究，提升了北平圖書館的學術地位。

在其領導下，北平圖書館主要創辦了四份刊物。1928年5月，《北京圖書館月刊》創刊（後依次更名為《北平北海圖書館月刊》、《國立北平圖書館月刊》、《國立北平圖書館館刊》），共出11卷61號。1931年10月，《讀書月刊》創刊，共出2卷24期。1933年9月，《大公報·圖書副刊》創刊。1934年3月，《圖書季刊》創刊，包括中、英及合訂本三種。其中，《國立北平圖書館館刊》和《圖書季刊》的學術水平較高，在學界有較大影響力。

1937年抗日戰爭爆發後，他逃難至南方，繼續促進中國圖書館事業的發展。1940年，在蔡元培先生逝世後，擔任國立北平圖書館代理館長。1943年4月由國民政府教育部任命為國立北平圖書館館長，直至1948年12月。抗戰期間，他輾轉於長沙、香港、上海、昆明、貴州、重慶、華盛頓等地〔註22〕，

〔註22〕1937年抗戰爆發後，逃難到長沙，與長沙臨時大學合辦圖書館。1938年初，暫留香港辦公，南遷之平館則與西南聯合大學在昆明合辦圖書館。8月，袁同禮從昆明到貴州，後回香港。1939年3月7日在重慶參會。3月20日，抵雲南。3月底赴美國，參加4月30日在紐約舉行的第20屆世界博覽會。6、7月間回國，曾在上海停留。1940年秋，赴昆明。12月，為平館存滬善本事焦急，「精神病大發」數日。1941年1月，由重慶飛往香港。3月4日，與王重民從香港同赴上海，參加善本搶運工作，但無法運出。5月回香港，尋求美國大使詹森的協助。8月，復從香港到上海，繼續為善本運美一事奔走。在多方襄助下，善本終於平安運出，但他卻付出了沉重代價：「最近舍下長幼三人，均患盲腸炎，而次女以割治稍遲，竟因之夭傷。此間醫藥之費頗屬不資，故私人方面亦告破產」（見袁同禮1941年10月30日致胡適信函）。12月8日，珍珠港事變爆發，袁同禮一家被困於香港。1942年上半年，從昆明到華盛頓。後回重慶。9月，費正清抵重慶時，袁同禮往晤。1943年4月，奉教育部令赴印度，辦理圖書儀器的空運事宜，事畢即回。1944年

與國際友邦人士書函往來頻密，爭取到大量書刊援助，支持了中國後方的文化教育，功不可沒。派館員廣泛搜集抗戰資料及西南民族文獻，為中國保存了可貴的記錄。北平圖書館存於上海的大量善本書，在他與相關人士的積極努力下，終於虎口餘生，安抵美國暫存。1945 年 11 月 12 日，返回北平，為北平圖書館的回遷和恢復做了大量工作。

在投身中國圖書館事業期間，他發表的文章主要有：《永樂大典現存卷目表》系列文章、《清代私家藏書概略》、《明代私家藏書概略》、《宋代私家藏書概略》、《中國音樂書舉要》、《本館略史》、《皇史宬記》、《國立北平圖書館之使命》、《關於圖書集成之文獻》、《四庫全書中永樂大典輯本之缺點》、《對於膺白先生參加華盛頓會議之回憶》、《國立北平圖書館現藏海外敦煌遺籍照片總目》等。

第四節 人生轉折點

1948 年 12 月 21 日，袁同禮攜家眷〔註23〕，與清華大學校長梅貽琦、北平研究院副院長李書華、北大哲學教授前四川大學校長張真如等，分乘專機兩架離北平飛南京〔註24〕。而在 6 天前，胡適和陳寅恪已同機抵南京。

1949 年 2 月初，袁同禮攜家人從上海赴美。此後，再也沒能踏上他熱愛的這塊故土，再也沒能重掌北平圖書館館長的帥印。這意味著，在生命的最後十餘年，他只能以遊子的眼睛遙望祖國，只能以普通館員的身份「寄人籬下」；也意味著，他能脫掉繁忙的行政事務，專注於編纂目錄的學術工作；更意味著，他館長生涯的無聲落幕，和學術篇章的悄然重啟。

第五節 晚年寓美

旅居美國時，他與國內友人有一些書信往來，除了瞭解有關回國的相關

---

12 月，奉行政院委派，赴美考察文化事業，促進中美文化關係，並考察戰後農業復員工作，臨行前由蔣介石召見指示一切。抵美後，多方奔走演說，直至 1945 年秋才返回中國。

〔註23〕據浦江清日記所記，當時傳言袁同禮先生的「老媽子」（傭人）也上了飛機。（浦江清，清華園日記　西行日記〔M〕，增補本，2 版，北京：三聯書店，1999：281～282。）

〔註24〕梅貽琦昨抵京，李書華袁同禮等同來〔N〕，中央日報，1948-12-22（2 版）。

事宜外，最關注的就是北平（北京）圖書館的發展情況〔註25〕，足見其對北平圖書館難以割捨的深厚情感。平館是他一生心血所繫，寓居美國，使他有一種「打斷骨頭連著筋」的痛楚和無奈。

生活的重擔，讓他在美國必須盡快振作，投入到工作中。1949～1950年，任美國國會圖書館東方部主題編目組（Subject Cataloging Division）職員。1951～1953年任斯坦福研究所《中國手冊》編纂主任（Chief bibliographer for the Stanford Research Institute），旋擔任美國國會圖書館中國文獻顧問（Consultant in Chinese Literature）。1953年，受羅氏基金會（Rockefeller Foundation）資助，赴歐研究西文漢學書目，期年而返。1957年，仍回美國國會圖書館編目組（Descriptive Cataloging Division）工作，擔任一名普通編目員。1965年1月15日，從國會圖書館正式退休。2月6日凌晨（三時一刻），因癌症不治，與世長辭，葬於華盛頓石灣公墓。

旅美期間，他心繫學術，編纂了大量高水平的目錄作品，繼續為溝通中西文化貢獻力量。其著作主要有：《現代中國經濟社會發展目錄》（1956年）、《美國國會圖書館藏中國善本書目》（1957年）、《西文漢學書目》（又譯為：西洋文獻中的中國：高第〈中國書目〉續編）（1958年）、《俄文漢學選目》（1959年）、《俄文日本研究選目》（1960年）、《美國圖書館藏俄文漢學書目》（1961年）、《中國留美同學博士論文目錄》（1961年）、《新疆研究文獻目錄（1886—1962）（日文本）》（1962年）、《現代中國數學研究目錄》（1963年）、《胡適先生西文著作目錄》（1963年）、《中國留英同學博士論文目錄》（1963年）、《中國留歐大陸同學博士論文目錄》（1963年）、《袁同禮中國藝術考古西文目錄》（1975年）等。

自1916年至1965年近50年的時間裏，袁同禮以館員、留學生、訪問學人、圖書部主任、副館長、館長的身份，一直與圖書館相伴，為中國圖書館事業做出了重要貢獻，是中國傑出的圖書館事業家。

〔註25〕1950年1月6日，李馨吾覆函袁同禮，其中寫到：「十二月四日手示轉到，祗悉一是。公遠在海外，猶時時以館事為念，想一生心血所在，無時不欲發揚而光大之」。（袁清先生提供信函複印件）

表 1-1　袁同禮履歷

任職時間	職　務
1916 年夏～1917 年秋	清華學校圖書館職員
1917 年秋～1919 年秋	清華學校圖書館代理主任
1924 年夏	廣東大學圖書館館長
1924 年秋～1926 年夏（存疑）	北京大學教員及北大圖書部主任
1926 年 3 月～	北京圖書館圖書部主任
1927 年 6 月～	北京圖書館副館長
1928 年 6 月～	代理北京圖書館館長職務
1929 年 1 月 17 日～	北平北海圖書館館長
1929 年 8 月 30 日～	國立北平圖書館副館長
1940 年～	國立北平圖書館代理館長
1943 年 4 月～1948 年 12 月	國立北平圖書館館長
1949 年～1950 年	美國國會圖書館東方部主題編目組職員
1951 年～	斯坦福研究所《中國手冊》編纂主任
1953 年～	美國國會圖書館中國文獻顧問
1957 年～1965 年	美國國會圖書館編目組職員

第二章　圖書館經營及其思想

第一節　執掌北平圖書館

　　袁同禮認為國立北平圖書館的使命是「成為中國文化之寶庫，作中外學術之重鎮，使受學之士，觀摩有所，以一洗往日艱閟之風」，「通中外圖書之郵，為文化交通之介」，與全國同仁互相提攜，發揚光大圖書館事業。〔註1〕即北平圖書館應成為中國的文化寶庫、學術重鎮和中外文化溝通的媒介。正是基於這一認識，袁同禮在領導北平圖書館期間，特別重視人才培養、文獻搜集、書刊出版和國際交流等。尤其是「作中外學術之重鎮」這一目標，用力尤勤。北平圖書館能在中國近代學術史上佔據重要地位，與他的這一遠見卓識密不可分。

　　袁同禮作為一館之長，對圖書館的理解和認識，在某種意義上會決定北平圖書館的「導向」和「走向」。例如，在「圖書館與政治的關係」這一重要問題上，他有著自己獨特的判斷。1928年4月，袁同禮對李小緣的《中國圖書館計劃書》發表評論，對計劃書提出了一些不同意見，如認為圖書館行政與政治應脫離關係。〔註2〕在1933年8月4日國立北平圖書館召開中華圖書館協會第二次年會第一次籌委會上，他再次談到：「最要者各處圖書館與民眾教育館決不應與地方政治發生關係，應努力造成為一種學術機關，至於各圖

〔註1〕袁同禮，國立北平圖書館之使命〔J〕，中華圖書館協會會報，1931，6（6）：3
　　　～4。
〔註2〕和（袁同禮），（評）中國圖書館計劃書〔J〕，中華圖書館協會會報，1928，3
　　　（5）：23。

書館經費過少不易發展，此次特付討論，以便喚起教育當局之注意焉」。〔註3〕
1933 年 8 月 14 日，在為影印四庫全書未刊珍本事回覆張元濟的信札中，袁同
禮曰：「但吾人為國家辦文化事業，亟應屏除敷衍苟且之陋習，而萬不宜草率
將事也。茲聞編訂目錄委員會業已組織成立，其中委員如先生等又為版本大
師，此後進行，當可脫離政治，而入純粹學術範圍」。〔註4〕不難看出，袁同
禮始終認為，圖書館是一種學術機關，圖書館行政應與政治脫離關係，其具
體業務不應與政治糾纏在一起。這種認識確立了北平圖書館在具體運作上的
「學術導向」而非「行政導向」。

一、培植人才

　　袁同禮領導下的北平圖書館人才濟濟，極一時之盛。在北海圖書館未與
原京師圖書館合併時，人數僅為合併後的四分之一左右（見表 2-1）。合併後，
北平圖書館不僅擁有兩館原有的傑出人才，而且袁同禮又引進了不少學術苗
子，從而打下了厚實的人才基礎。此時，北平圖書館的人員最多不過 130 人
左右，單從數量上看，並不算多，但在這有限的人員中，卻產生了一大批傑
出人才，如徐森玉（文物鑒定專家）、葉渭清（研究宋學、宋史專家）、賀昌
群（西北史地與中西交通史）、謝國楨（明清史）、向達（中西交通史及敦煌
學）、王重民（敦煌學及目錄學）、孫楷第（精於小說、戲曲）、劉節（金石學
家）、王庸（中國地理圖籍）、譚其驤（歷史地理學家）、梁啟雄、趙萬里（板
本學家）、彭色丹（通蒙文、藏文）、於道泉（藏學家）、楊殿珣、顧子剛（西
文專家）、張秀民（印刷史專家）、錢存訓、嚴文郁、吳光清、徐家璧等等。

表 2-1　北平圖書館不同時期館員、職員人數表〔註5〕

名　稱	時　間	人　數
北京圖書館	1926.3	11 人
北京圖書館	1928.5	27 人
北平北海圖書館	1929	

〔註3〕第二次年會之籌備〔J〕，中華圖書館協會會報，1933，9（1）：12～15。
〔註4〕影印四庫全書往來箋〔J〕，青鶴，1933，1（20）：1～4。
〔註5〕北京圖書館的人數來源：袁同禮，本館略史〔J〕，北京圖書館月刊，1928，1
　　　（1）：1。國立北平圖書館的人數來源：李致忠主編，中國國家圖書館館史：
　　　1909～2009〔M〕，北京：國家圖書館出版社，2009：65，144。

國立北平圖書館	1930.7～1931.6	
	1931.7～1932.6	107 人
	1932.7～1933.6	123 人
	1933.7～1934.6	127 人
	1934.7～1935.6	110 人
	1935.7～1936.6	117 人
	1936.7～1937.6	120 人（七七事變前為 135 人）

　　後世學人論及袁同禮，必談其在人才培植方面的建樹。袁同禮治下的北平圖書館，何以群彥薈萃？這一問題，部分學人進行了相關探索，如嚴文郁〔註6〕，傅安明〔註7〕，李興輝〔註8〕，戚志芬〔註9〕，張秀民〔註10〕，鍾衍星〔註11〕，焦樹安〔註12〕等人都曾論及袁同禮培植人才的方法及卓越貢獻。此外，學者鄒新明從八個方面總結了北平圖書館出現一個以編纂委員會為中心的青年學者群的原因：「北平圖書館自身的定位」、「北平圖書館領導決策層對學術研究的提倡與支持」、「北平圖書館的豐富藏書」、「寬鬆的工作研究環境」、「海內外搜集整理資料的機遇」、「濃厚的學術交流氛圍」、「便利的學術發表渠道」、「目錄版本學素養的培育」〔註13〕。

　　以上研究，或從當事人的角度，提供了袁同禮培植人才的諸多細節，或以北平圖書館為切入點，宏觀分析了袁同禮時期北平圖書館人才輩出的原因。本文則擬運用大量史實，系統呈現和總結袁同禮培植人才的方法，並探

〔註6〕嚴文郁，提攜後進的袁守和先生〔J〕，（臺北）傳記文學，1966（民國五十五年），8（2）：38～39。（是文收入《思憶錄：袁守和先生紀念冊》74～79 頁）

〔註7〕傅安明，悼念袁守和先生〔G〕//袁慧熙，袁澄編，思憶錄：袁守和先生紀念冊，臺北：臺灣商務印書館，1968：21～24。

〔註8〕李興輝，回憶老館長袁同禮先生〔J〕，北京圖書館通訊，1989（1）：72。

〔註9〕戚志芬，為圖書館事業奉獻一生的袁同禮先生〔J〕，北京圖書館館刊，1992（1）：24～30。

〔註10〕張秀民，袁同禮先生與國立北平圖書館〔J〕，國家圖書館學刊，1997（3）：53～59，92。

〔註11〕鍾衍星，我國早期圖書館學專家袁同禮〔J〕，高校圖書館工作，1994（3）：35～37，45。

〔註12〕焦樹安，將畢生精力貢獻給中國圖書館事業的袁同禮〔J〕，國家圖書館學刊，2001（2）：74～81，86。

〔註13〕鄒新明，難以再現的輝煌？——20 世紀 30 年代北平圖書館以編纂委員會為中心的青年學者群〔J〕，國家圖書館學刊，2010（2）：88～95。

討袁同禮培植人才的理念，以期對當代圖書館管理與人才培養得出一些有益的啟示。

王重民先生曾說過：「北京圖書館是中華文化的寶庫，是一代代學人讀書治學的溫床。我歷年來所整理出來的一些東西，都是北圖開展正常的業務工作的需要。我和北圖的關係，就是魚和水的關係。魚是不能離開水的。如果離開北圖的藏書和業務，我怎麼能夠讀書治學？怎麼能夠編出一冊冊目錄、一本本索引？如果不從大量材料中歸納出一得之見，又怎麼能寫出一篇篇文章？更不必侈談著書立說之事了」〔註 14〕。如果說北圖是水，人才是魚，那麼袁同禮就是那個將魚放入水中並細心培育的人。

袁同禮是如何發現人才、重視人才、培養人才的呢？從人力資源管理的角度，立足人才的「選、用、育、留」四個方面，可以系統地總結和探討袁同禮圖書館人才培植方法，以及他在培植人才方面的獨到之處。

（一）選才憑學術

北平圖書館作為民國時期的國家圖書館之一，在文獻的收集、整理、編纂、出版中，扮演著重要角色。要實現國家圖書館的職能，必須有一批學有專長的人才進行文獻的收集、整理、研究。所以，袁同禮在選拔人才時，尤為注重人才的學術功底和成長潛力。他通過「親自發現」及「以文選才」等方式，延攬了不少青年才俊，其慧眼識人的能力，在當時的中國圖書館界，非常傑出，而他不拘一格選人才的做法，對今天仍有啟發意義。

1924 年，王重民考入北京師範大學，1925 年師從袁同禮學習目錄學。由於王重民經濟拮据，只能靠發表文章得些稿酬，或兼做編輯、家庭教師掙些工資以自足，生活清苦。此時，袁同禮給了王重民及時的幫助，並開始了師生二人長達二十餘年的情緣。劉修業先生回憶到：「有三的刻苦力學和困難處境，得到袁同禮的同情，便介紹他在課餘到圖書館工作，從此他即踏上一生為之致力研究的目錄學的里程」〔註 15〕。在王重民求學的幾年間，袁同禮始終給予提攜、愛護。畢業後，王重民成為北京（北海）圖書館的全職員工。在此後幾十年中，王重民對袁同禮始終執弟子禮。袁同禮還發現了北京師範大學的另一位人才楊殿珣。據稱，楊殿珣「在北師大讀書時來北圖編製書目，

〔註14〕金恩輝，尋根集〔M〕，北京：北京圖書館出版社，1998：126。
〔註15〕劉修業，王重民教授生平及學術活動編年〔M〕//王重民，冷廬文藪，上海：上海古籍出版社，1992：882～883。

遂被袁同禮發現，畢業後來北圖工作，成為圖書館學專家」〔註16〕。這兩例可見袁同禮善於發現人才的眼光。

張秀民是袁同禮「以文選才」的成功例子。據張秀民回憶，他「與袁先生素不相識，在廈門大學將畢業前，託業師瑞安李笠（雁晴）先生介紹工作。李師將余發表過的《宋槧本與搖籃本》（當時譯搖床本）及《評四庫提要》論文二篇寄給當時的袁副館長。立即收到用館方名義的來信，稱『新館落成需人，望速來』。於是未行畢業禮，即乘車北上」〔註17〕。後來，張秀民成為著名的印刷史研究專家。

抗戰勝利後，袁同禮與甲骨專家胡厚宣同機抵平，不久，他即給胡氏一紙聘書，請其為北平圖書館編纂委員。〔註18〕雖遭婉拒，但足見其延攬各種人才，不遺餘力。

袁同禮認為，圖書館不僅是一個文化教育機構，更是一個學術機關。圖書館選拔人才要特別重視知識基礎和學術功底。重視人才的學術根基，對於提升北平圖書館的研究實力和持續發展而言，具有極為重要的作用。

（二）用才看志趣

北海圖書館創辦之初，只有館長、副館長、圖書部主任三個要職，其餘皆為館員。1928年，除正、副館長外，開始分科設置，包括採訪科、編目科、參考科、總務科。北海圖書館與原京師圖書館合併後，崗位設置更加具體、明晰。除館長、副館長之外，設置有總務部、採訪部、編纂部、閱覽部、善本部、金石部、輿圖部、期刊部，各部下分若干組。各部門設主任一職，各組再設組長、組員職位。這種組織結構在當時算是較為完備了，但袁同禮還從各部中抽調學有專長者組成「編纂委員會」，專司書刊的整理、研究、出版，以「人盡其才」。

從各部門主要負責人的設置來看（見表 2-2），袁同禮將博學碩儒或學術苗子放在文獻採訪、資料整理編纂、期刊編輯等學術研究的崗位上，不從事行政工作。對於成績突出或學有所長者，委以研究重任。由於他「能記得每個

〔註16〕焦樹安，將畢生精力貢獻給中國圖書館事業的袁同禮〔J〕，國家圖書館學刊，2001（2）：74～81，86。

〔註17〕張秀民，袁同禮先生與國立北平圖書館〔J〕，國家圖書館學刊，1997（3）：53～59，92。

〔註18〕胡厚宣，古代研究的史料問題〔M〕，昆明：雲南人民出版社，2005：119～120。

工作人員的姓名，並瞭解大多數工作人員的專長和專業水平」〔註19〕，所以，在具體的崗位設置及人員分配上，體現出「知人善用」的領導能力。例如，1931～1935年，王庸在北平圖書館工作，擔任編纂委員和輿圖部主任，他利用這一機會，「把館藏的舊地理圖籍全給翻遍了，對每一部每一種都下了一番細密的考核工夫」，「這是他一生最安心工作而成績最多的一段時期；所有已發表的整部著作，都是這時期內的研究成果」〔註20〕。可見北平圖書館這一平臺對王庸成為中國著名的地理學史家，有著多麼關鍵的作用。而他能夠擔任輿圖部主任一職，並能「安心工作」，與袁同禮的賞識與知人之明密不可分。

表2-2　北海及北平圖書館部門設置及主要負責人（1928～1937年）〔註21〕

1928年6月	
總務科	科長：錢稻孫
採訪科	科長：袁同禮（暫兼）
編目科	科長：袁同禮（暫兼）
1929年6月	
總務科	科長：錢稻孫
採訪科	
編目科	
參考科	
1930年6月	
總務部	主任：王訪漁
	文書組組長：李芳馥
	會計組組長：宋琳
	庶務組組長：羅端
採訪部	主任：徐鴻寶
	中文採訪組組長：趙萬里（兼）
	西文採訪組組長：岳良木
	官書組組長：曾憲三（兼）

〔註19〕劉東元，憶袁同禮先生二、三事〔J〕，北京圖書館通訊，1989（1）：71。
〔註20〕譚其驤，悼念王庸先生〔J〕，地理學報，1956，22（3）：261～266。
〔註21〕資料來源：林清華，袁同禮先生與近代中國圖書館事業〔D〕，臺灣私立中國文化大學史學研究所圖書文物組，1983：288～326。以及《國立北平圖書館館務報告》各期後所附「本館職員一覽」的相關內容。

編纂部	主任：劉國鈞
	中文編目組組長：蔣復璁
	西文編目組組長：嚴文郁
	索引組組長：王重民
閱覽部	主任：劉國鈞（兼）
	參考組組長：汪長炳（兼）
	閱覽組組長：梁全林
	庋藏組組長：韓嵩壽
善本部	主任：徐鴻寶（兼）
	考訂組組長：趙萬里（兼）
	寫經組組長：胡鳴盛（兼）
金石部	主任：徐鴻寶（兼）
輿圖部	主任：錢稻孫
期刊部	主任：袁同禮（兼）
	中文期刊組組長：李文裿（兼）
	西文期刊組組長：顧子剛（兼）
編纂委員會	
1931 年 6 月	
總務部	主任：王訪漁
	文書組組長：李芳馥
	會計組組長：宋琳
	庶務組代理組長：張乾惕
採訪部	主任：徐鴻寶
	中文採訪組組長：趙萬里（兼）
	西文採訪組組長：岳良木
	官書組組長：曾憲三（兼）
編纂部	主任：劉國鈞
	中文編目組組長：譚新嘉
	西文編目組組長：曾憲三
	索引組組長：王重民（兼）
閱覽部	主任：劉國鈞（兼）請假
	參考組組長：汪長炳（兼）
	閱覽組組長：李文裿
	庋藏組組長：韓嵩壽

善本部	主任：徐鴻寶（兼）
	考訂組組長：趙萬里（兼）
	寫經組組長：胡鳴盛（兼）
金石部	主任：徐鴻寶（兼）
輿圖部	主任：王訪漁（兼）
期刊部	主任：袁同禮（兼）
	中文期刊組組長：李文裿（兼）
	西文期刊組組長：顧子剛（兼）
編纂委員會	

1932 年 6 月	
總務部	主任：王訪漁
	文書組組長：李芳馥
	會計組組長：宋琳
	庶務組組長：金守淦
採訪部	主任：徐鴻寶
	中文採訪組組長：
	西文採訪組組長：岳良木
	官書組組長：曾憲三（兼）
編纂部	主任：
	中文編目組組長：譚新嘉
	西文編目組組長：曾憲三
	索引組組長：王重民（兼）
閱覽部	主任：
	參考組組長：汪長炳（兼）
	閱覽組組長：李文裿（兼）
	庋藏組組長：韓嵩壽
善本部	主任：徐鴻寶（兼）
	考訂組組長：趙萬里（兼）
	寫經組組長：胡鳴盛（兼）
金石部	主任：徐鴻寶（兼）
輿圖部	代理主任：王庸
期刊部	主任：袁同禮（兼）
	中文期刊組組長：李文裿
	西文期刊組組長：何國貴（兼）
編纂委員會	

1933 年 6 月	
總務部	主任：王訪漁
	文書組組長：岳良木
	會計組組長：宋琳
	庶務組組長：金守淦
採訪部	主任：徐鴻寶
	中文採訪組組長：
	西文採訪組組長：李芳馥
	官書組組長：曾憲三（兼）
編纂部	主任：
	中文編目組組長：譚新嘉
	滿蒙藏文編目室館員：於道泉、李德啟、彭色丹
	西文編目組組長：曾憲三
	索引組組長：王重民（兼）
閱覽部	主任：
	閱覽組組長：李文裿（兼）
	參考組組長：
	庋藏組組長：韓嵩壽
善本部	主任：徐鴻寶（兼）
	考訂組組長：趙萬里
	寫經組組長：胡鳴盛
金石部	主任：徐鴻寶（兼）
輿圖部	代理主任：王庸
期刊部	主任：袁同禮（兼）
	中文期刊組組長：何國貴
	西文期刊組組長：何國貴
編纂委員會	
1934 年 6 月	
總務部	主任：王訪漁
	文書組組長：岳良木
	會計組組長：宋琳
	庶務組組長：金守淦

採訪部	主任：徐鴻寶
	中文採訪組組長：趙萬里（兼）
	西文採訪組組長：李芳馥
	官書組組長：曾憲文（兼）
編纂部	主任：嚴文郁
	中文編目組組長：譚新嘉
	滿蒙藏文編目室館員：李德啟、彭色丹
	西文編目組組長：曾憲三
	索引組組長：王重民（兼）
閱覽部	主任：嚴文郁（兼）
	閱覽組組長：李文禕
	參考組組長：
	庋藏組組長：韓嵩壽
善本部	主任：徐鴻寶（兼）
	考訂組組長：趙萬里（兼）
	寫經組組長：胡鳴盛（兼）
金石部	代理主任：劉節（兼）
輿圖部	代理主任：王庸（兼）
期刊部	主任：袁同禮（兼）
	中文期刊組組長：孫述萬
	西文期刊組組長：何國貴（兼）
編纂委員會	
1935 年 6 月 〔註22〕	
總務部	主任：王訪漁
	文書組代理組長：王祖彝
	會計組組長：宋琳
	庶務組組長：金守淦
採訪部	主任：徐鴻寶
	中文採訪組組長：趙萬里

〔註22〕注：1935 年 2 月，北平圖書館的期刊部改名為期刊組，併入採訪部之下。編
纂部更名為編目部編纂委員會更名為編纂。裁期刊部主任一職（原為袁同禮
兼任）。(國立北平圖書館館務報告(民國二十三年七月至二十四年六月):27。
〔R/OL〕，〔2011-01-29〕，http://www.cadal.zju.edu.cn/book/16002259/。)

	西文採訪組組長：孫述萬
	官書組組長：何國貴（兼）
	期刊組組長：孫述萬（兼）
編目部	主任：嚴文郁
	中文編目組組長：譚新嘉
	滿蒙藏文編目室館員：李德啟、彭色丹
	西文編目組組長：曾憲三
	索引組組長：
閱覽部	主任：嚴文郁（兼）
	閱覽組組長：李文裿
	參考組組長：
	庋藏組組長：韓嵩壽
善本部	主任：徐鴻寶（兼）
	考訂組組長：趙萬里（兼）
	寫經組組長：胡鳴盛
金石部	代理主任：劉節
輿圖部	代理主任：王庸
編纂	
1936 年 6 月	
總務部	主任：王訪漁
	文書組組長：王祖彝
	會計組組長：宋琳
	庶務組組長：金守淦
採訪部	主任：徐鴻寶
	中文採訪組組長：趙萬里
	西文採訪組組長：孫述萬
	官書組組長：何國貴（兼）
	期刊組組長：孫述萬（兼）
編目部	主任：吳光清
	中文編目組組長：吳光清（兼）
	滿蒙藏文編目室館員：李德啟、彭色丹
	西文編目組組長：曾憲三
	索引組組長：王育伊

閱覽部	主任：王訪漁（兼）
	閱覽組組長：顧華（兼）
	參考組組長：莫余敏卿
	庋藏組組長：韓嵩壽
善本部	主任：徐鴻寶（兼）
	考訂組組長：趙萬里（兼）
	寫經組組長：孫楷第
金石部	代理主任：謝國楨
輿圖部	代理主任：
編纂	
1937 年 6 月	
總務部	主任：王訪漁
	文書組組長：王祖彝
	會計組組長：宋琳
	庶務組組長：金守淦
採訪部	主任：徐鴻寶
	中文採訪組組長：趙萬里
	西文採訪組組長：孫述萬（代）
	官書組組長：徐家璧
	期刊組組長：孫述萬
編目部	主任：吳光清
	中文編目組組長：吳光清（兼）
	滿蒙藏文編目室館員：彭色丹
	西文編目組組長：何國貴
	索引組組長：王育伊
閱覽部	主任：王訪漁（兼）
	閱覽組組長：顧華
	參考組組長：莫余敏卿
	庋藏組組長：韓嵩壽
善本部	主任：徐鴻寶（兼）
	考訂組組長：趙萬里（兼）
	寫經組組長：孫楷第
金石部	代理主任：謝國楨

輿圖部	代理主任：賀昌群
編纂室	

注：對於各部、組下面的具體組員，詳見林清華碩士論文附錄伍《國立北平圖書館職
　　員錄》288～332頁，或《國立北平圖書館館務報告》各期中的「本館職員一覽」，
　　茲不具列。編纂委員會成員皆為學術有成或嶄露頭角者，詳見後文相關內容。

　　但部分職員對袁同禮不為人才分配行政工作的做法時有怨言。為此，他頂住館內非議，執意為之。

　　據傅振倫回憶：

> 館員中有大學畢業或學有專長者，不分配行政工作而聘為編纂，編纂館刊，圖書館學季刊，或從事學術研究。職員羨而嫉妒之，時有怨言，袁先生以學術為重，堅持不移。編纂如王重民、孫楷第、趙萬里、王庸、劉節、徐中舒、賀昌群、謝國楨等，都培育成了專家，知名國內外。〔註23〕

　　謝國楨也曾寫道：

> 余與向兄服務於北平圖書館時，是時同館供職者有趙萬里，賀昌群，劉節，王重民諸君，朝夕相處，頗不寂寞。同以編纂之名義，而各治其學之所長，在當時或以為曠職，孰意其後一二十年之皆有所成就，殆所謂百年樹人者歟。〔註24〕

　　顯然，袁同禮堅持自己的用人理念，不屈就他人意見，尊重人才的治學興趣，不求其拿出速成的作品，但望其沉潛研磨，以成專才或通才。此點，有確切史實為證。如王重民編製《清代文集篇目分類索引》，從1931年秋至1934年夏，歷時三年。〔註25〕楊殿珣編製《石刻題跋索引》「歷四年竣事」〔註26〕。後來，北平圖書館各部主任、組長以及組員，大都在各自的學術領域取得重要的研究成果，為中國學術各闢蹊徑（如敦煌學、歷史地理學、中國史學、古典小說目錄學、滿蒙藏學、方志學、金石學等），這與袁同禮尊重人才興趣，並提供足夠的時間和良好的研究環境緊密相關。

〔註23〕傅振倫，袁同禮先生行誼（手稿複印件），1982：1～7。
〔註24〕閻文儒，陳玉龍，向達先生紀念論文集〔G〕，烏魯木齊：新疆人民出版社，1986：69。轉引自：鄒新明，難以再現的輝煌？——20世紀30年代北平圖書館以編纂委員會為中心的青年學者群〔J〕，國家圖書館學刊，2010（2）：88～95。
〔註25〕王重民，冷廬文藪〔M〕，上海：上海古籍出版社，1992：432。
〔註26〕袁同禮，序〔M〕//楊殿珣編，石刻題跋索引，〔香港〕：商務印書館，1940。

　　對於一些人才在館外有兼職的情況，袁同禮亦寬容待之，並不干預阻撓。例如，譚其驤在 1932 至 1934 三年間在北平圖書館任職，編纂方志目錄。當時，他還在館外兼任輔仁大學、燕京大學、北京大學講師，「每週或四小時，或多至六小時。上兩小時課就得在館裏缺勤半天，一個星期就有兩到四個半天不能到館上班」，後又協助顧頡剛創辦「禹貢學會」及主編《禹貢》半月刊，館外事務更多，所以「放在編目或其他為圖書館做的工作上的時間，大概最多三分之二，有時可能只有一半」〔註 27〕。顯然，作為館長，袁同禮完全可以提醒他，甚至讓其辭職，但他沒有，仍以愛才養才之心待之，儘量用其所長。正是在北平圖書館這個讀書治學的良好環境裏，譚其驤有了進書庫「東翻翻、西翻翻」的便利，有了與其他俊彥請教切磋的機會，從而擴大了眼界，開始「懂得一點學問的路子」，後來成為知名海內外的歷史地理學家。館內其他人員在外兼職的情況，雖不若譚其驤這般，但對館務工作難免有所影響，袁同禮對此也是寬容有加。

　　如果說選人是人才培植的前提，那麼如何用人就是人才培植的關鍵。袁同禮在用人方面，尤為強調尊重人才志趣，儘量不為學有專長的人才分配行政工作，在研究進度方面相對寬鬆，以使有才能的人充分發揮優勢。知人善任、用人所長，才能將不同性格、能力的人才配置到最合適的崗位上去。統觀北平圖書館後來成名的學者，他們大都在所從事的崗位上發揮了才能，在相關領域取得成就，這無疑讓人佩服袁同禮的知人之明和用人遠見。

（三）育才重成長

　　袁同禮在選才、用才上獨具慧眼，為北平圖書館延攬和挖掘了很多才俊。他在人才的激勵和培養方面，更值得稱道。簡而言之，袁同禮看重人才的成長性；他努力創造一切機會，提升北圖館員的業務能力和學術水平，極大地促進了人才的成長。其育才的主要方法有：學術訓練、派員深造、鼓勵提攜等。

1、學術訓練

　　袁同禮在執掌北平圖書館時期，結合館內具體業務，大力敦促人才進行學術訓練，通過一些基礎性的工作，有效地提升了人才的學術能力。這些工作和方法主要有：編纂目錄、索引，編輯刊物，撰寫論文，外出訪書等。

〔註27〕譚其驤，值得懷念的三年圖書館生活〔J〕，文獻，1982（4）：243～247。

在中國，「舊社會的學者大多數是單幹戶，他們對於索引有一種矛盾的思想：一面希望有現成的索引可利用，一面又不肯自己動手去做」〔註28〕。袁同禮深知中國學術類工具書缺乏的現狀，所以將編製目錄、索引定為北平圖書館的一項重要業務，以充分發揮圖書館編製工具書的優勢，讓學者們不必耗時於此，而是將精力放在學術鑽研上。在他執掌北平圖書館期間，編纂出版了《國學論文索引》《文學論文索引》《清代文集篇目索引》《石刻題跋索引》《中國通俗小說書目》《國立北平圖書館方志目錄》《清內閣大庫輿圖目錄》《西文參考書目錄》《館藏法文書目錄》等一系列目錄、索引作品，許多還被譽為經典之作。通過實務操作，袁同禮讓人才得到充分訓練，開闊了他們的眼界。由「實戰」得來的編製經驗和目錄學心得，影響了不少人才以後的學術路徑。如王重民的《中國善本書提要》、謝國楨的《晚明史籍考》、孫楷第的《中國通俗小說書目》等，都無不體現出目錄學對其學術發展的深刻影響。

北平圖書館設有「編纂委員會」，負責資料編纂及期刊編輯。在這個委員會中，群英薈萃。北平圖書館創設的《國立北平圖書館館刊》由趙萬里、向達等人編輯，《圖書季刊》由賀昌群等負責。刊物因傑出的編輯而質量上佳，編輯又因便利的發表渠道而學術有成，二者相得益彰。袁同禮也會不時敦勸職員撰寫論文。約在 1928 年冬，為配合中華圖書館協會第一次年會的召開，他曾敦勸王重民撰寫論文，王因此寫成了《刀筆考》，在文前附識中曰：「茲值協會開會，承袁守和先生以論文敦促和勸勉，於收集材料時期，先寫成此《刀筆考》初稿」〔註29〕。這是袁同禮敦促人才進行學術訓練的又一方法。

袁同禮還為館員提供外出訪書調查的機會。如1931 年，委派謝國楨、孫楷第東渡日本訪書，孫氏因此寫成了《日本東京所見小說書目》。

2、派員深造

派員深造是袁同禮提升人才能力的又一方法。主要包括交換館員、向國外基金會爭取獎學金、與國外大學合作、派赴文華圖專進修等內容。（見表2-3）。

〔註28〕譚其驤，悼念王庸先生〔J〕，地理學報，1956，22（3）：261～266。
〔註29〕王重民，刀筆考〔J〕，圖書館學季刊，1929，3（1、2期合刊）：131～133。

表 2-3　北平圖書館派員深造一覽表〔註30〕

姓　名	派出時間	深造地點	方　式	後來工作去向
嚴文郁 （字紹誠）	1930 年	美國哥倫比亞大學（圖書館學研究院）	交換館員（半工半讀，兼管該校中文圖書）	1933 年回北平圖書館，在編目和閱覽兩部服務。1935 年任北京大學圖書館主任。後任西南聯大圖書館館長。後又供職於聯合國總部圖書館、臺灣輔仁大學、臺灣大學等處。
	1932 年	德國普魯士國立圖書館	交換館員	
田洪都	1930 年？	美國哈佛大學		？
蔣復璁	1930 年	柏林大學，德國普魯士國立圖書館	受浙江省教育廳委派	國立中央圖書館館長，臺灣中央圖書館館長，臺北故宮博物院院長。
汪長炳 （字文煥）	1932 年	美國哥倫比亞大學（圖書館學研究院） （期滿後改在國會圖書館實習）	交換館員（半工半讀，兼管該校中文圖書）	1936 年回國後，為武昌文華圖書館學專科學校借聘為教務主任，後又任南京圖書館副館長、館長等。
岳良木	1934 年	美國哥倫比亞大學（圖書館學研究院）	交換館員（半工半讀，兼管該校中文圖書）	1936 年回國後，任北平圖書館南京工程參考圖書館主任，不久，即轉職到國立中央圖書館。後又任職上海圖書館，並兼任上海大學、華東師範大學圖書館學系教授等。
王重民	1934 年	法國國立圖書館	交換館員	在美國國會圖書館服務數年，回國後任職北平圖書館、北大圖書館學系主任。
于道泉	1934 年	法國巴黎大學	公派	英國倫敦大學東方學院，北京大學東方語文系，北京圖書館特藏部，中央民族學院等。

李芳馥	1934 年	美國哥倫比亞大學（期滿後改在國會圖書館實習）	獲得美國羅氏基金會獎學金資助（袁同禮推薦）	1941 年回國後，仍長期任職北平圖書館，後任上海圖書館第一任館長。
向達	1935 年	英國牛津大學	袁同禮向牛津大學教授休士推薦，交換館員	1938 年回國，先後任浙大、聯大、北大教授，及北大圖書館館長等職。
曾憲三	？	美國哥倫比亞大學	獲得美國羅氏基金會獎學金資助（袁同禮推薦）	後長期任職於北平圖書館，曾擔任華中師大圖書館主任等。
曾憲文（女）	1937 年(抗戰初期)		獲得密歇根大學專為東方女生而設的 Levi I. Barbour 獎學金	波士頓大學。
徐家璧	抗戰結束	美國	獲英國文化委員會資助	耶魯大學。
丁濤	抗戰結束	英國	獲英國文化委員會資助	
鄧衍林	1945 年	美國哥倫比亞大學	留學	「曾在聯合國秘書處出版司工作。1956 年舉家回國，在北大圖書館學系任教，並兼任全國第一中心圖書館委員會委員、中國圖書館學會學術委員等職」〔註 31〕。
錢存訓〔註 32〕	1947 年	美國芝加哥大學	交換學者	芝加哥大學遠東圖書館、芝加哥大學。
李鍾履	1930 年	武昌文華圖專	考取免費生	任職於北平圖書館、中華圖書館協會等。
于震寰	1930 年代	武昌文華圖專		美國哈佛大學漢學圖書館。
張桂森	1930 年代	武昌文華圖專		
丁濤	1933 年	武昌文華圖專	自費	

〔註31〕鄧衍林「早年編有《北平各圖書館所藏中國算學聯合目錄》、《中文參考書舉要》等，特別是回國後於 1958 年由商務印書館出版的《中國邊疆圖籍錄》（臺北文海出版社 1984 年重印）搜羅宏富，具有很高學術價值，至今仍是研究我國邊疆地區和周邊各鄰國的必備參考書」。（徐文堪，永懷中國現代圖書館事業的奠基者袁同禮先生//〔C〕中國國家圖書館編，袁同禮文集（打印本），2010：11～18。）
〔註32〕1957 年獲得芝加哥大學圖書館學博士學位。（錢存訓，吳光清博士生平概要〔J〕，國家圖書館學刊，2005（3）：82～84。）

李永安	1930 年代	武昌文華圖專	自費	
童世綱	1930 年代	武昌文華圖專	自費	擔任美國普林斯頓大學葛斯德東方圖書館館長達 26 年。
范騰端	1930 年代	武昌文華圖專	自費	

「交換館員」這一做法，袁同禮有首創之功。經袁同禮協商，國立北平圖書館與美國哥倫比亞大學訂立交換圖書館員之約，自 1930 年起實行。北圖派出的第一位交換館員是西文編目組組長嚴文郁，此為中國與外國交換館員之創始。〔註33〕據嚴文郁講，袁先生派員出國深造，「這件事是很不容易辦到的，因為當年留學生公費尚無圖書館學名額，必須與國外大學合作，得到半工半讀機會。接洽數載，這一夢想居然於民國十九年成為事實」〔註 34〕。嚴文郁回館後，「以其所得見於實施，於館務頗多裨益也」〔註 35〕。

1932 年，北平圖書館派汪長炳赴美國哥倫比亞大學做交換館員，形式也是半工半讀，兼管該校中文圖書。1932 年 5 月 31 日，袁同禮致函外交部，請求辦理汪長炳赴美國留學護照：

> 逕啟者，茲派本館館員汪長炳赴美國留學，就便考查美國圖書館狀況。該員定於七月二十二日乘胡佛總統號輪船由滬放洋，擬懇貴部按照政府公務員待遇發給護照一紙（official passport），以便啟程。相應檢同該員照片十張及護照費國幣捌元，函請察照辦理。

〔註 36〕

兩年後，汪長炳交換期滿，恰逢袁同禮赴美考察。袁同禮想讓汪長炳在美國國會圖書館繼續歷練，但因國會圖書館友人恒慕義先生還未回館，所以他寫信給裘開明，看是否能讓汪長炳 7、8 月份先在哈佛燕京漢和圖書館工作。

1934 年 5 月 22 日，袁同禮致函裘開明：

> 我記得我在劍橋的時候告訴過你，我計劃讓 C. P. Wang 今年秋天

〔註 33〕嚴蔣兩君分遊歐美〔J〕，中華圖書館協會會報，1930，6（1）：31。
〔註 34〕嚴文郁，提攜後進的袁守和先生〔J〕，（臺北）傳記文學，1966（民國五十五年），8（2）：38〜39。（是文收入《思憶錄：袁守和先生紀念冊》74〜79頁）
〔註 35〕國立北平圖書館館務報告（民國二十二年七月至二十三年六月）：26。〔R/OL〕，〔2011-01-29〕，http://www.cadal.zju.edu.cn/book/16002258/。
〔註 36〕北京圖書館業務研究委員會編，北京圖書館館史資料彙編（1909〜1949）〔G〕，北京：書目文獻出版社，1992：365〜366。

到國會圖書館工作，他現在正在哥倫比亞大學中文圖書館工作。因為
恒慕義（Arthur William Hummel）先生直到 6 月 22 日才能回來，故
此事尚懸而未決。王〔汪〕先生 6 月 30 日離開哥倫比亞。不知漢和
圖書館能否暫時聘用他兩個月，即從 7 月 1 日到 8 月 31 日……〔註37〕

5 月 23 日，裘開明覆函袁同禮：「由於圖書館假期沒有空缺，加之預算有
限，無力安排 C. P. Wang 來館工作，請予諒解。建議致函加州大學或斯坦福大
學圖書館的中文編目部詢問他們是否有可能暫時聘用 C. P. Wang」〔註38〕。從
辦理護照，到聯繫實習單位，都可見出袁同禮對交換館員的關心和培植。

部分交換館員負有查訪、搜集中國流失文獻的使命，如王重民、向達。
他們不僅出色完成了任務，為中國拍攝了大量珍貴的敦煌文獻照片，推動了
國內敦煌學的研究，而且自身也擴展了視野，學術日益精進，成為中國敦煌
學研究的代表人物。向達曾對蘇瑩輝說：「人們能在藏書豐富的圖書館裏工
作，是很幸運的事。我對敦煌文物的興趣，當然植因於服務北平圖書館時，
曾觀摩過若干敦煌卷軸……後來由於館方的協助出國，得盡覽英倫所藏敦煌
文物」〔註39〕。

總體來看，北平圖書館派出的本國館員多，交換回來的外籍館員較少（知
名的有西門華德和杜乃楊），這與當時國內外圖書館發展水平不平衡有關。
但袁同禮「交換館員」的做法，在民國時期的中國圖書館界具有首創和示範
意義。

除交換或工讀辦法外，袁同禮還向美國羅氏基金會推薦北平圖書館職員
數人（如李芳馥、曾憲三）獲得獎學金赴美深造。1934 年，袁同禮赴美考察
期間，與紐約羅氏基金會（Rockefeller Foundation）商妥，為中國圖書館界設
立圖書館學獎學金，以助更多人赴美深造。首獲獎金者有李芳馥（北平圖書
館）、黃維廉（上海聖約翰大學圖書館）兩人。〔註40〕二人於 1934 年 9 月 11
日同乘美國傑佛遜總統號輪船赴美，在哥倫比亞大學深造。〔註41〕

〔註37〕程煥文，裘開明年譜〔M〕，桂林：廣西師範大學出版社，2008：113～114。
〔註38〕程煥文，裘開明年譜〔M〕，桂林：廣西師範大學出版社，2008：114。
〔註39〕蘇瑩輝，北平圖書館與敦煌學——悼念袁守和先生〔N〕，（臺北）中央日報，
　　　　1965-02-25（6 版），（是文收入《思憶錄：袁守和先生紀念冊》47～50 頁）
〔註40〕中華圖書館協會第十度會務報告（二十三年七月至二十四年六月〔J〕，中
　　　　華圖書館協會會報，1935，10（6）：3～7。
〔註41〕會員簡訊〔J〕，中華圖書館協會會報，1934，10（2）：17～18；會員簡訊〔J〕，
　　　　中華圖書館協會會報，1935，11（1）：17～18。

　　此外，他還向英國文化委員會等爭取資助（獲資助者有徐家璧、丁濬等），或向國外大學、圖書館、研究機構推薦北平圖書館職員（如向達、錢存訓等）進行深造。

　　1934 年袁同禮在歐洲考察，與牛津大學教授休士（E·Hughes）會面。休氏面懇其介紹中國學者赴該校整理中文書籍，他即推介北平圖書館編纂委員向達前往。〔註 42〕

　　錢存訓曾回憶袁同禮的推介之功：

　　　　芝加哥大學遠東圖書館需要請人整理多年來積存的中文藏書，要求北圖推薦適當人選來美相助。當時我是館中安排出國的優先人選，經袁館長介紹，我立即獲得芝大的邀請，以交換學者的名義來美工作，同時可在芝大圖書館學研究院選課進修。……我當初來美的計劃是全工半讀，一面在芝加哥大學遠東圖書館工作，同時在圖書館學研究院選課進修。原定兩年後回到北平圖書館工作，並在北京大學籌設的圖書館學系任教，這一切都是由袁館長預先代為安排。〔註 43〕

　　又如，1944 年 3 月 8 日，袁同禮致函美國圖書館協會執行秘書米蘭（Carl H. Milam），其中談到：

　　　　Mark Tseng 先生曾是我的一名職員，現正任職於克萊蒙特（Claremont）大學圖書館。如果他的上司感到他在圖書館工作上需要進一步培訓，而在你和 Duggan 博士的幫助下，使他能夠獲得在芝加哥大學進一步深造的獎學金，我將萬分感激。〔註 44〕

　　1944 年 5 月 1 日，米蘭覆函袁同禮：「我已寫信給克萊蒙特（Claremont）大學的圖書館員 Willis Kerr 先生，問他對於 Mark Tseng 先生的建議，但尚未收到答覆」〔註 45〕。1944 年 5 月 31 日，美國遠東及西南太平洋圖書館委員會主席白朗（Charles H. Brown）致函袁同禮：

　　　　米蘭先生寫信問我，能為 Mark Tseng 先生進入美國某所圖書館

〔註 42〕北平圖與英國交換館員〔J〕，中華圖書館協會會報，1935，11（2）：38。

〔註 43〕錢存訓，留美雜憶：六十年來美國生活的回顧〔M〕，合肥：黃山書社，2008：24，28。

〔註 44〕T. L. Yuan to Carl H. Milam, (1944-03-08), American Library Association Archives, University of Illinois, Urbana, 7/1/51, Box 2.

〔註 45〕Carl H. Milam to T. L. Yuan, (1944-05-01), American Library Association Archives, University of Illinois, Urbana, 7/1/51, Box 2.

學校做點什麼。目前，我發現他受雇於斯坦福大學圖書館，工作表現突出。依我之見，現在他留任在斯坦福大學所擁有的臨時職位，比離職去一所圖書館學校，收穫會更多。另一方面，如果他打算返回中國，我希望他在芝加哥或哥倫比亞待一學期或一季度。〔註46〕

可見即便是在艱難的戰爭狀態下，袁同禮仍不忘積極推薦人才進行深造。而他在國際圖書館界中的聲望以及與許多友邦人士的良好私誼，無疑對人才的培養有積極的襄助作用。在戰時條件下，他的努力未必能取得理想效果，但他大力培植人才的精神值得欽佩。

對於欲在國內深造的職員，他也盡力提供便利。如欲在武昌文華圖專深造者，館裏儘量為其解決經費困難，所借款項可分期歸還〔註47〕。他甚至親自出馬請求招考北圖館員。約在1933年上半年，袁同禮委託武昌文華圖書館學專科學校招考免費生一名〔註48〕。在文華圖專深造之李鍾履、童世綱、于震寰等，後來都成為了知名的圖書館學專家。

3、鼓勵提攜

在人才的學術成長過程中，袁同禮還常常給予鼓勵、提攜。1927年7月1日，他為王重民《老子考》（中華圖書館協會1927年出版）作序，多鼓勵語：

> 王君重民從余治目錄學，近輯《老子考》一書，其書其志均足繼朱謝二氏之後。雖資力方有限，未能著錄無遺，然其博訪窮搜之功，於治斯學者貢獻多矣。故樂而為之序。〔註49〕

1936年11月王重民在《羅馬訪書記》一文中也談到袁同禮對他的鼓勵和幫助：

> 余性魯鈍，未嘗多所學問。來歐洲後，見巴黎國家圖書館藏天主教士譯述之書甚多，心竊喜之，然未敢問津也。時袁守和先生在歐洲，侍教之次，輒稍述私願。先生曰：「談何容易，目不識拉丁葡意等國文字，足不及荷西意大利等國，未易言也！」然先生固稍嘉

〔註46〕Charles H. Brown to T. L. Yuan, (1944-05-31), American Library Association Archives, University of Illinois, Urbana, 7/1/51, Box 2.

〔註47〕李致忠主編，中國國家圖書館館史：1909～2009〔M〕，北京：國家圖書館出版社，2009：72。

〔註48〕圖學免費新生招考〔J〕，中華圖書館協會會報，1933，8（6）：24～26。

〔註49〕袁同禮，序〔M〕//王重民，老子考，北平：中華圖書館協會，1927。

余志。返國後,將過羅馬時手鈔華諦岡（教皇圖書館）書目十餘葉
見示,且曰:「欲稍致力於此,羅馬不可不遊也。」〔註50〕

他也曾為孫楷第等人潤色書稿。孫氏談及《述也是園舊藏古今雜劇》
曰:

> 又余之為文,本奉守和先生之命。而余文起草時,守和先生適
> 不在平,不得商定宏綱。……迨全文脫稿,復遙致之於守和先生。
> 更承守和先生為逐字逐句潤色一過,正其瑕疵。輾轉寄回,始據改
> 本付印。〔註51〕

1934年旅美期間,袁同禮曾囑咐在哥倫比亞大學深造的莫余敏卿,參觀
紐約附近的專門圖書館,莫氏因此而費30餘日參觀考察。〔註52〕畢業後莫氏
又在美參觀學習一年。1935年夏返國,擔任國立北平圖書館參考組組長,這
與袁同禮的提攜分不開。

人才的培養和成長是一個漫長過程。通過建立人才培養機制,提升圖書
館的人才造血功能,這是袁同禮人才培養的典型特點。很多圖書館喜歡「人
才輸血」,樂於引進人才,而疏於培養自己的研究團隊,其根本原因就在於對
人才培養這個關鍵問題認識不到位。在育才方面,袁同禮所建立的一整套的
人才訓練、進修和深造機制,是留給我們今天的寶貴財富。

(四) 留才靠魅力

無論硬件還是軟件,北平圖書館在當時都是條件比較優越的單位。硬件
方面,有富麗堂皇的館舍,豐富的藏書,相對穩定的工資,有單身宿舍,「房
租月約二、三元,與包飯費約十一、二元」;館內冬天開放暖氣,「當時北京
除協和醫院外,有暖氣的只北圖一家」〔註53〕。軟件方面,有許多功底深厚
的學者和學有所成的青年才俊,可以切磋學術,互相砥礪。而館長袁同禮獨
特的個人魅力（如良好的學養、果斷勤勉的做事風格、如沐春風的親和力以
及對職員的真切關心等）,也是北平圖書館能留住人才的一個重要因素。

〔註50〕王重民,羅馬訪書記〔J〕,圖書季刊,1936,3（4）:231～238。
〔註51〕孫楷第,述也是園舊藏古今雜劇·後序〔M〕,1940:3～4。（《圖書季刊》專
　　　刊第一種）
〔註52〕北平圖協會常會紀〔J〕,中華圖書館協會會報,1935,11（2）:35～38。
〔註53〕張秀民,袁同禮先生與國立北平圖書館〔J〕,國家圖書館學刊,1997（3）:
　　　53～59,92。

傅振倫回憶了袁同禮擔任國立北平圖書館副館長之後的日常工作情形：

> 袁先生身為一館之長，不用工友，自己拿著鑰匙，一切勞役一身兼任之，免除舊規陋習。飲水則自己到觀眾飲水室飲用白開水，辦公室從不備茶水。除處理公文及事務外，每天親到各工作室、閱覽室查看日常工作，有事則隨時指點，或用紙簽留言。把官僚機構改造成了為民眾服務的學術機關。〔註54〕

張秀民對袁同禮也有類似印象：

> 手中常拿文件與鉛筆一支，奔走於館中各部組之間。事必躬親，連廁所亦每日視察數次。下班後，職工均回家，而他一人仍在館長室辦公。有時星期日亦來館處理工作，身體健康，從無請假之日。〔註55〕

由是可知，在員工的心目中，袁同禮工作認真，常親力親為，遇事能隨時指導，沒有官架子，親近隨和。這種平易近人的處事方式和勤勉認真的行事風格，對北平圖書館形成良好的工作氛圍有無形影響，有利於促成人才成長的和諧「小環境」。

他還十分關心人才。在 1944 年 9 月 13 日向達給袁同禮覆函中，提到袁同禮為其爭取補助款，關心他的工作經費等情況：

> 《季刊》兩冊已先後收到矣，並此謝謝。哈佛燕京社方面承為推轂，銘感無既。達意，此款如可成，還不如補助夏鼐先生作考古工作，夏先生在今日考古學界中最年青，而學識修養又極豐富，學術界先進俱應予以扶持愛惜也。至於達則恃聯大薪給，勉強可以敷用，區區之意，惟先生有以詧之。承詢達等在敦煌工作需款情形，極感垂注之殷。……〔註56〕

而此時，向達早已離職他就，即便如此，他仍給予關心。

顧子剛回憶了袁同禮允借館款為他治療一事：「在三十四年我的腸病已到非施手術不可的程度，在夏天因籌不出款不能入醫院，直到十一月袁守和館長飛到北平後，始借館款入中央醫院施行手術」〔註57〕。由此可見，袁同禮

〔註54〕傅振倫，袁同禮先生行誼（手稿複印件），1982：1～7。

〔註55〕張秀民，袁同禮先生與國立北平圖書館〔J〕，國家圖書館學刊，1997（3）：53～59，92。

〔註56〕向達著；榮新江編，向達先生敦煌遺墨〔M〕，北京：中華書局，2010：431。

〔註57〕顧子剛先生捐贈本館圖書目錄〔J〕，圖書季刊，1946，新 7 卷（3、4 期合刊）：

對人才極其愛惜，盡其所能給予幫助。即便是有過失的人才，他也極力提醒勸告，如能改過自新，仍可重用。1938 年 5 月 4 日，他致函館員趙錄綽：

> 在文化機關工作之人，均應忠實服務，潔身自愛，每以此相勸勉，實有愛惜之意。區區微衷，諒早在閒鑒之中。惟臺端既不改過自新，復未能誠以待人，弟對之不無失望。茲為維持全館紀律及希望澈底覺悟起見，擬請自動辭職，暫予解除職務，於公私兩方面似不無裨益也。總之，弟雖愛惜人才，但容忍過甚反於事無補，此不僅對臺端一人也。平方機關林立，而主持者又多係舊友，如需作函推薦，並乞示覆。尊處生活困難，素所聞悉，五六兩月薪俸自當提前發放。嗣後倘能改過自新，則恢復職務當非難事也。〔註 58〕

此函可謂句句衷言，袁同禮愛才如此，可以想見他在館中人才心中的魅力。

袁同禮對人才的關切，其實並不限於北平圖書館職員，這從側面印證了他愛護人才的寬廣胸襟。約在 1930 年，經洪業介紹，朱士嘉得以向袁同禮請教有關美國國會圖書館藏中國地方志的情形。據朱氏回憶：「他欣然接見，並以該館 CLAYTOR 所編館藏方志草目見贈。由於得到他的支持，充實了我在 1935 年編著的《中國地方志綜錄》的內容，同時獲得參考北平圖書館館藏大量地方志的機會」〔註 59〕。1943 年，朱士嘉就讀於哥倫比亞大學，但經濟拮据，袁同禮從王重民處得知此事後，讓朱士嘉兼任北平圖書館的外文采購工作。1946 年，朱士嘉從哥倫比亞大學研究院畢業時，又為維持生活所苦。袁同禮得知消息後，從白朗（Charles H. Brown）那裡為其申請到 1200 美元，並介紹他進入美國國家檔案局學習檔案管理法，為期半年。〔註 60〕

1934 年，傅振倫由北大文史研究所考古學會轉到故宮博物院古物館工作。袁同禮以傅振倫鑽研方志，乃囑其就《故宮方志目》所列地方志書，撰寫提要。後又因其撰成《新河縣志》，推薦他到河北修志館為兼職編纂。傅氏認為：「今天我國提倡整理舊志，編纂新志，袁先生倡導甚早，論者深服其遠見」。〔註 61〕在 1937 至 1943 年間，袁同禮曾四次介紹傅振倫赴美求學，但傅

72～79。（是段話在該文後記部分，78 頁）

〔註 58〕北京圖書館業務研究委員會編，北京圖書館館史資料彙編（1909～1949）〔G〕，北京：書目文獻出版社，1992：594～595。

〔註 59〕朱士嘉，我所瞭解的袁同禮先生〔J〕，圖書館學通訊，1985（3）：90～92。

〔註 60〕朱士嘉，我所瞭解的袁同禮先生〔J〕，圖書館學通訊，1985（3）：90～92。

〔註 61〕傅振倫，蒲梢滄桑 九十憶往〔M〕，上海：華東師範大學出版社，1997：72

氏皆因臨時有事，未能成行。〔註62〕1944年，又推薦傅振倫赴加拿大博物館工作。推薦的具體情形，可以從1939年4月1日袁同禮致傅振倫的信中得知一二：

> 關於兩兄來美研究博物館學，弟到美後即為進行，至日昨大致決定。此中辦法系由哈佛大學之 Fogg Museum 聘維本兄為研究員，費爾特費城本雪文尼大學（University of Pennsylvania）之 University Museum 聘樹平兄為研究員，其在美經費（每月一百五十元左右）及往來川資則由羅氏基金會擔任，為期一年（言明返國後必須發展中國博物館事業）。想不日羅氏基金會駐印度（Far Eastern Office, Rockefeller Foundation）代表 M. C. Balfour 先生必有公函通知尊處。所須之經費須到印度之新德里領取，此外兩大學必有聘函寄到，俟寄到後，請即辦理護照（七月間動身為宜），並可申請少許外匯，以備第二年之用（如成績良好，則第二年在博物院中實習，可由院中設法津貼）。此外，在重慶除到美英領事館簽字外，並應到加拿大使館簽字，因 Toronto 有一博物館（Royal Ontario Museum）值得參觀也。如乘船到美，多半由孟買乘船，在洛仙機 Los Angeles 上岸。東來時務到 Kansas City 之 Nelson Gallery of Art 參觀一次（芝加哥和舊金山博物館均可參觀），以免將來再往西方，徒耗旅費也。到華京後可到王重民處得些消息，弟六七月間離此，恐不能在此晤面，所以應接洽之事當留交王君轉交。〔註63〕

可見，袁同禮對發展中國的博物館事業，培植博物館學人才，也極關心。

1948年，袁同禮函請衛立煌到東北大學接傅振倫，搭軍用飛機返回北平。後來，衛立煌以軍機夜間高飛不便而婉言謝辭。〔註64〕事雖未成，但仍可見他對人才的愛護之情。

由於袁同禮參加過著名漢學家鋼和泰（Alexander von Staël-Holstein，1877

　　　～73；傅振倫，袁同禮先生行誼（手稿複印件），1982：1～7。
〔註62〕傅振倫，袁同禮先生行誼（手稿複印件），1982：1～7。
〔註63〕袁同禮書札〔OL〕，孔夫子舊書網・中國書店2009年秋季書刊資料拍賣會，〔2011-03-30〕，http://pmgs.kongfz.com/detail/1_93407/。（按：此信中的英文單詞，由袁清先生幫助辨認，筆者在此表示感謝。）
〔註64〕傅振倫，蒲梢滄桑，九十憶往〔M〕，上海：華東師範大學出版社，1997：24，50。

～1937）舉辦的「家庭研讀班」，知學者雲集，於討論學術極有益，所以推薦
Ku 先生在鋼和泰主持的中印研究所學習。1936 年 2 月 27 日鋼和泰向葉理綏
提交的年度工作報告中寫道：

> 整個學年我都在堅持舉辦我的中印研究家庭研讀班（每星期 3
> ～4 小時）……我再也不在國立北京大學講課了，但我要教中印研
> 究所的學生。其中之一（Chu 先生）是燕京大學博晨光教授推薦來
> 的，另一位（Ku 先生）是國立（北京）圖書館館長袁（同禮）先生
> 推薦來的。Chu 先生和 Ku 先生兩人都已經大學畢業，在中國佛教
> 文獻學方面具有良好的知識基礎，今後一定能成為優秀的中印語文
> 學家。〔註65〕

館員于道泉在國立北平大學時就任鋼和泰的課堂翻譯，並從其習梵、藏、
蒙文，是其得力的研究助手，也時常參加該「家庭研讀班」。

1934 年 5 月 16 日，裘開明致信山東大學圖書館館長黃星輝，歡迎他到漢
和圖書館工作，並曰：「我還請袁同禮（Yuan Tung-li）先生致函貴校校長和教
育部，這樣你就可以取得教育部的護照，而非普通學生護照」。而袁同禮和馮
漢驥曾向裘開明極力推薦黃星輝。〔註66〕1934 年 5 月 22 日，袁同禮致函裘開
明，再次表達了對黃星輝的關心：「茲附上我給山東大學黃星輝（Julius Hsin-hui
Huang）先生的信。如果可能的話，請你寄給他一份圖書館名單，讓他在來劍
橋的途中參訪。可能你也告訴了他，為了能有更多的時間參觀圖書館，要早
作動身打算。我希望經過幾年在哈佛的工作，他有機會去參訪歐洲的圖書館」
〔註 67〕。以上種種，都可見出袁同禮對中國圖書館人才的關心，以及時時注
意培植人才的良苦用心。

圖書館是一個公益性的組織，圖書館員是一個清貧的職位。圖書館要留
才，不僅要改善館員的薪酬水平，建立基本的收入保障體系，更重要的是要
打造一個「容才、愛才、護才」的軟環境。袁同禮在留才方面，一個最重要
的特點是以身作則，真心關愛，傾力幫助。袁同禮所打造的北圖的軟環境和
他鮮明的個人領導魅力，對穩定北圖的人才隊伍，起到了積極作用。

〔註65〕王啟龍，鄧小詠，鋼和泰學術評傳〔M〕，北京：北京大學出版社，2009：210，
321～322。

〔註66〕程煥文，裘開明年譜〔M〕，桂林：廣西師範大學出版社，2008：113，121。

〔註67〕程煥文，裘開明年譜〔M〕，桂林：廣西師範大學出版社，2008：113～114。

二、籌措經費

　　北平圖書館在民國時期的發展，與一個基金會有密切聯繫，它就是中華教育文化基金董事會（簡稱「中基會」）。「中基會」於 1924 年 9 月 18 日成立，為保管和處置美國第二次退還庚款之機構，其董事會成員由中美兩國人士共同組成。此項退還庚款，經美國國會議決，作為中國教育文化之用。〔註 68〕「中基會」與北京（北平）圖書館的淵源，在袁同禮的《本館略史》一文中有詳細敘述：

> 　　十四年六月，董事會舉行第一次年會，議決文化事業，暫從圖書館入手。嗣以京師為人文薈萃之地，宜有規模宏大之圖書館，以廣效用。又以教育部原有之京師圖書館所藏中文書籍甚富，其中且多善本，徒以地址偏僻，館舍亦復簡陋，致閱覽者多感不便。如能兩方合辦，並擇適宜之地，建築新館，則舊館書籍，既得善藏之所，而新館亦可騰出一部分經費，為購置他種圖書之用。爰於十月間與教育部擬定合組國立京師圖書館契約十條，旋經雙方簽字，正式成立。契約中規定本圖書館之管理權，屬於部與會所共同組織之委員會。……十五年一月，教育部以政局多故，於履行契約，發生困難，經二月二十八日董事會第一次常會協議，在約定條件未能履行以前，所結契約，從緩實行。而原定計劃中之圖書館暫由董事會獨力進行，並改名為北京圖書館。所有原定之臨時費一百萬元，仍分四年支付，並聘梁李二君為正副館長，袁君為圖書部主任。又由董事會派委員五人，組織北京圖書館委員會，以為管理機關，本館遂於十五年三月一日成立。〔註 69〕

　　1929 年 6 月 29 至 30 日，「中基會」在天津舉行第五次年會，議決：「將現在中海居仁堂之北平圖書館，合併於北海圖書館，改名為國立北平圖書館。俟新館建築完峻後，即行遷移」〔註 70〕。國立北平圖書館一切進行事宜，由教育部及董事會合組之國立北平圖書館委員會主持。該委員會設委員 9 人，皆屬名譽職，除館長、副館長為當然委員外，其餘 7 人須聘任。後聘請任鴻

〔註 68〕周洪宇，陳競蓉，孟祿在華活動年表〔J〕，華東師範大學學報（教育科學版），2003，21（3）：51～52。

〔註 69〕袁同禮，本館略史〔J〕，北京圖書館月刊，1928，1（1）：1。

〔註 70〕文化基金會議決八要案已閉會〔N〕（天津）大公報，1929-07-01（2 張 5 版）。

雋、周貽春、陳垣、傅斯年、劉復、孫洪芬、馬敘倫為第一任委員。國立北平圖書館委員會第一任委員接到聘電後，於 8 月 30 日在北平舉行會議，籌劃進行事宜。〔註 71〕1929 年 8 月 31 日，北平圖書館（原京師圖書館〔註 72〕）與北海圖書館正式合組為國立北平圖書館，至此，「中基會」與國民政府教育部於 1925 年 10 月即定下的合組契約，才真正成為現實。

在北京（北海）圖書館三年多的發展歷史中，「中基會」主要負責經費支持，不干預具體事務。在與原京師圖書館合組之後，新組成的國立北平圖書館的經費仍主要來源於「中基會」，國民政府教育部偶有補貼。此時「中基會」仍不介入館裏的具體事務〔註 73〕。這為袁同禮這位「職業經理人」提供了較大的自由裁量空間，有利於其施展才能，實現理想。

至 1933 年國立中央圖書館開始籌備建立以後，北平圖書館的受重視程度逐漸被削弱，國民政府將經費主要投向中央圖書館。加之「中基會」的經費日漸吃緊，北平圖書館的經費壓力日益增加。或許是因為北平圖書館與「中基會」的這層特殊關係，或許是因為某些複雜的人情世故，以後，袁同禮在向國民政府爭取經費時，時常受挫，致使北平圖書館不能享受到真正的「國立」待遇。

所以，袁同禮在北平圖書館館長任上時，籌措經費成了他重要的工作內

〔註 71〕新組織之國立北平圖書館〔J〕，中華圖書館協會會報，1929，5（1、2 期合刊）：
　　　　43～46。

〔註 72〕京師圖書館，清末設立於什刹海廣化寺。1916 年遷至方家胡同國子監南學，
　　　　1917 年 2 月開館。1926 年 10 月，更名為國立京師圖書館。1928 年 7 月，改
　　　　名為國立北平圖書館，年底遷移至中海居仁堂，1929 年 1 月 10 日舉行開館典
　　　　禮。8 月 31 日，與北海北京圖書館正式合併成立，名稱仍為國立北平圖書館，
　　　　但館址擬遷移至北海新建館舍。在新館未落成以前，中海之圖書館為第一館，
　　　　北海之圖書館為第二館，各就原址，照常進行。1931 年 6 月 25 日，舉行新館
　　　　落成典禮。

〔註 73〕例如，1937 年 11 月 18 日孫洪芬覆函袁同禮，談及派平館職員赴湘協助及薪
　　　　水事，其中提到：「執委會認此二事為館中行政細目，故未正式決議」，而是
　　　　託其函達。（參見：北京圖書館業務研究委員會編，北京圖書館館史資料彙編
　　　　（1909～1949）〔G〕，北京：書目文獻出版社，1992：455～462。）由是可知，
　　　　「中基會」及其管理機關北平圖書館（執行）委員會不干預館裏的具體事務，
　　　　實屬不虛。受美國經費支持的燕京大學圖書館，在洪業領導下，短短幾年時
　　　　間內即聲名鵲起，發展成為中國著名的圖書館。它的運作與北平圖書館類似，
　　　　由中國人自己負責管理，資助方不干預具體事務。但成績十分突出，不僅積
　　　　累起豐富的中外藏書，而且培養了人才編撰了許多重要的引得工具書。這或
　　　　許說明非營利性組織在管理上「去行政化」才能真正實現持續發展。

容。尤其是在戰火硝煙的歲月裏，為建立新的據點並積極恢復館務，袁同禮需要解決人手不足和經費困難兩個難題。對於前者，他寫信至北平圖書館，請職員速速南下，並對南來職員靈活調動，合理安排崗位；對於後者，他不厭其煩向國民政府教育部請求增撥經費，或託友人代為設法，或向美國方面請求援助。雖然所獲對於經費缺口而言是杯水車薪，但他努力維持北平圖書館事業的精神極為可貴。

例如，1941 年 5 月 20 日袁同禮致函胡適，請其為平館設法爭取經費：

> 美國援華團體自成立聯合組織後，聲勢較前浩大。據 Luce 談，謂內中將有一筆鉅款援助我國學術機關繼續文化及研究之努力，未識將來如何支配？我公如能為平館設法，尤所感謝。近教育部以八十餘萬美金分配國內各學術機關，西南聯大及中央研究院均各得三萬五千美金，中央圖書館亦得一萬美金，平館則分文未得。而中基會撥付之西文購書費近又由國幣五萬元減為二萬五千元，中文購書費則仍為國幣六千元，重要西文雜誌均無法訂購，普通書籍則更無法購買。凡此種種，事業上深受嚴重之打擊（昆明館址被炸三次，而生活日昂，同人中十餘日不知肉味者比比皆是），不得不希望美國方面能予以若干之援助。〔註74〕

1941 年 7 月 15 日袁同禮再次致函胡適，談到經費困難：

> 教部近以美金八十萬元（貸款）分配國內各大學及學術機關，多者四萬，少者一萬，購買大批圖書儀器，既毫無計劃，而分配款項又係分贓性質，始終未將平館列入。經同禮函電申請，始行分配美金一千七百元。類此之事，足徵今日辦事之困難。故同禮仍擬明春來美作短期之考察（至多三月），並擬搜集歐戰史料，充實館藏，最低限度可藉此與美國學術機關保持接觸，亦必能得些鼓勵，俾能提起精神，再行奮鬥。目下經費無著，辦事辣手，精神未免頹喪也。

〔註75〕

1941 年 10 月 30 日袁同禮致函胡適，再談經費困難：

〔註74〕中國社會科學院近代史研究所中華民國史組編，胡適來往書信選（中冊）〔M〕，北京：中華書局，1979：521～522。
〔註75〕中國社會科學院近代史研究所中華民國史組編，胡適來往書信選（中冊）〔M〕，北京：中華書局，1979：528～529。

平館經費前以中基會無力增加，曾向教育部請求列入國家預算；亦未能辦到。近來物價日昂，美金一元可換國幣三十餘元，同人星散，辦事尤感棘手，倘不從速設法，則後顧茫茫，真有不堪設想者，未識我公將何以教我？〔註76〕

1942年10月21日，袁同禮致一長函給國民政府教育部部長，請求將北平圖書館1943年度之經費開支正式列入國家預算：

竊查職館經費向由中華教育文化基金董事會於美國退還庚子賠款項下按年撥給。當職館開辦伊始，美國庚款用途較少，得以大宗供給職館應用。其後分潤之事業日增，職館之經費銳減，久有左支右絀之感。自二十九年度起，蒙鈞部發給補助費二萬元。三十年度加為四萬元，三十一年度又加為四萬八千八百元，於館務進行裨益殊多。……值此物價暴漲之際，指數遞高，動輒倍蓰，比諸經費所增指數，恒為什與一之比。……顧自抗戰以來，職館人員大減而事務倍增。……又得美國羅氏基金董事會資助美金一萬八千元，分作三年，……上年羅氏基金補助之款業已用罄，同禮乃有赴美籌款之擬議。旋以館藏善本書籍運美保存，以江海關阻難，滯留滬上將近一載，赴美之舉又未獲見諸實行。……積年訓練有成之優秀員司多已別有高就。以此人少事繁，左支右絀，瞻念前途，實深憂慮。……職館名稱雖屬國立，而國庫撥給之款為數甚微。且職館自民國十八年改組以來，職司典藏，為國家搜集重要圖籍以及所以供應於國內國外各學術機關者，其事務之重要，似不亞於中央圖書館。為此建議鈞部能自三十二年度起，將職館經費開支列入國家正式預算，其數字並請以國立中央圖書館為準，由鈞部及中華教育文化基金董事會按照合作辦法，雙方各任半數。〔註77〕

「事非經過不知難」！北平圖書館能在抗戰時期艱難維繫和發展，有力支持後方的文化教育事業，與袁同禮的苦心經營、奔走求告密不可分。

抗戰勝利後，北平圖書館回遷發展，此時，人手和經費仍然是兩個棘手

〔註76〕中國社會科學院近代史研究所中華民國史組編，胡適來往書信選（中冊）〔M〕，北京：中華書局，1979：533～534。

〔註77〕北京圖書館業務研究委員會編，北京圖書館館史資料彙編（1909～1949）〔G〕，北京：書目文獻出版社，1992：746～749。

的問題〔註78〕。為解決經費問題，1945 年 12 月 29 日，袁同禮呈文教育部，言明北平圖書館復員經費困難，請求撥款：「惟復員伊始，經費無著，員工生活急待救濟。所需經、臨各費，實難再緩。爰將北平部分本年九月至十二月份之全部分經、臨各費核實，編製追加概算書，擬請俯念事關戰時緊急措施，可否轉陳行政院，特准以緊急命令撥付，俾便轉匯北平，以應急需」〔註79〕。1947 年 7 月 10 日，袁同禮致函教育部部長朱家驊，再次申請增撥經費，並談到平館經濟困難，維持艱難，他因此而臥病一事：

臥病滬上，荷蒙派員視疾，並承惠允資助醫藥費用，德意隆情，

至為銘感。惟此次致病之由，實以館中經費拮据，應付維艱，而物

質狂漲，巧婦實難為無米之炊。五中焦灼，莫可言宣。〔註80〕

可見他為維持北平圖書館，嘔心瀝血至此！

正是袁同禮在爭取經費方面的不懈努力，才保證了北平圖書館在戰時戰後的基本生存和艱難發展。這一功勞，獨屬於他，平館其他職員無法比肩。

三、提升管理

（一）完善組織結構

袁同禮在領導北京（北海）圖書館和北平圖書館期間，不斷完善組織結構，以適應新形勢的發展要求。

事業草創時期，北京（北海）圖書館的組織結構還很簡單（見圖 2-1）。館內業務主要集中在採訪、編目、閱覽等基本方面。

〔註78〕李致忠主編，中國國家圖書館館史：1909～2009〔M〕，北京：國家圖書館出版社，2009：142～145。

〔註79〕北京圖書館業務研究委員會編，北京圖書館館史資料彙編（1909～1949）〔G〕，北京：書目文獻出版社，1992：812～813。

〔註80〕北京圖書館業務研究委員會編，北京圖書館館史資料彙編（1909～1949）〔G〕，北京：書目文獻出版社，1992：903。

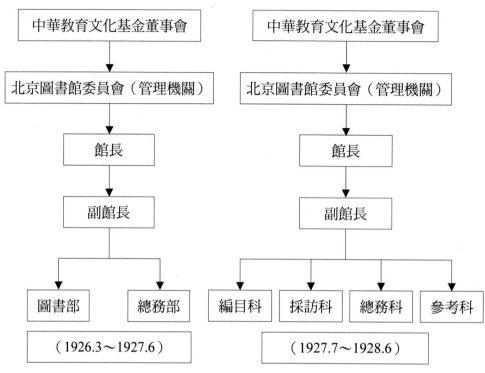

圖 2-1　北京圖書館組織結構圖〔註 81〕

　　1929 年 6 月，「中基會」議決，將國立北平圖書館（原京師圖書館）與北海圖書館合併，名稱仍為國立北平圖書館。8 月 31 日，兩館正式合併成立。而在前一天（即 8 月 30 日），袁同禮已被國民政府教育部聘為國立北平圖書館副館長。從此，他進入了一個更大的事業平臺。

　　由於正館長蔡元培常住南方，且社會活動較多，所以這一時期，袁同禮雖名為副館長，實際則代行館長權力（1930 年 6 月至 1935 年 2 月，他還兼任國立北平圖書館期刊部主任一職）。他將北海圖書館與原京師圖書館的業務進行重新組合，建構起更為科學合理的組織結構（見圖 2-2）。在今天中國國家圖書館的部門結構中，仍然可以看到這種組織方式的影子。

〔註81〕表中的參考科建立時間是 1929 年 6 月，其實早在 1928 年 7 月，北京圖書館就擬設立參考部，以應日漸增多之需求。（館訊：閱覽方面之設備〔J〕，北京圖書館月刊，1928，1（3）：183。）

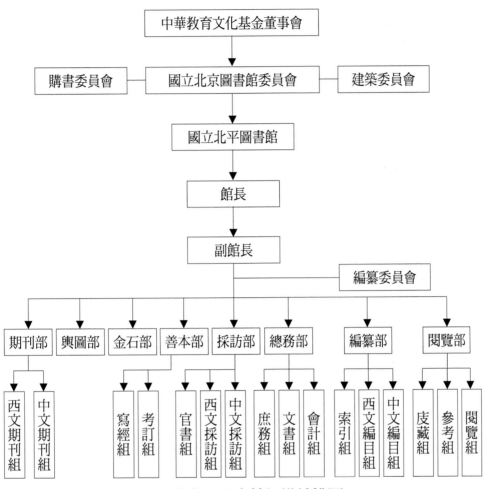

圖 2-2　國立北平圖書館組織結構圖〔註82〕

　　這一時期，北平圖書館的業務全面發展。比如，大量引進傑出人才；採訪工作蒸蒸日上，搜羅的文獻日漸宏富；編纂了大量目錄索引；重印了許多珍善本圖書；出版了《國立北平圖書館館刊》、《圖書季刊》等一流學術刊物；擴大了與國內外的交流合作等。

　　為確保南運善本的安全，袁同禮於 1935 年在上海建立辦事處，這是北平圖書館建立的第一個辦事處。1936 年，為方便工程界人士閱覽圖書，又與地質調查所合作，在南京設立工程參考圖書館，這是北平圖書館南京辦事處的前身。

〔註82〕資料來源：林清華，袁同禮先生與近代中國圖書館事業〔D〕，臺灣私立中國
　　　　文化大學史學研究所圖書文物組，1983：86。

　　抗戰時期，袁同禮看清大局，明辨形勢，一面指揮北平圖書館留守人員
維持館務，一面與長沙臨時大學、西南聯合大學先後合辦圖書館〔註83〕，以
確保南來師生有書可讀。又及時建立起香港辦事處和重慶辦事處，它們與上
海、南京辦事處一起，發揮了各自的作用。1939年底，國立北平圖書館單獨
辦館，大力徵集西南民族文獻和抗日戰事史料，收穫頗豐。在他的領導下，
北平圖書館形成了新的組織格局（見表2-4）。

表2-4　抗戰時期國立北平圖書館的組織格局

國立北平圖書館的組成機構	起訖時間	地　　址	抗戰時期的狀態與作用
國立北平圖書館（北平部）	1929年8月～1949年	北平北海	為日偽控制，但留守館員在袁同禮的「遠程指揮」下，仍盡心竭力維護館藏，並開展收集相關文獻的工作。
與長沙臨時大學合辦圖書館	1937年9～12月	長沙韮菜園聖經學校	搜集文獻，服務南下師生。中基會議決在北平維持館務，而袁同禮力主南遷。
與西南聯合大學合辦圖書館	1938年春～1939年底	昆明西南聯大	搜集文獻，服務西南聯大師生。袁同禮主張與師生一起內遷，並與相關各方解釋、商量〔註84〕。
國立北平圖書館（昆明部）	1939年底～1945年	昆明柿花巷二十二號	廣泛搜集西南文獻、抗日戰爭史料等，編製各種目錄，繼續為後方人士提供服務。

〔註83〕1938年1月25日，蔣夢麟、傅斯年致函孫洪芬：「斯年自京來此，見數月中有
　　　　此成就，深佩守和兄辦事之大力也。」（北京圖書館業務研究委員會編，北京
　　　　圖書館館史資料彙編（1909～1949）〔G〕，北京：書目文獻出版社，1992：489。）
〔註84〕例如，1938年1月24日，袁同禮致函孫洪芬：「執委會對於同人在臨大服務
　　　　既核准於前，此次臨大移滇，自與解散不同，同人隨同前往，諒邀同意。務
　　　　請鼎力贊助，俾進行中之各項事業（見前寄上之油印報告）不致中斷，無任
　　　　感幸。臨大現定下月初旬開始遷移，如本館一同遷滇，則（一）書籍運費、
　　　　辦事地點以及同人住宿，均由臨大擔任，本館不費一文，而各項事業均可照
　　　　舊進行。（二）本館所訂之專門期刊，均可寄滇。香港一部分職員亦一同赴滇
　　　　此項刊物現為臨大與中央研究院同人所需要，則本館在戰時對於學術界之貢
　　　　獻亦甚大。又同人在此對於復興事業積極進行，國際間之聯絡始終未斷，倘
　　　　停止進行或職員遣散，則真無以自解。以上種種，深盼予以極大之同情渡此
　　　　難關，公私鈞感。」（北京圖書館業務研究委員會編，北京圖書館館史資料彙
　　　　編（1909～1949）〔G〕，北京：書目文獻出版社，1992：484。）

上海辦事處	1935年底~1946年開始回遷	中國科學社圖書館	為北平圖書館轉運西文書籍，接受中文新書的贈送，收購散佚出的善本書籍，收集抗戰史料，編印中英文《圖書季刊》，並成功運送出北平存滬珍善本圖書。上海淪陷後，留守館員仍暗中保護其餘藏書。
南京辦事處（前身是工程參考圖書館，係與地質調查所合設）	1936年~1946年開始回遷	南京珠江路九四二號地質調查所內西大樓樓下；南京天津路4號金陵大學圖書館（辦公地點）	開展保管藏書（最重要的是內閣大庫輿圖）、搜集資料、編製書目、提供借閱等工作。
香港辦事處	1938年初~1943年底	香港大學馮平山圖書館	珍珠港事變前，香港辦事處是北平圖書館與海外溝通的據點，是書刊寄運的中轉站。主要負責接收北平圖書館訂購的西文書刊、轉運這些書刊以及上海等地徵集的抗戰史料，編製西文期刊的索引，徵集書籍等。袁同禮留香港辦公，主持工作，並大量開展國際書刊請援活動。
重慶辦事處	1940年~1945年	重慶沙坪壩南開大學經濟研究所（辦公地點設在重慶求精中學的兩間房子裏）	開展書刊採訪工作，設立政治經濟和工程參考室、影片圖書室，提供西文圖書閱覽，1943年復刊《圖書季刊》。抗戰後期，重慶辦事處是北平圖書館與國內外機構的溝通聯絡之地。

　　1945年11月12日袁同禮由重慶返回北平，13日到館辦理接收事宜。這一時期，領導職員開展北平圖書館昆明部及各辦事處的回遷工作，以及藏書清點、書刊採購、接受敵偽書籍資料等工作。上海、南京辦事處隨著藏書工作的回遷，逐步解散。

　　在不斷變化的形勢下，袁同禮及時而務實地調整圖書館的組織結構，最大限度發揮圖書館本部與各辦事處的作用，提升了該館整體的服務和運作效率。

（二）管理透明化

　　運作的透明化，是袁同禮提升北平圖書館管理能力的重要方式。

在擔任北京（北海）圖書館圖書部主任、副館長、館長期間，他已嶄露優秀的管理才能。如每年撰寫之中、英文本年度報告、館務報告，不僅是對北京圖書館館務的及時總結和歷史記錄，也是作為館長的袁同禮向「中基會」作的述職報告。其中圖書館的業務發展、人事變動、經費去向等內容，一覽而盡知，方便「中基會」及其管理機關「北京圖書館委員會」（合組後為「國立北平圖書館委員會」）的監督。這體現了北京圖書館公開、透明的管理理念與運作模式。在袁同禮領導下，這種模式延續到了後來合組成立的國立北平圖書館的運作中。

編纂館務報告的做法（自 1927 年開始），在當時為中國其他圖書館先後傚仿，可謂開一時之風氣。其他如藏書及器具之保險〔註 85〕、館員之體檢〔註 86〕、與國內外圖書館、學術機構、駐華使領館的廣泛合作與聯繫等，無不體現出北京圖書館的某些現代化運作特徵。在北京圖書館及後來之北平圖書館逐步建立起現代管理制度的過程中（如每週邀請各界名人為全體館員作討論式講演〔註 87〕、舉辦公共儲蓄〔註 88〕），館長袁同禮無疑起著關鍵性作用。而他提倡透明化管理的做法，在今天仍富啟發意義。

（三）提升服務效率

袁同禮注重提升北平圖書館的服務效率。例如編目方面，他領導北平圖書館在國內首先推出印刷型卡片目錄，這是提升管理，優化業務的重要舉措。

1935 年，袁同禮領導北平圖書館將館藏 1935 年以後出版之中文書籍，仿美國國會圖書館辦法，排印成卡片目錄，低價預售。該項目錄著錄詳盡，有分類號碼，字體美觀，可減少各圖書館編目手續，方便採訪，為中國圖書館

〔註 85〕 館訊：本館藏書之保險〔J〕，北平北海圖書館月刊，1929，2（3，4 期合刊）：362。

〔註 86〕 館訊：館員體格檢查〔J〕，北平北海圖書館月刊，1929，2（3，4 期合刊）：361。

〔註 87〕 袁同禮認為館員應有豐富之常識，方能對讀者應付自如。於是約從 1937 年初起，每週邀請各界名人為全體館員作討論式講演，以增進智識。前幾次被約名人中，以醫界為多，蓋有注重館員健康之意。（國立北平圖近訊〔J〕，中華圖書館協會會報，1937，12（4）：17。）

〔註 88〕 約在 1937 年春，北平圖書館為使全館職員生活有保障，擬舉辦公共儲蓄，規定自 7 月起實行。此法為：「凡在館工作人員皆依照薪金之多寡，由館方於每月扣除百分之五，館方再增加百分之五，一併儲蓄，按複利生息，館員如有重大事故，或離館時，（聞在儲蓄三年以內無故自動離館者另有規定）即全部發給。」（國立北平圖近訊〔J〕，中華圖書館協會會報，1937，12（5）：21～22。）

界之創舉。〔註 89〕此項目錄片著錄標準採用劉國鈞《中文圖書編目條例草案》，分類法採用劉國鈞《中國圖書分類法》再版增訂本。分類號碼印於目錄片右下方近孔處，以便各圖書館採用或參考。卡片右下角印有該片之號碼，短橫前為卡片組數，短橫後為每組之種類號碼，以便採訪及庋藏。該目錄只以書名為主，書名上方留有空位，可供作著者目錄或標題目錄時添加姓名或標題。左上角之空位，可供填寫索書號碼。初以 5000 種（每種 1 張）為一組，預約價 50 元，多訂有折扣。可按張零購，30 張以上郵寄一次。擬自 1936 年 1 月起，每週出版一次。〔註 90〕1936 年 9 月，將編印範圍擴大，包括民國出版者、民國以前出版者、中外各大圖書館委託編印者、叢書分析片、專門問題片。每張大洋 1 分，每組 6000 張，特價 50 元。各圖書館可零購，並可分期付款。〔註 91〕後為方便訂戶尋檢，又將印行之卡片編印為書本目錄，附贈訂戶。今後擬印足卡片目錄千種，即編印書本目錄一冊，年終匯為一大冊。如此往復。〔註 92〕

　　這說明袁同禮將國外考察所得先進經驗，及時在北平圖書館付諸實踐，不僅提高了平館的工作效率，而且方便了國內各圖書館的分類編目。這與今天各圖書館在分類編目時，查重、套錄、修改的思路相似。可見袁同禮在促進中國圖書館優化業務流程、提升辦事效率方面的紮實努力。

第二節　領導中華圖書館協會

　　《北平圖書館協會會刊》卷頭語曾寫到：「民國七年之冬，北平即有圖書館協會之組織，以故中斷，至十三年三月，乃重行召集，同年八月，即有會刊之刊布，故中國之有圖書館協會，圖書館協會之有刊物，皆北平為之創也」〔註 93〕。對於這個開中國圖書館協會先河的北京（北平）圖書館協會，其實與袁同禮有著緊密的關係。

〔註 89〕北平圖發行卡片目錄訊〔J〕，中華圖書館協會會報，1935，11（2）：39。

〔註 90〕國立北平圖書館排印卡片目錄說明及使用法〔J〕，中華圖書館協會會報，1935，11（3）：45～48。

〔註 91〕國立北平圖書館發售目錄片啟事〔J〕，中華圖書館協會會報，1936，12（2）：封二。

〔註 92〕國立北平圖書館排印卡片書本目錄出版〔J〕，中華圖書館協會會報，1936，12（3）：60。

〔註 93〕卷頭語〔J〕，北平圖書館協會會刊，1929（2）：1。

　　1918 年 12 月 3 日，北京中學以上各學校圖書館主任十餘人在匯文大學召開會議，在會上，成立了北京圖書館協會籌備委員會，袁同禮被推選為委員長。〔註94〕12 月 21 日，「北京圖書館協會」在北京大學文科事務室舉行成立大會。議決通過了《北京圖書館協會章程》及《附則》各六條。袁同禮當選為正會長，高羅題（Mr. Galt）為副會長，李大釗為中文書記，吉非蘭（Miss Crilfillon）為英文書記。〔註95〕該會在袁同禮出國留學後，逐漸停止了活動，直到 1924 年 3 月 30 日，在中華教育改進社敦請下，戴志騫才再次發起成立了「北京圖書館協會」〔註 96〕。1924 年，袁同禮為該會之個人會員。會長戴志騫出國（1924 年秋）後，袁同禮再次當選為北京圖書館協會會長（約在 1925 年）。1928 年 12 月，北京圖書館協會更名為北平圖書館協會〔註 97〕。此後，袁同禮多次擔任北平圖書館協會執行委員會主席。期間，積極主持、參與協會各項活動，加強北平地區圖書館之合作（如編製聯合目錄、開展圖書館調查、會員調查等），發表「現代圖書館之組織」〔註98〕等演講（見表 2-5）。可以看出，袁同禮較早與圖書館協會結下了不解之緣，而且一開始即擔任領導之職，這或多或少預示著他將在中國圖書館協會未來的發展中扮演重要的角色。

表 2-5　袁同禮在北京（北平）圖書館協會中之活動

時　間	地　點	事　項	袁同禮的活動
1918 年 12 月 3 日	匯文大學	北京中學以上各學校圖書館主任十餘人召開會議，成立了北京圖書館協會籌備委員會。	被推選為委員長。〔註99〕
1918 年 12 月 21 日	北京大學文科事務室	「北京圖書館協會」舉行成立大會。議決通過了《北京圖書館協會章程》及《附則》各六條。	當選為正會長。高羅題（Mr. Galt）為副會長，李大釗為中文書記，吉非蘭（Miss Crilfillon）為英文書記。〔註100〕

〔註94〕圖書館協會〔J〕，清華週刊，1918（153）：5。
〔註95〕北京圖書館協會成立紀聞〔J〕，北京大學日刊，1919-01-21（3 版）；北京圖書館協會成立紀聞（續）〔J〕，北京大學日刊，1919-01-22（4 版）。
〔註96〕本會概略〔J〕，北京圖書館協會會刊，1924（1）：7～28。
〔註97〕北平圖書館協會簡章〔J〕，北平圖書館協會會刊，1929（2）：2～4。
〔註98〕北平圖書館協會會務報告〔J〕，北平圖書館協會會刊，1929（2）：5～8。
〔註99〕圖書館協會〔J〕，清華週刊，1918（153）：5。
〔註100〕北京圖書館協會成立紀聞〔J〕，北京大學日刊，1919-01-21（3 版）；北京圖書館協會成立紀聞（續）〔J〕，北京大學日刊，1919-01-22（4 版）。

1924 年 3 月 30 日		在中華教育改進社敦請下，戴志騫再次發起成立了「北京圖書館協會」。	是年，為該會個人會員。〔註 101〕
約在 1925 年			當選為會長。〔註 102〕
1928 年 7 月 17 日	北京圖書館	舉行常會，並歡迎韋棣華女士。	提議採用委員制。〔註 103〕
1928 年 12 月 23 日	燕京大學圖書館	1929 年度第一次常會。	主持會議。報告中華圖書館協會籌備在南京舉行年會情形，歡迎同人參加，請會員提出議案、預備論文，如有可能，希望於新年時再集會一次。 在此次會上，袁同禮當選為七名執行委員之一。此後，多次擔任北平圖書館協會執行委員會主席。〔註 104〕
1929 年 1 月 13 日	清華同學會	1929 年第二次常會。	被推舉為圖書館設計委員會五名組織成員之一。〔註 105〕
1929 年 3 月 31 日	南池子門神庫政治學會圖書館	1929 年第四次常會。	報告會務進行情況。邀請了德國石派耶（Speyer）市圖書館館長萊斯米（Reismuller，一譯萊士米勒）博士講演「德國研究中華文化之概況」，鄭壽麟任翻譯（也係袁同禮邀請）。〔註 106〕
1929 年 6 月 23 日	故宮博物院圖書館	1929 年第六次常會。	報告故宮圖書館概況。〔註 107〕
1929 年 10 月 5 日	清華大學工字廳	1929 年第七次常會。	報告會務，並提出協會應加強北平各館聯絡，減少購書之重複；應指導閱覽人利用館藏珍貴書籍，以使所費不致虛糜。〔註 108〕

〔註 101〕本會概略〔J〕，北京圖書館協會會刊，1924（1）：7～28；會員調查〔J〕，北京圖書館協會會刊，1924（1）：46。

〔註 102〕各市圖書館協會章程匯錄〔J〕，中華圖書館協會會報，1926，1（5）：7。

〔註 103〕北京圖書館協會將改組〔J〕，中華圖書館協會會報，1928，4（1）：15。

〔註 104〕北平圖書館協會之新簡章與職員〔J〕，中華圖書館協會會報，1928，4（3）：25～26；北平圖書館協會十八年度集會紀要〔J〕，北平圖書館協會會刊，1929（3）：末 1～4。

〔註 105〕北平圖書館協會十八年度集會紀要〔J〕，北平圖書館協會會刊，1929（3）：末 1～4。

〔註 106〕北平圖書館協會常會〔J〕，中華圖書館協會會報，1929，4（5）：27；鄭壽麟，從永樂大典與圖書集成說起——袁守和先生與中德文化之溝通〔N〕，（臺北）中央日報，1965-03-18（6 版）。

〔註 107〕北平圖書館協會常會〔J〕，中華圖書館協會會報，1929，4（6）：13。

〔註 108〕北平圖書館協會近訊〔J〕，中華圖書館協會會報，1929，5（1、2 期合刊）：49～50。

1929 年 10月 26 日	國立北平圖書館第一館	舉行茶會，歡迎愛荷華（Iowa）州立圖書館館長畢力漢氏（Johnson Brighom）來華。	袁同禮致歡迎辭。〔註 109〕
1930 年 1 月 5 日	西長安街忠信堂	舉行新年聚餐。	報告會務進行近況。〔註 110〕
1930 年 6 月 7 日	故宮博物院圖書館	1930 年第三次常會	報告會務並宣讀紀錄，邀請到館觀書之胡適講演。〔註 111〕
1930 年 12 月 21 日	輔仁大學圖書館	1930 年第四次常會	輔仁大學教授兼圖書館主任謝禮士講演德國圖書館發達小史，由袁同禮口譯。〔註 112〕
1931 年 4 月 5 日	藝文中學仁山圖書館	1931 年第一次常會	首先由主席袁同禮宣布開會，恭讀總理遺囑，全體起立。袁同禮言，此次常會早應召集，但因無適當講演員而推至今日，以後打算以研究、討論實際問題代替講演，這或可糾正理論空泛之弊。此次的議題為「北平中小學校圖書館問題」。羅靜軒提出兒童讀物出品較少，選擇困難。針對此點，袁同禮提議，致函各大出版家，請其注意發展辦法，獲眾認可。李文裿提有「本市各中小學均應添設圖書館案」，說明大意後，由袁同禮提付討論，議決致函教育局採擇施行。〔註 113〕
1932 年 1 月 10 日	國立北平圖書館	1932 年第一次常會	從五方面報告上年度工作概況。〔註 114〕
1935 年 1 月 6 日	國立北平師範大學圖書館	1935 年第一次常會	袁同禮談赴歐美考察之三點感想，大意為：「（一）閱覽人互助精神。在歐美各國圖內閱覽人彼此有互助之精神，如甲不知衛生而隨地吐痰，乙則阻止之，如

〔註 109〕北平圖書館協會十八年度集會紀要〔J〕，北平圖書館協會會刊，1929（3）：末 1～4。

〔註 110〕北平協會之新年聚餐及新職員〔J〕，中華圖書館協會會報，1930，5（4）：17。

〔註 111〕北平協會席上之胡適講演〔J〕，中華圖書館協會會報，1930，5（6）：18～19。

〔註 112〕北平圖書館協會常會〔J〕，中華圖書館協會會報，1930，6（3）：15。

〔註 113〕北平圖協會常會〔J〕，中華圖書館協會會報，1931，6（5）：27～29。

〔註 114〕包括：「（一）兒童書目印刷過半，約兩星期即可出版。（二）圖最低限度應備之期刊目錄，現已印妥。（三）中小學校圖調查工作亦將完成，擬於第六期會刊中發表。（四）北平各圖日文期刊聯合目錄，不久亦可完成。（五）本會擬重編會員錄，會員住址更移者，請即通知，以便增訂。」（北平圖書館協會第一次常會〔J〕，中華圖書館協會會報，1932，7（4）：19～20。）

			乙不愛惜書籍，甲則勸諍之，館員省若干之精力，此等處皆該國兒童教育優良所養成。蓋歐美各國，視兒童圖等於大學圖之重要。兒童在圖中閱覽訓練有素，且歐美各國中小學又極重紀律，故有此互助精神。(二) 供應需要。歐美各國圖書籍陳設，以極經濟之方法，不事糜費，不若中國各圖多陳無用之虛設書籍。而各圖又極應閱覽者循環之需要，決不使其失望。(三) 圖專業化。歐美各國規定圖為專業化，故館員工作緊張，視職業為終身事業，多從事學術技能之研究，彼此互相勉勵」。袁同禮當選為七名執行委員之一。〔註115〕
1935 年 9 月 22 日	北京大學圖書館	北平圖書館協會常會	袁同禮提出兩項議案：「(一) 中學圖之調查，袁同禮提，意在北平公私立中等學校甚多，皆應有優美之圖設備及讀物。結果由主席〔註116〕指定嚴文郁，李文裿，于震寰三人組織小委員會辦理，由嚴文郁召集會議。眾無異議。(二) 推廣公共圖事務，袁同禮提，意在北平市內地面甚廣，現有圖偏居一方，不足供市民閱讀，東城南城皆無借書閱書之處，宜添設新圖，或分館，或借書處。結果由主席指定何日章，吳光清，商鴻逵三人組織小委員會辦理，由何日章召集會議。眾無異議。」該會還約請莫余敏卿和吳光清講演。〔註117〕
1936 年 1 月 5 日	假騎河樓清華同學會	1936 年第一次常會	自德返平之謝禮士講演，繼討論會務，後選舉執監委員。袁同禮當選為七名執行委員之一。〔註118〕
1936 年 10 月 24 日	木齋圖書館	1936 年第三次常會	自歐洲歸來之馮陳祖怡和袁敦禮講演。袁敦禮為袁同禮堂弟，講演歐洲文化及體育情形。〔註119〕

〔註115〕平圖協常會〔J〕，中華圖書館協會會報，1935，10（4）：22。

〔註116〕主席為田洪都。

〔註117〕北平圖協會常會紀〔J〕，中華圖書館協會會報，1935，11（2）：35～38。

〔註118〕北平圖協會本年首次常會〔J〕，中華圖書館協會會報，1936，11（4）：16。

〔註119〕北平圖書館協會三次常會〔J〕，中華圖書館協會會報，1936，12（3）：18～19。

　　北京（北平）圖書館協會之刊物，第一期出版於 1924 年 8 月，名《北京圖書館協會會刊》，因資力拮据而停頓。第二期名為《北平圖書館協會會刊》，1929 年 6 月出版。之後幾期也採用《北平圖書館協會會刊》之名。第三期為專號《北平各圖書館所藏期刊聯合目錄》，1929 年 10 月出版。第四期為專號《北平各圖書館所藏叢書聯合目錄》，1930 年 10 月出版。第五期為專號《兒童書目彙編》〔註 120〕，1933 年 5 月出版。該刊除報導協會會議、會員、經費等情況外，著重於北平各圖書館所藏期刊、叢書聯合目錄，以及兒童書目的編製，這是中國現代地方聯合目錄編製之先聲。

　　對於機關會員（指圖書館）的調查，也較《中華圖書館協會會報》上所登「全國圖書館調查表」詳細，包括「沿革及成立年月」、「組織」、「職員」、「館舍」、「藏書統計」、「特藏」、「分類」、「編目」、「所採檢字方法」、「裝訂」、「閱覽及借書」、「經費」等欄目，為瞭解當時北平各圖書館之概況，提供了基礎數據。該刊因是中國地方圖書館協會中最早創辦者，所以對於其他地區圖書館協會刊物的發展有著某種啟先示範作用。而是刊之發展，袁同禮有力焉。

　　1924 年，「北京圖書館協會」成立後，不斷致函各地圖書館，請其組織地方圖書館協會。之後，各地圖書館協會如雨後春筍般建立起來，這為「中華圖書館協會」的誕生，奠定了基礎。此後，袁同禮不僅繼續參與北平圖書館協會的發展，更重要的是，他將在「中華圖書館協會」這個更大的平臺上，施展才華，領袖群倫，推動中國圖書館事業的現代化。

　　中華圖書館協會於 1925 年 6 月在北京正式成立，其宗旨是：「研究圖書館學術，發展圖書館事業，並謀圖書館之協助」〔註 121〕。它的組織結構主要包括：董事部、執行部、常務委員、各專業委員會（教育、分類、編目、索引、出版、建築、板片調查等）及委員、會員。

　　在該協會歷次選舉中，袁同禮常以最高票當選，體現了會員對他工作的較高認同度。如 1931 年春，中華圖書館協會舉行改選，執行委員會任滿之袁同禮、李小緣、胡慶生、沈祖榮、杜定友，及監察委員會任滿之柳詒徵、楊立誠、毛坤，均得連任。袁同禮得票數最多，為 170 票。〔註 122〕他在中華圖

〔註 120〕由北平市立第一普通圖書館編輯（因其設有兒童部），共收圖書 2000 餘種。
　　　　該目錄分為十大類，末附筆畫索引。
〔註 121〕中華圖書館協會組織大綱〔J〕，中華圖書館協會會報，1925，1（1）：3。
〔註 122〕本屆選舉結果〔J〕，中華圖書館協會會報，1931，6（5）：22～23。

書館協會中的任職情況如下（見表 2-6）。

表 2-6　袁同禮在中華圖書館協會中之職務

時　間	職　務
1925.04～1925.11	代理中華圖書館協會執行部部長 （兼任協會圖書館教育委員會委員、分類委員會書記）〔註 123〕
1926 年 5 月～	中華圖書館協會執行部部長〔註 124〕 （自此，袁同禮長期連任該職）
1929 年～	（兼任中華圖書館協會建築委員會書記和《中華圖書館協會會報》編輯部主任。）〔註 125〕
1935 年～	中華圖書館協會執行委員會主席 （還兼任協會編目委員會委員，建築委員會委員，編纂委員會主席，《圖書館學季刊》編輯部編輯，《中華圖書館協會會報》編輯部主席。）〔註 126〕
1937 年 1 月～	中華圖書館協會理事會理事長〔註 127〕

在領導中華圖書館協會期間，袁同禮開展了許多工作，做出了極大成績。

一、場地與經費支持

（一）贊助中華圖書館協會辦事處

約在 1925 年 2 月或 3 月初，袁同禮致函梁啟超，請求借松坡圖書館第二館房屋數間，以為中華圖書館協會暫設事務所之用。梁啟超允之。1925 年 3 月 8 日，梁啟超覆函蹇念益（季常）時提到：「數日前袁同禮君來言，欲借第二館房屋數間，為中華圖書館協會暫設事務所。竊計此事無法拒絕，且亦不必拒絕，已許之矣」〔註 128〕。中華圖書館協會總事務所最初設在北京西單石

〔註 123〕中華圖書館協會委員會委員名單〔J〕，中華圖書館協會會報，1925，1（2）：3～4。
〔註 124〕中華圖書館協會本屆選舉結果〔J〕，中華圖書館協會會報，1926，2（1）：13。
〔註 125〕本會新組織之各委員會〔J〕，中華圖書館協會會報，1929，4（5）：26～27。
〔註 126〕中華圖協會職員表〔J〕，中華圖書館協會會報，1935，11（2）：9。
〔註 127〕自 1937 年 1 月起，中華圖書館協會執行委員會改稱理事會，監察委員會改稱監事會。（本會重要啟事一〔J〕，中華圖書館協會會報，1937，12（4）：封二；執監委會改稱理監事會〔J〕，中華圖書館協會會報，1937，12（4）：13。）
〔註 128〕丁文江、趙豐田編；歐陽哲生整理，梁任公先生年譜長編（初稿）〔M〕，北京：中華書局，2010：547。

虎胡同七號，係松坡圖書館將第二館房間慨讓數楹而得，袁同禮有籌借之功。不久，在清室官產中為中華圖書館協會謀得房舍一處，作總事務所之用，地址在西城府右街十八號，計瓦房 19 間。1925 年 12 月 15 日，中華圖書館協會執行部與清室善後委員會訂立租賃合同，但協會因經費困難，一時難以遷入。〔註 129〕後來，該處為軍隊佔用，難以設法。〔註 130〕於是，袁同禮撥館舍房間以支持之。1927 年 3 月 1 日，中華圖書館協會總事務所由石虎胡同七號松坡圖書館遷入北海北京圖書館內。〔註 131〕此後，中華圖書館協會辦事處長期設於北平圖書館內，直至抗戰爆發。

1937 年，中華圖書館協會為與中國各學術團體在南京建築聯合會所，自 4 月間開始募集經費，至 6 月底止，共收到捐款 1827.5 元。其中，袁同禮捐助 20 元，並積極經募北平圖書館員工之捐款。〔註 132〕但因戰事，此事未遂。

抗戰期間，中華圖書館協會辦事處與北平圖書館一起輾轉遷移。1938 年，協會辦事處設於昆明國立西南聯合大學圖書館（西南聯大與北平圖書館合辦）內。1940 年 9 月，因昆明柿花巷二十二號房所之租期已滿，國立北平圖書館館址遷至昆明文廟街文廟內之尊經閣，中華圖書館協會辦公地點亦隨之遷移。〔註 133〕1940 年，因日軍連續轟炸昆明，於是約在是年底、翌年初，國立北平圖書館遷往昆明北郊的桃源村，中華圖書館協會會址亦一併遷移（在起鳳庵辦公）。〔註 134〕1943 年 9 月，中華圖書館協會會址由昆明遷至重慶沙坪壩國立北平圖書館內（設於重慶求精中學二樓，袁同禮在此辦公）。〔註 135〕

1947 年 3 月，中華圖書館協會會所才移至南京。〔註 136〕5 月 24 日，中華圖書館協會留南京之理監事在國立中央圖書館舉行聯席會議。袁同禮任主

〔註 129〕總事務所地址〔J〕，中華圖書館協會會報，1925，1（4）：17～18。

〔註 130〕中華圖書館協會第二週年報告（十五年五月至十六年六月）〔J〕，中華圖書館協會會報，1927，3（2）：3～9。

〔註 131〕遷移總事務所〔J〕，中華圖書館協會會報，1927，2（4）：16。

〔註 132〕捐募建築費誌謝〔J〕，中華圖書館協會會報，1937，12（6）：13～22。

〔註 133〕本會遷移辦公地址〔J〕，中華圖書館協會會報，1940，15（1、2 期合刊）：5；本會民國二十九年度會務報告〔J〕，中華圖書館協會會報，1941，15（5）：6～7。

〔註 134〕國立北平圖書館由昆遷鄉工作〔J〕，中華圖書館協會會報，1941，15（3、4 期合刊）：15；中華圖書館協會三十二年度工作報告〔J〕，中華圖書館協會會報，1943，18（2）：18～20。

〔註 135〕本會會址由昆遷渝〔J〕，中華圖書館協會會報，1943，18（1）：13。

〔註 136〕財務報告〔J〕，中華圖書館協會會報，1948，21（3、4 期合刊）：6。

席，首由常務幹事于震寰報告會務，謂：

> 本會事務所戰前即有遷京之議，……不幸戰亂發生，……戰後
> 經濟情形益劣，短期內難有獨立會所，經袁理事長（案：指袁同禮）
> 與蔣常務理事（案：指蔣復璁）商定，本會會所由北平圖書館遷至
> 南京中央圖書館內，所有事務亦由中央圖書館派員辦理，以節開支，
> 並請于震寰為常務幹事。〔註137〕

直至 1947 年，由於北平圖書館經費困難等原因，中華圖書館協會辦事處才遷往南京。

　　從 1925 年至 1947 年，中華圖書館協會與北平圖書館有長達 22 年之久的緊密合作，期間，北平圖書館為中華圖書館協會提供了必要的辦公場地支持。袁同禮對此積極籌劃，大力贊助。

（二）經費支持

　　中華圖書館協會的經費主要來自於會員繳納的會費，不足部分需要請求社會人士捐贈，或向政府申請補助費。如果各會員繳納會費不及時或不足額，協會發展就會面臨入不敷出的問題。（這從《中華圖書館協會會報》上不時發出的催繳會費通知可知。）尤其在抗戰爆發後，會員星散，協會經費更加困難。在袁同禮領導中華圖書館協會期間，為保證協會業務的正常開展，他提供了許多幫助。

　　1925 年 7 月 6 日，袁同禮與中華圖書館協會其餘 14 名董事聯名呈函執政府，請予補助協會，後政府批准 5000 元補助。〔註138〕1925 年，袁同禮還為中華圖書館協會捐款五十元〔註139〕，贈送中華圖書館協會西文打字機一架、《南洋大學圖書館目錄》（外國文部）一冊、《內學》（第一期）一冊〔註140〕。1934 年 2 月，中華圖書館協會為更好地推動事業發展，發布募集基金啟事，成立募集基金委員會和基金保管委員會，袁同禮為募集基金委員會委員之一。〔註141〕

〔註137〕留京理監事聯席會議〔J〕，中華圖書館協會會報，1948，21（3、4期合刊）：5～6。
〔註138〕政府補助〔J〕，中華圖書館協會會報，1925，1（2）：10～11。
〔註139〕捐款鳴謝〔J〕，中華圖書館協會會報，1925，1（2）：10。
〔註140〕本會圖書館通告〔J〕，中華圖書館協會會報，1925，1（2）：21～22。
〔註141〕中華圖書館協會募集基金啟〔J〕，中華圖書館協會會報，1934，9（4）：封二。

1939 年 8 月起，國立北平圖書館按月補助中華圖書館協會 100 美元，專用於職員薪水、書籍運輸和編印目錄等。〔註 142〕1941 年，教育部仍准予按月撥給中華圖書館協會補助費 100 元。但因物價高漲，不敷使用。〔註 143〕於是在 1941 年上半年，袁同禮呈請教育部增加補助費為每月 300 元：

> 查屬會年來各項事業繼續積極推動，尤以今後中心工作之一為在謀集中廣泛的地方基層機構（即各地方省縣圖）之力量，以協助政府推進國民教育；一切設施需用，更感浩繁；且以近年物價日在激漲，雖儘量緊縮開支，極力竭流，然亦仍不敷甚巨，即如會報印刷一項，前此每期不過三百元，今則幾非千元莫辦；屬會除徵收會員會費一項以外，並無其他收入，開源無從，支應匪易，擬懇大部俯念屬會事業重要，過去辦理尚能實事求是，不無微績，請准將補助費自即月起予以增加為三百元，藉資挹注，俾能早期推進完成各項計劃，不勝企幸之至！〔註 144〕

因社會教育經費支絀，此請未蒙批准。而 3 月份呈請中央宣傳部恢復每月補助 100 元，幸獲批准，准於 7 月起恢復補助。〔註 145〕

為解決經費困難，1942 年底，中華圖書館協會再次向教育部和社會部請求 1943 年度之補助。1943 年 3 月 23 日及 3 月 13 日，教育部與社會部分別訓令，各准予每月補助 200 元。〔註 146〕至年底時，兩部一次匯到 4800 元。〔註 147〕1943 年 10 月，國立北平圖書館向協會捐款 2000 元，以補助《中華圖書館協會會報》的印刷費用。之後，國立中央圖書館也捐助 2000 元，文華圖書館學專科學校捐助 500 元。〔註 148〕1943 年 8 月，胡英先生辭協會幹事，轉就他職，但念協會經費困難，亦捐助 2000 元。此外，協會還收到中央大學捐助

〔註 142〕北平圖書館補助本會經費〔J〕，中華圖書館協會會報，1939，14（2、3 期合刊）：11。

〔註 143〕教育部繼續補助本會經費〔J〕，中華圖書館協會會報，1941，15（3、4 期合刊）：14。

〔註 144〕呈請教育部增加補助費〔J〕，中華圖書館協會會報，1941，15（5）：8。

〔註 145〕中央宣傳部准予恢復撥給本會補助費〔J〕，中華圖書館協會會報，1941，15（6）：6。

〔註 146〕教育部社會部補助本會經費〔J〕，中華圖書館協會會報，1943，17（5、6 期合刊）：11。

〔註 147〕教育社會兩部補助費最近匯到〔J〕，中華圖書館協會會報，1943，18（2）：18。

〔註 148〕國立北平圖國立中央圖暨文華圖學專科學校捐助本會經費〔J〕，中華圖書館協會會報，1943，18（1）：12。

1000 元、羅家鶴捐助 120 元、歐陽祖經經募 189.51 元等。〔註 149〕正是在袁同禮及其領導下的北平圖書館以及其他圖書館和個人的熱心贊助下，中華圖書館協會才未因經費困頓而停止活動。

二、主持日常會議與年會

袁同禮積極主持、參與中華圖書館協會日常會議及年會，通過會議交流來溝通思想，討論對策，從而促進圖書館事業的發展。（見表 2-7，2-8）

表 2-7　袁同禮主持、參與中華圖書館協會日常會議情況

時　　間	會議名稱	袁同禮主持、參會情況
1925 年 5 月 27 日	中華圖書館協會董事部第一次會議	①提出執行部議決本屆預算暫定為三千元，結果照原案通過。 ②與胡適先生一起提出，對圖書館學術有特殊貢獻者，均推為名譽會員，經眾通過。〔註 150〕
1925 年 6 月 2 日	中華圖書館協會成立大會	以國立廣東大學圖書館代表身份參加該會。〔註 151〕
1925 年 8 月 20 日	中華教育改進社第四次年會圖書館教育組第一次會議	袁同禮當選為臨時主席。與出席人員共同討論議案 4 件，最後通過 2 件，即《規定學校圖書館購書經費案》、《請公立圖書館及通俗教育圖書館增設兒童部案》。〔註 152〕
1929 年 7 月	中華圖書館協會監察委員會常會	赴杭州出席監察委員會，報告執行委員會經過及工作情形，並附送協會十七年度決算書及會務報告一冊，請監察委員審查。〔註 153〕
1932 年 12 月 23 日	1932～1933 年度中華圖書館協會執行委員會第二次會議	袁同禮主持，討論議決案共 6 項，多屬在北平舉行中華圖書館協會第二次年會事宜。〔註 154〕

〔註 149〕胡英先生捐助本會〔J〕，中華圖書館協會會報，1943，18（2）：18；中華圖書館協會三十二年度工作報告〔J〕，中華圖書館協會會報，1943，18（2）：18～20。

〔註 150〕本屆預算〔J〕，中華圖書館協會會報，1925，1（1）：6；名譽會員〔J〕，中華圖書館協會會報，1925，1（3）：21。

〔註 151〕本會成立儀式〔J〕，中華圖書館協會會報，1925，1（1）：8。

〔註 152〕中華教育改進社第四次年會圖書館教育組議決案〔J〕，中華圖書館協會會報，1925，1（3）：27～28。

〔註 153〕中華圖書館協會第五次會務報告〔J〕，中華圖書館協會會報，1929，5（1、2 期合刊）：27～33。

〔註 154〕第二三兩次執行委員會議議決案〔J〕，中華圖書館協會會報，1933，8（4）：17～18。

1933 年 1 月 3 日	1932～1933 年度中華圖書館協會執行委員會第三次會議	議決案有 5 項，包括：關於第二次年會出席會員招待案；徵求贊助會員案；機關永久會員會費明確規定案；加推何日章君為年會籌備委員案；議決以上所列各案，由本會通告平外其他執委，同意後即日施行。〔註155〕
1933 年 8 月 4 日	中華圖書館協會第二次年會第一次籌委會（平館）	袁同禮任主持，並作報告，大意謂：「擬由協會致函各地方協會集中各地方會員同時起程，直接向各路局接洽，兼程並進，較為迅速。至於此次會議所討論之範圍，以圖書館經費及民眾教育為中心，其他專門問題亦附討論。最要者各處圖書館與民眾教育館決不應與地方政治發生關係，應努力造成為一種學術機關，至於各圖書館經費過少不易發展，此次特付討論，以便喚起教育當局之注意焉」〔註156〕。嗣議決 10 項相關事項。
1933 年 8 月 22 日	中華圖書館協會第二次年會第二次籌委會（平館）	首先由袁同禮報告年會預算及籌備捐款之經過，已捐款之機關及認捐數目。次議決事項十三項，第一項為向相關機關請求捐款，公推袁同禮負責。〔註157〕
1935 年 2 月 17 日	中華圖書館協會在平執行委員會議（平館）	由袁同禮作報告，分別談及基金捐募、期刊出版、個人會員登記、執監委員選舉等方面的情況。次討論如下事項：(1) 全國圖書館調查，議決「先作紙面上之調查，再委託各地圖協會實地考察」。(2) 本年年會，議決「時間為本年秋季，日期稍緩決定。地點擬在南京或杭州，由袁守和負責接洽」。(3) 第二次國際圖書館大會，議決：「汪長炳君現在歐洲考察，如政府予以補助，即請其代表出席」。〔註158〕
1935 年 5 月 4 日	中華圖書館協會在平執行委員會議（平館）	袁同禮主持會議，並報告會務。除提出執委會 1935 年度 1 至 4 月油印報告外，並作口頭報告，談及汪長炳參加第二次國際圖書館大會、協會出版叢書、全國圖書館一覽表、畢壽普及凱歐訪華、下屆年會地點等事。又討論 7 項提案。
1936 年 6 月 15 日	中華圖書館協會第三次年會籌備會議（平館）	袁同禮主持會議，並略謂：「此次因籌備舉行第三屆年會，曾赴青島與市政當局及山東大學接洽一切，會址已決定在山東大學，日期則定七月二十日至二十四日，與中國博物館協會年會同時舉行。」又議決 6 項事務。

〔註155〕第二三兩次執行委員會議議決案〔J〕，中華圖書館協會會報，1933，8（4）：17～18。

〔註156〕第二次年會之籌備〔J〕，中華圖書館協會會報，1933，9（1）：12～15。

〔註157〕第二次年會之籌備〔J〕，中華圖書館協會會報，1933，9（1）：12～15。

〔註158〕在平執委員會議〔J〕，中華圖書館協會會報，1935，10（4）：19～20。

表 2-8　袁同禮參與中華圖書館協會歷次年會情況

年　會	時　間	地　點	袁同禮主持、參會情況
第一次年會	1929年1月28日至2月1日	南京（金陵大學）	1月29日，在行政組議決通過的42件議案中，袁同禮提出了3件，分別是《調查及登記全國公私板片編製目錄案》（與劉純共同提出）、《請協會通告全國各大圖書館搜集有清一代官書及滿蒙回藏文字書籍案》（與葉恭綽共同提出）、《請各大圖書館搜集金石拓片遇必要時得設立金石部以資保存案》。下午2時，在科學館舉行會務會議第一次會議，袁同禮報告會務之進行與現狀，並有報告分發會員。晚7時，舉行公開講演，先由德國圖書館協會代表萊斯米博士（Dr. G. Reismuller）演說「德國圖書館發展史」，袁同禮傳譯。 1月30日上午，參加分組會議，下午2時，在科學館宣讀論文，袁同禮主席。此次，會員共提出24篇論文。袁同禮提出的論文是《國際目錄事業之組織》。因各種關係，僅宣讀5篇，袁文在宣讀之列。 1月31日上午，繼續參加分組會議，行政組又議決通過9件議案，其中，袁同禮有1件，為《請協會通告全國各圖書館注重自然科學書籍案》。
第二次年會	1933年8月28日至8月30日	北平（清華大學）	8月28日上午，大會主席團推定袁同禮為主席，由其致開會詞。下午袁同禮主持圖書館行政組會議。 8月29日上午開會務會，由袁同禮主持，主要議案為募集協會基金，並議定下屆年會在武昌、杭州、廣州三市擇地舉行。 8月30日上午，袁同禮仍主持圖書館行政組會議。〔註159〕
第三次年會	1936年7月20日至22日	青島（山東大學）	7月22日下午袁同禮主持會務會，其報告事項有：「（一）本會會員無論出外留學或在圖書館學校肄業本會均盡力協助。（二）協會主張在中國圖事業幼稚時期，維持免費生辦法。（三）為使國內外人士明瞭圖事業之重要，出版中英文刊物。（四）本會經常費情形。（五）出席國際圖會議情形。（六）美國圖專家將來華視察指導，經與教育部商洽，已由本會覆函歡迎。」閉幕式上，袁同禮報告中華圖書館協會會務情形。
第四次年會	1938年11月27日至30日	重慶	第四次年會與中國教育學術團體第一屆聯合年會同期舉行。袁同禮事忙，未赴渝參會。

〔註159〕于震寰，中華圖協會第二次年會紀事〔J〕，中華圖書館協會會報，1933，9（2）：22～26。

第五次年會	1942年2月	重慶	中華圖書館協會參加中國教育學術團體第二屆聯合聯會，是為第五次年會。
第六次年會	1944年5月5日至6日	重慶（國立中央圖書館）	中華圖書館協會參加中國教育學術團體第三屆聯合聯會，是為第六次年會。袁同禮參加。5月5日下午袁同禮主持年會會議，致開會詞，討論7項提案，又報告協會會務情況。 5月6日，繼續主持會議，主要修改協會組織大綱並選舉理監事。 覆電感謝美國圖書館協會賀電。

可以看出，在歷次會議中，袁同禮積極主持、參與，獻策獻力，為中國圖書館事業的發展，提出了許多寶貴指導意見。而在會後，他還尤為重視以下幾項工作。

1、執行與監督

1929年7月，袁同禮赴杭州出席監察委員會，報告執行委員會經過及工作情形，並附送協會十七年度決算書及會務報告一冊，請監察委員會審查。〔註160〕1930年2月10日，袁同禮將中華圖書館協會執行委員會第二次事務報告提交給監察委員會，以備審查。〔註161〕

2、議案討論與推行

中華圖書館協會盡力將討論通過的重要議案，提交給政府相關部門，希望其採納。約在1933年9、10月間，袁同禮代表中華圖書館協會呈請教育部推行中華圖書館協會第二次年會議案。呈文曰：

> ……各地圖代表出席者，共有十七省市，以民眾教育及圖經費為討論中心，綜計各項提案判為四類：（一）推廣民眾教育；（二）訂定圖經費標準；（三）專材之培植與指導事業；（四）善本之流傳，綜上四端，經到會代表，本其經驗悉心討論。其最稱扼要而便於實施者，共予通過十一案，靡不繫於圖事業之發展。惟是推行實踐，固為本會所當盡力。而獎勸策勵仍有仰賴大部之提攜。理合開列各項議決案，分類清單一紙，原案理由辦法一冊，具文呈請核鑒。懇准分別施行，實為公便……〔註162〕

〔註160〕中華圖書館協會第五次會務報告〔J〕，中華圖書館協會會報，1929，5（1、2期合刊）：27～33。

〔註161〕本會執行委員會第二次報告〔J〕，中華圖書館協會會報，1930，5（4）：16。

〔註162〕呈教育部推行議案〔J〕，中華圖書館協會會報，1933，9（2）：26。

1936 年 9 月 14 日，中華圖書館協會執行委員會覆函教育部社會教育司，希望其酌情采納中華圖書館協會第三次年會中通過的「改進各縣市圖書館行政要點」一案，略曰：「……敝會遵於本屆年會將改進各縣市圖書館行政要點一案，列為專項，慎重討論，謹將討論結果彙編成冊，交袁守和先生攜京，即希鑒核，酌予採納。……」〔註163〕

3、對中華圖書館協會的改革

1932 年，中華圖書館協會執委會擬在第八年度（1932 年 7 月至 1933 年 6 月）中改變會務方針，對於一切應討論事項，「先由在平執委開會議決作為建議方案，分發平外各執委徵求意見，俟覆信多數通過後，即為議決案，然後由事務所分別實行」。該年度第一次執行委員會議決案有 8 項，包括：改組各委員會案；督促各委員會實際工作俾中途不致停頓案；各委員會人選建議案；增加圖書館館員學識案；交換複本案；各圖書館工作報告案；籌劃本會基金案；徵求紀念捐款案。〔註164〕1937 年上半年，袁同禮提議將中華圖書館協會年會由每年一次改為兩年一次，以節省金錢精力時間等耗費。〔註165〕

三、襄助圖書館建設

（一）戰前幫助各地圖書館

1932 年冬，北平協和醫學院圖書館編目部長章新民因病請假，而圖書日積月累，亟待編目，於是該館主任戴志騫夫人託袁同禮代為物色人選。袁同禮推薦李鍾履前往任事，李於 1933 年 2 月 1 日至 7 月 31 日在該館服務，達半年之久。〔註166〕1936 年，山西太谷銘賢學校圖書館請求北平圖書館派員襄助建設。袁同禮再次派李鍾履前往主持館務。李鍾履到後，任主任，協助一切，直至該館 8 月中旬開館，才返平工作。1937 年，華北農村建設協進會請袁同禮代為設計圖書館，4 月 7 日，他偕館員胡英赴山東濟寧考察設計，並派

〔註163〕教部社教司提交年會議案議決具覆〔J〕，中華圖書館協會會報，1936，12（2）：21～24。

〔註164〕本年度第一次執行委員會議決案〔J〕，中華圖書館協會會報，1932，8（3）：13～15。

〔註165〕年會兩年舉行一次〔J〕，中華圖書館協會會報，1937，12（6）：13。

〔註166〕李鍾履，北平協和醫學院圖書館館況實錄〔J〕，圖書館學季刊，1934，8（1）：159～173。

胡英代為主持一切。〔註 167〕同年，袁同禮積極幫助國立中央圖書館籌劃建築事宜。他是教育部公布的國立中央圖書館建築委員會成員之一，故於 1937 年 2 月 25 日赴南京，參與籌劃。3 月 9 日，參加國立中央圖書館建築委員會在籌備處舉行的首次會議，與朱家驊、羅家倫、雷震、梁思成、蔣復璁等一起，對該館建築計劃圖樣及建築工程進行事宜，進行詳細討論。4 月 22 日，乘滬平列車再度南下，在南京與教育部商討中央圖書館建築事宜。〔註 168〕此外，袁同禮還曾應張學良電請，親赴瀋陽，對於東北大學圖書館建設有所建議。〔註 169〕對於北平木齋圖書館，他也有所協助。這些都體現出袁同禮對各地圖書館事業發展的關心。

（二）抗戰時期促進西南圖書館事業發展

1938 年 6 月，袁同禮以中華圖書館協會名義致函管理中英庚款董事會，請撥鉅款以發展西南圖書館事業。〔註 170〕旋經管理中英庚款董事會第四十八次年會批准在貴陽設立科學館一所，撥款 7 萬元，在昆明籌設圖書館一所，撥款 5 萬元。〔註 171〕隨後，該會與雲南省政府合組昆明圖書館籌備委員會，聘請李書華、龔自知、袁同禮等 7 人為委員，先後多次開會，決定館址及工程圖樣等事宜。〔註 172〕但對於西南四川一省，中英庚款董事會未有設置圖書館之議。於是 1939 年 3 月 21 日，袁同禮致函四川教育廳廳長郭有守，請其擬具設置四川省立圖書館詳細計劃，正式向中英庚款董事會申請補助。函曰：

> 去歲管理中英庚款董事會舉行年會時，曾經弟建議，在西南諸省，各設圖書館一所，以宏文化。旋經該會決議在滇設立圖書館，在黔設立科學館各一所，對於川省，獨付闕如，不無遺憾。此次弟

〔註 167〕國立北平圖近訊〔J〕，中華圖書館協會會報，1937，12（5）：21～22；濟寧將建大規模圖〔J〕，中華圖書館協會會報，1937，12（5）：27。

〔註 168〕國立北平圖近訊〔J〕，中華圖書館協會會報，1937，12（5）：21～22；國立中央圖建築消息〔J〕，中華圖書館協會會報，1937，12（5）：28。

〔註 169〕東北大學建築新圖書館〔J〕，中華圖書館協會會報，1929，4（4）：22。

〔註 170〕發展西南圖計劃〔J〕，中華圖書館協會會報，1938，13（2）：17。

〔註 171〕管理中英庚款董事會覆函本會准於在昆明籌設圖書館一所〔J〕，中華圖書館協會會報，1939，13（5）：13；本會致函管理中英庚款董事會請在成都籌設大規模之圖書館一所〔J〕，中華圖書館協會會報，1939，13（6）：11。

〔註 172〕昆明新圖書館即將開工建築〔J〕，中華圖書館協會會報，1939，14（2、3 期合刊）：21。

　　來蓉視察，深覺圖書設備，諸多簡陋，極有補充之必要，矧成都為後方重鎮，此項設置，似不宜緩，刻下中英庚款董事會本屆年會已決定於五月杪在香港舉行，除仍由中華圖書館協會繼續建議，促其對於川省文化事業積極援助外，擬請貴廳擬具設置省立圖書館詳細計劃，正式申請，弟能力所及，自當從旁贊助。〔註173〕

同日，袁同禮以中華圖書館協會名義致函管理中英庚款董事會，請籌撥鉅款，在成都設立大規模之圖書館一所，以推進西南文化發展。據該會3月31日覆函，表示應允。〔註174〕

四、維護圖書館權益

　　在爭取本行業權益之時，相較於單個圖書館，中華圖書館協會可以集中力量發出更有分量的聲音。

　　1932年5月初，國民政府交通部訂定郵票加價辦法，中華圖書館協會執行委員會於5月3日致電行政院長汪精衛，就圖書館界立場，痛陳其不可，結果書籍印刷品郵費仍照原來辦法。〔註175〕1937年5月12日，袁同禮致函教育部，希望教育部對圖書館購書，仍照八折優待，並令上海市書業同業公會執行，所購部數，仍以普通書2部，辭書5部為限。此函背景是：1936年4月7日，教育部頒布圖書劃一出售辦法，圖書館購書由八折而改為九折，影響各館購書經費較大。7月，在中華圖書館協會第三次年會上，各圖書館皆認為有恢復八折購書之必要，於是議決由協會負責請求。11月30日，中華圖書館協會致函上海市書業同業公會，希望於圖書館購書予八折之優待。1937年1月18日，該書業同業公會覆函，稱表同情，但教育部令在先，不便擅改，難以即允。於是有袁同禮向教育部請准之函。〔註176〕1938年，中華圖書館協會呈請教育部，援照戰區專科以上學校員生登記辦法，對戰區圖書館人員也予登記，並派遣服務於西南及西北各省，「以期人盡其才，事盡其利，俾能充

〔註173〕本會袁理事長為籌建成都圖事致四川教育廳郭廳長函〔J〕，中華圖書館協會會報，1939，13（6）：11。
〔註174〕本會致函管理中英庚款董事會請在成都籌設大規模之圖書館一所〔J〕，中華圖書館協會會報，1939，13（6）：11。
〔註175〕電爭書籍印刷品郵資加價〔J〕，中華圖書館協會會報，1932，7（6）：26。
〔註176〕呈請教部恢復圖購書八折辦法〔J〕，中華圖書館協會會報，1937，12（5）：16～17。

實文化，而收指臂之效。」〔註177〕在抗戰時期，中華圖書館協會為逃難至後方之圖書館人員「陸續代為介紹工作」，起著重要作用。〔註178〕這些體現了中華圖書館協會在維護圖書館權益以及館員利益時做的努力，以及袁同禮的領導功勞。

第三節　圖書館事業發展觀

一、人才第一的觀念

在抗戰爆發前，勢館分單從數量上看北平圖書館館員最多不過 130 人左右，單從數量上講，並不算多，但在這有限的人員中，卻產生了一大批傑出人才，無論在當時還是現在，這都是令人驚歎的。這些成就與袁同禮獨特的人才培植方法密不可分。袁同禮正是通過對人才的「選、用、育、留」四個方面的不斷創新，使北平圖書館在人才的管理、激勵、培養機制上具備了系統優勢，從而使北平圖書館在上個世紀三十年代，出現了人才的繁盛局面，也使北平圖書館成為當時享譽中外的學術重鎮，提升了民國時期北平圖書館的學術地位。

作為一位傑出的圖書館事業家，袁同禮對圖書館人才的認識，以及對人才培植的認識，不是通過鴻篇大作來體現，而是通過他的實踐活動來體現。袁同禮對圖書館人才及人才培植的理念，可總結為「人才第一」的理念，即認為人才是圖書館事業發展最重要的資源，要堅持「唯才是舉、人盡其才、才盡其用」的用人理念。從「選、用、育、留」四個角度，可以歸納出袁同禮人才培植理念的四個基本方面。

（1）選拔優秀人才是圖書館管理者的重要任務。在他看來，圖書館選拔人才要重視知識基礎和學術功底，尤其是在文獻的收集、整理、研究、編纂、出版方面，要善於延攬有潛力的學術苗子。

（2）圖書館的用人要重視發揮人才的優勢。圖書館的人才需求層次非常豐富，既需要百科全書式的通才，也需要在某一領域有精深研究的專家，更

〔註177〕本會呈請教部准予登記戰區圖書館人員〔J〕，中華圖書館協會會報，1938，13（1）：15。

〔註178〕本會呈報中央黨部會務進行概況〔J〕，中華圖書館協會會報，1938，13（3）：15～16。

需要具備專門技能的圖書館服務人員。作為圖書館的管理者要知人善用，尊重人才的志趣，用其所長。對學有專長的人，儘量不安排行政工作。注重人才研究成果的質量，不一味求快求多。

（3）圖書館的管理者要努力創造各種機會培養人才。在袁同禮看來，圖書館既是一個文化教育機構，也是一個學術機關，將圖書館事業發展置於現代學術發展的基礎上，有利於圖書館的長足進步。因此，他非常重視人才的學術成長，努力為人才提供各種訓練、進修和深造的機會，讓人才有「專其學」的環境、條件和機會。

（4）圖書館要留才，必須重視打造軟環境。領導者要以身作則、加強自我修養，真心地關心和愛護人才。圖書館的軟環境與領導者的人格魅力，具有密不可分的關係。這是圖書館留住人才的重要因素。

顯然，袁同禮時期北平圖書館人才輩出，一個重要的因素，就是館長袁同禮通過各種培植人才的方法，有效落實了「人才第一」的理念。其實，民國的不少圖書館學家在論著中都強調了人才的重要性。比如杜定友在其著作、論文中多次表述了「第一重要因素是人才」的觀點〔註179〕。沈祖榮也認為「事業的成敗得失實在於得人和不得人」，「大凡圖書館經費雖充足，書籍雖宏富，然不得其人，其事業終歸低落」〔註180〕。袁同禮「人才第一」的理念在認識高度上，與民國時期其他圖書館學家對人才的理解比起來，可能並無二致，但這一理念，卻在袁同禮領導下的北平圖書館得到了較好的落實和詮釋，而袁同禮本人堪稱踐行這一理念的典範。

那麼，袁同禮「人才第一」的理念及培植人才的相關做法，對我們今天的圖書館事業發展有什麼啟示呢？

第一、圖書館人才是事關圖書館事業發展、學術進步的戰略問題

1934年，袁同禮在歐美考察數月，抵南京後曾作報告，其中講到要重視培養專才：

> 且一切文化事業，均須賴圖書館博物館與文獻館而保存，此三者之管理方法，在各國均成為專門學術，養成專門人才，經過極嚴格之訓練，然後方能將圖書、古物、檔案，收藏有方，使用便利。

〔註179〕王子舟，杜定友和中國圖書館學〔M〕，北京：北京圖書館出版社，2002：58。
〔註180〕程煥文，中國圖書館學教育之父：沈祖榮評傳〔M〕，臺北：臺灣學生書局，1997：258。

> 深盼我國政府及社會，於此種專門人才之養成，特加注意，庶幾文
> 化資料，得以保存，而學術研究，易於進步。〔註181〕

只有養成專門人才，圖書館的其他資源才能真正被激活，才能發揮更大效用；只有重視養成專門人才，文化事業和學術研究才能真正進步。

袁同禮立足圖書館事業發展和學術進步的角度，來看待人才、養成人才，其實質就是將人才看作一種資源，看作圖書館持續發展的戰略問題。1934年，袁同禮還特別提到了人才對國家富強的重要性：

> 對各國一切進步之速，深為欽佩，尤以俄意兩國為最，該國對
> 學者特別優遇，凡專門學者，在社會有特殊地位，故能專心研究學
> 術，於國家多所貢獻。中國欲求富強，非提倡科學救國不可，但欲
> 科學發達，則又非從教育著手不可。〔註182〕

在他看來，國家欲富強，就必須提倡科學救國；而科學的發達，又需要從教育入手。圖書館是文化教育事業的重要機構，圖書館人才不僅是帶動圖書館事業發展的關鍵力量，更是推動國家富強的重要力量。袁同禮站在國家戰略的高度，將圖書館人才的作用置於中國現代化的歷史進程中。這種極富遠見的認識，及對圖書館人才價值的自覺，即使在今天看來，仍然令人深思。正如《劍橋中華民國史》中所評論的一樣：「袁（指袁同禮）和 30 年代其他有遠見的圖書館員大力參與中國現代化，認為他們的作用對發展科學和現代教育是不可或缺的」〔註183〕。圖書館人如果沒有一種強烈的自我價值認同感，沒有立足國家戰略和圖書館事業發展的高度，來認識人才問題，那我們自身的價值也可能被削弱、被邊緣化。這是今天，我們不得不重新面對的問題和現實。

第二、適度增加圖書館的空間職位層次有利於人才培養

王子舟教授曾談到一個重要觀點：「圖書館是一個能力層次非常豐富的空間，它既需要工人，也需要專家學者。簡化、減少圖書館空間職位層次的做

〔註181〕京市各圖書館人員前晚歡宴袁同禮，袁氏盛稱美國圖書館設備，望本國從速
　　　　培養專門人才〔N〕，中央日報，1934-12-08（2張4版）。
〔註182〕袁同禮抵平，談出國考察圖書事業〔N〕，中央日報，1934-12-10（1張3版）；
　　　　袁守和先生歸國〔J〕，中華圖書館協會會報，1934，10（3）：10～11。
〔註183〕〔美〕費正清，費維愷編，劍橋中華民國史（1912～1949，下卷）〔M〕，劉
　　　　敬坤等譯，北京：中國社會科學出版社，1994：404。

法是有害的」〔註184〕。確如其言，圖書館是個涵括性非常強的機構，需要百科全書式的人物，需要專家學者，也需要普通工人，這決定了它需要各種能力層次的人才。對圖書館各種人才等同視之，固然有害，但如果「人不能盡其才、才不能盡其用」，會更加危險，它可能導致人才的流失。

其實，早在民國時期，袁同禮對這一問題已有很清晰的認識。1935 年，袁同禮在北洋工學院講演，談及在國外考察之體會時說：

> 大凡歐美每一圖書館中，管理普通行政另有人負責外，格外更有專家二三十人，各依其所長管理各部之事務，譬如巴拿馬運河現在欲加以修濬，則水利專家即可舉所藏關於該河之歷史及建築之經過，於數分鐘內即完全供獻於需要者之前。〔註185〕

袁同禮的這一觀點，體現出典型的「專家治館」的理念。他不僅這麼說，而且在國立北平圖書館建立後，付諸行動。袁同禮從各部、組中抽調學有專長者組成「編纂委員會」，這個委員會不隸屬於哪個具體部門，但卻有效將有志於學術的人才聚攏在一起，一方面打造了一個學術精英對話和交流的平臺，另一方面也使人才能夠專心學術、才盡其用。「編纂委員會」的部分人才既在北平圖書館的基層部門擔任職務，也在「編纂委員會」從事學術工作，如整理史料、編纂目錄索引、編輯期刊等，這就保證了人才既精熟具體業務，不致「眼高手低」，又使其學術能力得到錘鍊，可謂「人盡其才」。在原有組織結構較為完整、合理的情況下，袁同禮另設置一個「編纂委員會」，目的就是給高層次人才一個較好的空間職位。這種擴展空間職業層次的做法，取得了良好的效果，後來北平圖書館出現以「編纂委員會」為核心的一大批青年學者，就是明證。

今天，我們仍然面臨著如何充分挖掘人才價值、豐富圖書館人才能力層次的問題，袁同禮專家治館的理念和重視擴展空間職位層次的做法，值得我們學習和借鑒。

第三、圖書館要建立長效的人才培養機制

袁同禮時期的北平圖書館，人才濟濟，成績斐然。這不僅與袁同禮本人的努力密不可分，更重要的是，袁同禮建立了一套長效的人才培養機制，將

〔註184〕王子舟，圖書館工作特性的幾點感知〔J〕，圖書與情報，2005（3）：2～6。
〔註185〕袁同禮，十年來國際圖書館博物院發展概況〔J〕，天津市市立通俗圖書館月刊，1935（7～9 期合刊）：20-24。

館內訓練與館外深造緊密結合，將業務開拓與人才成長緊密結合，其中最值得我們重視的就是「交換館員」制度，以及通過與國外大學合作，爭取基金會支持等方式，為那些學有專長、刻苦鑽研的人才提供了多元的成長渠道。

　　近年，中國圖書館界已開始借鑒袁同禮的「交換館員」制度。據報導，「中美圖書館員專業交流項目」於 2008 年啟動，是「中美圖書館首個政府級合作項目」，至 2010 年，「中美兩國 3000 餘名圖書館專業人士直接參與了項目，在交流規模和影響力方面創造了兩國圖書館專業交流史上的新紀錄」。2010 年 9 月 9 日，中美雙方簽署了「中美圖書館員專業交流項目」的延長協議，「根據協議規定，項目將延續至 2012 年，在項目延長期內，將有 20 名中國圖書館員赴美交流，10 名美國圖書館專家來華交流，預計中美兩國參與交流的專業人員數量可達千餘人」。〔註186〕這其實是當年北平圖書館「交換館員」這一方法的延續和擴展，體現了中國圖書館界在人才培育方法上的傳承。

　　建立長效的人才培養制度，有利於圖書館留住人才、造就人才。最有效的人才培養，不是走馬觀花式的短期培訓，而是需要建立一套完善的人才培養機制。抗戰期間，儘管時局艱危，袁同禮仍不忘對圖書館人才培養問題進行思索：

> 吾人欲使全國圖書館平均發展，籌募大批經費固屬重要，但必須先有健全之圖書館專門人材，方易辦理。目前國內此項專門人材，為數過少……吾人目前自應積極準備此項人材之供給，使其生活安定，並推廣其進修之機會，俾能安心任事，以圖書館為其終身之事業，如此方能使我國圖書館事業達成專業化、標準化與技術化之目標，而完成其輔進教育文化與建國事業之使命。〔註187〕

圖書館事業要持續發展，就必須有一批以圖書館為其終身事業的人才，而要造就這樣的人才，就應該「使其生活安定，並推廣其進修之機會，俾能安心任事」。通過建立長效的人才培養機制，真正留住人才，提高人才素養，從而推動中國圖書館事業的發展。

　　我們處於一個知識社會，知識工作者就是我們這個時代的人才，也是最

〔註186〕第五屆中美圖書館合作會議在京隆重召開，中美專家再度聚首，共商數字資源共享〔EB/OL〕，中國國家圖書館網站‧國圖新聞，（2010-09-09）〔2010-09-09〕，http://www.nlc.gov.cn/syzt/2010/0909/article_565.htm。

〔註187〕袁同禮，中華圖書館協會之過去現在與將來〔J〕，中華圖書館協會會報，1944，18（4）：2～3。

重要的資源。然而，在圖書館界，往往重視知識管理，而忽視了對知識工作者的管理。圖書館是一個高度運用知識的領域，理應在知識工作者管理方面，做出新的嘗試。袁同禮所處的時代，儘管沒有「知識工作者」這樣的理念，但他「人才第一」的理念、對圖書館人才的戰略認識、以及對圖書館人才培養機制的創新，為我們提供了一個重新認識圖書館價值的視角，對今天圖書館人才培養仍有極大的啟發意義。

二、重視調查的觀念

袁同禮在領導中國圖書館事業發展的過程中，非常重視調查工作。1925年，中華圖書館協會成立後，即著手調查全國圖書館。「當年 10 月的調查結果是全國共有圖書館 502 個，1928 年 10 月的調查結果是 624 個，1929 年 10月，圖書館數量已驟增到 1428 個」，「1929～1931 年中華圖書館協會曾三次出版《全國圖書館調查表》，1935 年又出版過《全國圖書館及民眾教育館調查表》」〔註 188〕。這些調查數據還及時公布於《中華圖書館協會會報》上。可見，中華圖書館協會注重調查，持續關注圖書館數量的變化，以為事業的發展提供參考數據。今天研究中國圖書館學史，這些數據都是經常被引用的資料。

除了調查全國圖書館情況，中華圖書館協會還注重調查書店和學術機關。自 1926 年起，中華圖書館協會執行部就開始調查全國書店名稱地址，並請各地圖書館協助進行。〔註 189〕以後在《中華圖書館協會會報》上不斷有各地書店調查結果發表。1932 年，鑒於北平圖書館編輯之《北平學術機關指南》較為實用，中華圖書館協會決定擴大範圍，編纂《全國學術機關指南》，先通函於各省市教育機關代為調查。〔註 190〕

中華圖書館協會在調查全國圖書館、書店、學術機關上取得的成果，離不開協會同仁的共同努力，也離不開領導者袁同禮的引導和推動。袁同禮個人十分注重調查研究，不尚空談，這對協會的發展取向是有影響的。

例如，1929 年 5 月 23 日，沈祖榮抵北平，會見袁同禮，之後赴歐洲參加國際圖書館大會。袁同禮特意囑咐沈，除調查各國圖書館情況外，還須注意出版界與書店之狀況。沈在調查報告中說：「袁委員長所以汲汲於此者，亦以

〔註 188〕范凡，民國時期圖書館學著作出版與學術傳承〔D〕，北京大學信息管理係，
　　　　　2008：95。
〔註 189〕調查書店〔J〕，中華圖書館協會會報，1926，2（3）：10。
〔註 190〕擬編全國學術機關指南〔J〕，中華圖書館協會會報，1932，8（3）：15。

我國圖書與英美出版界時相來往，互有聯絡，而於歐洲各國及其售書事業，亦應明瞭，故協會乘榮赴會之便，特致意焉」〔註 191〕。

1932 年夏，袁同禮致函毛坤，囑其就返鄉之便調查四川省各圖書館。信中言及調查之目的與方法，據毛坤轉述，約為：

（一）此次協會調查之動機：（1）中華圖協會，乃為全國圖事業及會員謀利益者，為明瞭各地情形之故，各省各市皆在著手調查，川省自亦在調查之列；（2）四川近年頗注意於建設，凡道路市街公園圖多有可觀者，藉此調查知其優劣之處何在，可以借鏡，或補助也。（二）此次調查之目的，其總原因在於設法使川省圖事業，得以發展促進；發展促進之道，不外兩途：一曰聯絡，一曰輔助，所謂聯絡者，約分數端：第一須使各圖中之館員自相聯絡，以謀智識或工作之利益；第二須使四川各圖與各館員互相聯絡，即組織各縣市協會及全省圖協會等；第三須使省縣市各協會，各圖，各館員，與中華圖協會互相聯絡，加入協會互通聲息。所謂輔助者，亦分數端：第一對於會員個人之能力方面，如遇困難問題，不能解決，詢問協會，協會得量力輔助之；第二對於各圖方面，如建築購訂用人及求各地會社之捐贈書報等，函告協會，協會得量力輔助之；對於省縣市協會方面有所提議，或開展覽會，或辦補習學校，或新創立圖等報告協會，協會得量力輔助之。」毛坤每到一地，「有報紙者，即以此意揭諸報端；調查之時，遇各圖負責之人，即以此意詳為解釋焉。〔註 192〕

是年，中華圖書館協會執行委員會還委託沈祖榮調查國內圖書館及圖書館教育狀況。沈於 1933 年 4 月出發，往返費時 1 月，歷 10 餘城，調查圖書館 30 所。〔註 193〕

而袁同禮也親自參與調查活動。1935 年 7 月 25 日，與徐森玉一起由北平乘車赴廣西，參加全國六學術團體年會，並就便考察西南圖書館情形。〔註 194〕

〔註 191〕沈祖榮，參加國際圖書館第一次大會及歐洲圖書館概況調查報告〔J〕，中華圖書館協會會報，1929，5（3）：3～29。

〔註 192〕毛坤，調查四川省圖報告〔J〕，中華圖書館協會會報，1932，8（3）：1～6。

〔註 193〕沈祖榮，中國圖及圖教育調查報告〔J〕，中華圖書館協會會報，1933，9（2）：1～8。

〔註 194〕袁守和先生赴桂參加六學術團體年會〔J〕，中華圖書館協會會報，1935，11（1）：17。

他還多次赴歐美調查圖書館、博物館的發展情況，並將國外先進的理念、技術，及時介紹到國內。

重視調研、看重調查，是袁同禮在推進圖書館事業發展中的一個重要理念。實地調查，獲取第一手資料，才能瞭解基層圖書館的生存現狀和全國圖書館的整體情況，這為中華圖書館協會充分發揮其指導功能，提供了科學的決策依據。

第三章　文獻採訪、編纂及其理念

第一節　文獻採訪實踐

　　袁同禮對北平圖書館的一個定位是成為中國文化的寶庫。平館作為事實上的國家圖書館，要實現最大限度保存中國文獻典籍的職能，就必須廣泛搜集文獻。他認為，圖書館收藏文獻的多寡，與學術有巨大關係：「蓋載籍之厄，以中國為最甚。全國缺乏公共收藏機關，實學術不發達之主要原因。此則願今之服務典藏者，有以力矯之矣」〔註1〕。文獻的採訪搜集關乎文化保存，關乎學術發展，必須盡全力為之。

一、設立「購書委員會」

　　文獻採訪搜集是圖書館最重要的業務之一。袁同禮在文獻採購工作中，善於借用「外腦」，專門設立「購書商榷會」、「購書委員會」，聘請國內外專家學者，請其提供購書指導。

　　1928 年 5 月 5 日，北京圖書館成立購書商榷會，發出徵聘會員通函。當時擬定名單有：

　　　　哲學　　馮友蘭　金岳霖　胡適等
　　　　文學　　溫源寧　陸源　吳宓等
　　　　語言　　趙元任　劉半農　陳寅恪等
　　　　數學　　秦汾　姜立夫　李儼

〔註1〕袁同禮，清代私家藏書概略〔J〕，圖書館學季刊，1926，1（1）：31～38。

　　物理　葉企孫　吳有訓等

　　化學　趙紅民　吳寬等

　　地理　竺可楨　丁文江〔註2〕

由上述名單可知，北京圖書館徵聘的購書商榷會成員，皆是當時各領域的權威人士，足見袁在採購圖書時對學者意見的倚重。

　　1928年6月，在《北京圖書館月刊》上再次發布「購書商榷會簡約」：

　　　　本館以同人見聞寡陋，經費有限，購書方面，極願各科專家，隨時建議。特先就自然科學中敦請名家指示選購方針，擬有簡約五條如左：

北京圖書館購書商榷會簡約

一、北京圖書館為確立購書方針起見，敦聘各科學者組織購書商榷會。

二、會員援助館長之事項如左：

　　（1）推薦應購之書

　　（2）審核擬購之書

　　（3）指示新出之書

三、會員於前條各事項隨時通函或通知館長，不拘形式。

四、圖書館得隨時通函會員乞其指教。

五、圖書館書目應編印分致各會員。〔註3〕

1929年2月，在《北平北海圖書館月刊》中有訊息「購書委員會之組織」，云：「本館委員會為協助館長採購書籍便利起見，特組織一購書委員會。除館長為當然委員外，並推定丁文江、任鴻雋、陳垣、葉企孫、胡先驌五君為委員。其旨趣在審定各方面學者介紹之書籍，並規定採購方針」〔註4〕。顯然，「購書委員會」要審定由「購書商榷會」等各方面專家介紹之書籍，還要規定「採購方針」，其實際權限提升。1929年8月，北海圖書館與原京師圖書館正式合併為國立北平圖書館後，仍設置「購書委員會」這一組織，並推請任鴻雋、

〔註2〕袁詠秋，曾季光，中國歷代國家藏書機構及名家藏書敘傳選〔M〕，北京：北京大學出版社，1997：131。

〔註3〕館訊：購書權商會〔J〕，北京圖書館月刊，1928，1（2）：126～127。

〔註4〕館訊：購書委員會之組織〔J〕，北平北海圖書館月刊，1929，2（2）：185。

丁文江、陳垣、陳寅恪、傅斯年、葉企孫、胡先驌 7 人組織之。以後各年，成員時有變更，但都是學界精英和館裏的傑出採訪人才。

　　「購書委員會」對北平圖書館的文獻鑒別、推薦、搜集提供了較大幫助。例如 1929 年秋，在購入西夏文書（100 冊，皆為元刻本譯經）前，曾請著名漢學家鋼和泰及知名學者陳寅恪審查。〔註5〕

二、文獻採訪活動

　　在遊學歐美時期，袁同禮對西方圖書館的藏書形制，有深入瞭解，擴展了文獻搜集的視野。如 1928 年 4 月，他對李小緣的《中國圖書館計劃書》提出了一些不同意見，認為國立圖書館舉辦事業，應加入搜集日人關於中國問題及漢學研究之著作、滿蒙回藏文書、苗民生活狀況資料等。〔註6〕顯然，袁同禮認為國立圖書館搜集文獻的範圍應廣泛，不應拘泥某些類型。這與顧頡剛《購求中國圖書計劃書》一文的思想如出一轍。而國外圖書館、博物館搜羅之富，給他極大觸動。這使他回國後，有「急起直追」之衝動。1934 年，他再度赴歐美考察圖書館事業，得到的一個重要啟示是：採訪購藏工作較編目更為重要。於是領導國立北平圖書館改進採訪工作。該館採訪部除增加購置外，還擴大徵集範圍，將機關、團體、私人及書局之書、刊、報悉數納入。〔註7〕1935 年 2 月，袁同禮還從組織結構上進行調整，將北平圖書館的期刊部改名為期刊組，併入採訪部之下，可見，他迅速將考察啟發轉變為實際行動。

　　正是這種寬視野的文獻採訪思想和愛國報國的內心訴求，讓他領導北平圖書館「寬範圍、多渠道、多類型」地搜集文獻。除了接受呈繳外，還通過徵求、購買、捐贈、寄存、交換等方法〔註8〕，極力豐富北平圖書館的藏書。而在每一種文獻搜集的方式中，都有袁同禮親自參與的大量史實，其領導之功，不是虛語。

〔註5〕國立北平圖書館入藏西夏文書〔J〕，中華圖書館協會會報，1929，5（3）：29
　　　～30。

〔註6〕和（袁同禮），（評）中國圖書館計劃書〔J〕，中華圖書館協會會報，1928，3
　　　（5）：23。

〔註7〕北平圖努力徵集工作〔J〕，中華圖書館協會會報，1935，10（4）：22～23。

〔註8〕此外，還包括鈔錄、影寫、影照、打字等方式。（可參見《北京圖書館月刊》
　　　的《入藏書目》欄目下相關內容）

（一）徵求

在袁同禮領導北京圖書館、北海圖書館和北平圖書館之時，皆注重在相關期刊上發布文獻徵集啟事。如自 1926 年起，在《中華圖書館協會會報》上開始廣泛徵求家譜〔註9〕。在《北京圖書館月刊》第一卷第一號中，發布了三項有關文獻徵集的啟事或簡章，包括《北京圖書館徵書簡章》、《本館徵求家譜啟事》、《北京圖書館徵求新版報告辦法》。在《北京圖書館月刊》第一卷第五號中，發布了《徵求李慈銘先生遺著啟事》。之後，文獻徵集啟事時常見諸《中華圖書館協會會報》和《國立北平圖書館館刊》等刊物。1932 年 9 月，北平圖書館通函全國各省屬縣徵求新修縣志，後各省縣多有函覆。〔註10〕

抗戰勝利後，袁同禮與胡厚宣同機回北平。後因交通不便，胡氏未能回濟南齊魯大學，而是暫留平津 40 餘天，搜集甲骨片，收穫較豐。袁同禮與其商量，望其能將在平津收集的甲骨讓予北圖，胡氏同意了，在拓摹以後原價讓給北圖，經手人是上海北圖辦事處的錢存訓。〔註 11〕目前，國圖的甲骨藏品中，有 1974 片即是胡厚宣當年讓予的。〔註12〕足見袁同禮先生徵集文獻之功。

1947 年 6 月 13 日，袁同禮致函聯合國經濟暨社會理事會亞洲及遠東經濟委員會中國代表團秘書處，徵集各代表團之備忘錄、提案及一切文件：「茲聞聯合國經濟暨社會理事會亞洲及遠東經濟委員會定於本月十五日在滬舉行會議，商討遠東經濟問題，至關重要。內中我國及其他參與各國代表團所印之備忘錄與提案及一切文件，莫不為重要史料。敝館亟欲保存全份，以供研究。擬請貴團指定一人，代為搜集，或代為設法保留一份，一俟奉函示知，當即派員來取」〔註 13〕。此例可見袁同禮徵集文獻的廣泛性以及對文獻價值的判斷力。

在徵集文獻方面，袁同禮善於接受他人意見。例如，1942 年上半年，他從昆明到華盛頓，王重民、劉修業、朱士嘉去國會圖書館探望他。朱士嘉回

〔註 9〕北京圖書館徵求家譜〔J〕，中華圖書館協會會報，1926，1（6）：15。

〔註10〕志書銷沉一斑〔J〕，中華圖書館協會會報，1932，8（3）：6～10。

〔註11〕胡厚宣，古代研究的史料問題〔M〕，昆明：雲南人民出版社，2005：119～120。

〔註12〕賈雙喜，袁同禮館長與金石組的發展〔C〕//國家圖書館編，袁同禮紀念文集（打印本），2010：137～141。

〔註13〕北京圖書館業務研究委員會編，北京圖書館館史資料彙編（1909～1949）〔G〕，北京：書目文獻出版社，1992：899。

憶道：「我向他彙報下半年將往哥倫比亞大學深造的志願，他表示支持，同時提及我在 1940 年至 1942 年發現美國國家檔案局藏有大量檔案，對於研究中美關係史很有參考價值。他很感興趣。我隨即建議北平圖書館向該局聯繫複製中美關係檔案膠卷，運回北圖，供廣大讀者參考，他愉快地接受這個意見。接著我陪他往訪該局 HAMMER 和 OLIVER 兩位先生，商談複製檔案膠卷事宜。現在北京圖書館所藏中美關係檔案膠卷 324 卷（1790～1906）就是他費盡心機募集了一千二百美元從美國國家檔案局搞到的」〔註 14〕。此外，他還善於利用人際關係，請友朋代為徵求文獻。抗戰時期，他託向達在敦煌代為搜求古文獻。向達覆函曰：「先生命為搜求古文獻，只有隨緣，任不敢必也」〔註 15〕。袁同禮注重搜集文獻的精神，昭然若揭。

（二）購買

1、爭取購書經費

袁同禮為北平圖書館爭取購書經費，盡心竭力。1943 年，接傅斯年信，知雲南鳳土司打算把大量的彞族文獻出售給外國人，而傅希望北平圖書館能購下這批珍貴的彞族文獻。袁同禮於是馬上呈請國民政府教育部撥專款購買此項文獻，同時委派萬斯年前往武定，協商徵購事宜。最後購到彞文寫經 507 冊，彞文寫經卷子一軸，彞文刻經 15 塊，漢文檔冊 12 冊。〔註 16〕這批彞族文獻具有極高的版本和史料價值。

1945 年 12 月 28 日，袁同禮致函胡適，請其從美國設法爭取少許援助，以購買傅增湘、倫明、潘宗周、劉體智、劉承幹、潘祖蔭等私人藏書。〔註 17〕

1947 年 6 月 13 日，袁同禮致函教育部，請求增撥經費，以便購入上海潘明訓氏藏書。（此事未成，1951 年由潘世茲無償捐獻給國家，國家轉撥給北圖收藏。）1947 年 7 月 10 日，致函教育部部長朱家驊，再次請撥經費：「查職館本年度預算，經鈞部核定者僅有（一）生補費，（二）經常費，（三）臨時費三種，而無購書費，以致每購一書，必須在臨時費項下撙節開支。今春，

〔註 14〕朱士嘉，我所瞭解的袁同禮先生〔J〕，圖書館學通訊，1985（3）：90～92。

〔註 15〕向達著；榮新江編，向達先生敦煌遺墨〔M〕，北京：中華書局，2010：431～432。

〔註 16〕張廷銀，抗戰時期北平圖書館收集西南文獻述論——兼及袁同禮先生的文獻識見〔C〕//中國國家圖書館編，袁同禮文集（打印本），2010：112。

〔註 17〕中國社會科學院近代史研究所中華民國史組編，胡適來往書信選（下）〔M〕，北京：中華書局，1979：73～74。

書估持《明實錄》原本三冊求售，索價三百萬元，檢查館藏目錄，正館中所缺之本，但以無款，竟致失之交臂。此歎之事甚多，實為最傷心之事，而職迄未能忘懷者也」〔註18〕。因無款購書而與珍貴文獻「失之交臂」，他歎為「最傷心之事」，甚可感也。

1949 年 3 月 28 日，王重民致函袁同禮（信的主體部分在 2 月份已寫好），其中提到：「又有教育部長張宗麟先生，則總管各院校各文化機關。吾館之事，已接頭數次，極為圓滿。對於南京教育部之不重視我們，不給經常購書費，極表示不應該。所以在第一次發維持費時，便格外給了我們一萬五千人民券（合十五萬金圓）買新書」〔註19〕。可見，在內戰爆發的情況下，平館經費非常緊張，但袁同禮鍥而不捨向政府及各方爭取購書經費，為文獻採訪盡了「糧草之責」。

2、採購與搶購

北平圖書館藏書建設的基礎工作是日常中、西文採購。為此，專門成立了採訪部，部下設中文採訪組、西文採訪組、官書組、期刊組（1935 年 2 月增設）。

袁同禮網羅的採訪人才，對北平圖書館的採購工作有極大影響。例如，長期擔任採訪部主任的徐森玉先生是國內文物鑒定的權威，中文採訪組組長趙萬里是版本專家。其他如岳良木、李芳馥、曾憲三、曾憲文、徐家璧等是知名的圖書館學專家。由他們組成的採訪部，對文獻價值能作出專業判斷，有利於北平圖書館搜集更多珍貴文獻。如 1930 年 7 月，國立北平圖書館以江南書價廉且多善本，派趙萬里赴寧、滬、蘇、杭各地採訪古書，所獲頗多。〔註20〕

除了領導日常的採訪工作外，袁同禮還親自參與館裏的部分採購活動，尤其是一些珍貴圖書或大宗私家藏書。「1931 年，徐森玉與袁同禮、趙萬里等集資，為北平圖書館購入明萬曆丁巳（1617 年）刻本《金瓶梅詞話》一部，計一百回，並以古佚小說刊行社的名義，影印了一百二十部」〔註21〕。在採購著名私家藏書時，袁同禮也付出了很多努力。

〔註18〕北京圖書館業務研究委員會編，北京圖書館館史資料彙編（1909～1949）〔G〕，北京：書目文獻出版社，1992：903。

〔註19〕袁清先生提供信函複印件。

〔註20〕國立北平圖書館之新藏與新預算〔J〕，中華圖書館協會會報，1930，6（1）：31～32。

〔註21〕鄭重，中國文博名家畫傳·徐森玉〔M〕，北京：文物出版社，2007：96～97。

限於經費等原因，並不是所有好書，北平圖書館都能如願收購。因經費所限，面對好書，袁同禮也不免猶豫。在徐森玉致李宗侗信中，談及李宗侗所藏金文墨本欲出售，徐森玉兩次向袁同禮詢問，袁皆有所猶豫，未作切實答覆。宋書棚本《群賢小集》六十冊乃絕世珍本，亦未聞有力者購買。於是徐告知李，袁已回北平，建議他與其面洽，並乞趙萬里慫恿袁先生購買二書。〔註22〕這種情況，往往是經費上的力不從心所致。

在採購工作中，如果遇到珍貴文獻，北平圖書館常與相關機構展開「爭奪」，所以「搶購」就在所難免。作為館長的袁同禮，經常出面與收藏家磋商、談判，以將文獻收入北平圖書館。抗戰時期袁同禮與中央圖書館「爭搶」上海珍貴文獻，就是典型一例。

當時，蔣復璁委託鄭振鐸等人組織的「文獻保存同志會」在上海搜羅善本舊籍，以充實中央圖書館館藏。其間，袁同禮亦親赴上海，欲為北平圖書館搜購文獻。因所向不同，此事生出些恩怨是非。從鄭振鐸與友人之書信往來中，可略窺一二。

1941 年 2 月 21 日，鄭振鐸致函張壽鏞：「聞森公云：袁守和不日或將來滬。此人妒忌心極重，公開言：要破壞劉家事，不能不防之，且更不能不早日解決也！蓋此人成事不足，敗事有餘。人心險惡，殊可歎也！」〔註23〕。2月 26 日，致函蔣復璁，談為中央圖書館購書而不願接受報酬等事：「微聞妒忌猜疑者大有人在，固不僅要防奸也。袁某在港，揚言欲破壞此事，不知是何居心。我輩尤應百事小心，不宜授人以口舌」〔註24〕。3月 7 日，致函張壽鏞：「袁守和等已到滬，（乞秘之）我輩可放下一樁心事矣。同來者有王某（案：即王重民），欲來此為美國國會圖書館購宋板書，見面時，當勸其為子孫多留些讀書餘地也！」〔註25〕。3月 18 日，致函張壽鏞：「袁某在此，多方破壞，不知何意。連日殊為憤慨！恐其係代美之國會圖書館出力也！（此事乞秘之，此函閱後，並乞付丙）」〔註26〕。3月 19 日，致函蔣復璁，再次談及購買劉晦

〔註22〕鄭重，中國文博名家畫傳・徐森玉〔M〕，北京：文物出版社，2007：46。

〔註23〕劉哲民，陳政文，搶救祖國文獻的珍貴記錄：鄭振鐸先生書信集〔M〕，上海：學林出版社，1992：196。

〔註24〕沈津，鄭振鐸致蔣復璁信札（上）〔J〕，文獻，2001（3）：263～265。

〔註25〕劉哲民，陳政文，搶救祖國文獻的珍貴記錄：鄭振鐸先生書信集〔M〕，上海：學林出版社，1992：199。

〔註26〕劉哲民，陳政文，搶救祖國文獻的珍貴記錄：鄭振鐸先生書信集〔M〕，上海：學林出版社，1992：202。

之善本圖書事：「又袁某在此，聞有破壞意，且亦在鑽營接洽中」〔註27〕。4月5日，致函張壽鏞，仍談此事：「劉書迄今未有確耗，殊為著急！見到韻秋時，請便中囑其來敝寓一談。主人頗懦弱寡斷，頗疑有人從中作梗。（此人疑是袁某）」〔註28〕。

由於蔣復璁爭取到國民政府的經費及部分「中英庚款」，鄭振鐸等人士的採購工作相對容易開展。眼看大量珍貴文獻盡入中央圖書館，袁同禮自然著急，所以他親赴上海參與搶購（同時辦理移運平館存滬善本赴美事）。袁同禮希望將珍貴文獻「分一杯羹」給北平圖書館，這是人之常情。他為此奔走運作，是可以理解的。當時袁同禮搜買上海流散文物的急迫心情，其實與鄭振鐸、蔣復璁等人是一樣的，都是為了保存民族文化遺產。但因為立場不同、「利益」各異，所以滋生了恩怨。在鄭振鐸的信函中，袁同禮當了「惡人」，背著黑鍋〔註29〕。其實從總體來看，袁同禮參與搶購，主要還是為北平圖書館增加藏書，也即「為公」，並不「為私」。如為了收購上海潘明訓寶禮堂藏書，他提出與中央圖書館「平分而得」之計劃。1941年7月9日，鄭振鐸致蔣復璁信函，對此有記述：「又此批書非不可分者，如剖而為兩，亦甚可觀。守和之計劃，似可實現。……至如何剖分之處，那是技術問題，當可相當的公允，不至某處吃虧、某館便宜也。……不過這是後話，先決問題是：國家究竟有沒有錢來買這一批『國寶』。此事請相機進行，善為進言，他們等候回信甚急。明日當作函給守和（俟兄函到後，再給守和寫信），或二館同上一呈文，如何？」〔註30〕。鄭振鐸在信函中說「採購事，最麻煩，且最不易得美評」〔註31〕，這用在袁同禮身上，又何嘗不是呢？

當然，「爭奪」文獻之成敗，受很多因素影響。與政治人物的親疏，就是

〔註27〕沈津，鄭振鐸致蔣復璁信札（上）〔J〕，文獻，2001（3）：265～268。

〔註28〕劉哲民，陳政文，搶救祖國文獻的珍貴記錄：鄭振鐸先生書信集〔M〕，上海：學林出版社，1992：208～209。

〔註29〕筆者目前只閱讀了鄭振鐸一方的書信資料，而袁同禮一方的資料尚未找到。所以，對於袁同禮當時到上海是否「破壞」了「文獻保存同志會」的搜購活動？又為何要「破壞」？如何「破壞」？這種「破壞」是善意的嗎？還是僅因為立場不同，導致的「誤解」？鄭振鐸當時的判斷、評價是否帶有強烈的個人情緒，而有失公允？此類問題，有賴更充分的史料挖掘。

〔註30〕沈津，鄭振鐸致蔣復璁信札（下）〔J〕，文獻，2002（1）：229～231。

〔註31〕沈津，鄭振鐸致蔣復璁信札（上）〔J〕，文獻，2001（3）：263～265。

其中一個原因。例如，1940 年，前北京歷史博物館主任裘善元逝世，以其所藏居延漢簡十餘枚捐獻國民政府。傅振倫回憶到：「袁館長以為西北科學考查團採集的居延漢簡已撥交北平圖書館保存、研究，『合之雙美』，裘氏故物也宜撥交北平圖書館，而國民政府實力派決交中央圖書館收藏，此因袁先生不善逢迎當時權貴」〔註32〕。此事雖未遂願，但反倒顯出他的個性。凡此種種，皆可見出他為北平圖書館搜集文獻的努力。

3、親自搜買

袁同禮時常為北平圖書館親自搜買一些書籍。無論是在國內逛書攤，還是在海外考察時，都不忘搜羅文獻。他在這方面的事蹟，多有可愛、可敬、可感之處。

據蔣廷黻回憶：「任何一位學者，一旦到了北平，就會染上搜集舊書的癖好。這種癖好很有傳染性。有一次，國立北平圖書館館長袁同禮先生要我陪他去一位私人收藏家那裡。我們在一起有一小時。他監視我，我監視他。我們找資料時，他問我對那一方面特別有興趣。我找到兩本小冊子，第一本是《文祥年譜》。文係清代外交界的巨擘。第二本是有關鴉片買賣的書籍。袁先生對這兩本書似乎都不大有興趣，我私下很高興。我們分手後，他回北平圖書館，我回俱樂部，當他遠離我後，我又轉回去買那兩本書，但當我半小時後回到那裡向書主購買時，書主告訴我袁先生已經捷足先登把那兩本書買走了」〔註33〕。從這個事例，既可看出袁同禮搜買文獻的學術眼光，也可見其為豐富北圖館藏的殫精竭慮，以及為「奪書」不惜與友人「迂迴鬥智」的可愛處。

約在 1930 年，他住在南京時，每天都在夫子廟、大行宮、水西門等地搜羅古玩或舊書。一次花了 120 多塊大洋買回一本舊書，異常高興地說：「真難得！太便宜了！真正的宋版！只合一塊錢一頁」〔註34〕。1934 年 10 月，他在歐洲考察，出席西班牙馬德里國際博物院會議，適逢該國人羅克子君擬全部出讓其所藏之中國書籍。經「駐西錢公使介紹與彼會晤，並檢其所藏書籍，

〔註32〕傅振倫，袁同禮先生行誼（手稿複印件），1982：1～7。
〔註33〕蔣廷黻，英文口述稿，蔣廷黻回憶錄〔M〕，謝鍾璉，譯，臺北：傳記文學出版社，1979：127～128。（傳記文學叢刊之四十八）
〔註34〕彭昭賢，追念袁守和先生//〔G〕袁慧熙，袁澄編，思憶錄：袁守和先生紀念冊，臺北：臺灣商務印書館，1968：99～109。（原載香港《展望》，1966 年 5月 1 日）

多為孤本」，他認為有購置之必要，於是當即議價成交。「旋由使館館員，前往點收，改裝轉寄回國。」「該項書籍，計有拉丁文、英文、法文、西班牙文等，共三百六十餘種，內有古版多種，極為珍貴」。書籍約於 1935 年 2 月抵上海，旋即起運過南京赴北平。〔註 35〕

1937 年 9 月 14 日袁同禮致函傅斯年，談到搜集文獻的情形和他的想法：「近來心緒繁亂，懶於執筆，每日到舊書鋪看書，因書價甚廉，故已開始搜集湘中著述。希望在最近之將來，能利用此種環境，將西南文獻搜集一處，以供學子之參考，亦未免太癡矣」〔註 36〕。當時，袁同禮的妻子和孩子都在北平，且二公子袁清剛出生不久，其安危如何？他自然擔心。國難當頭，北平圖書館的命運若何，南下同人的生計何去何從，都讓他揪心。所以「心緒繁亂」。儘管如此，他卻不忘搜集、保存文獻之職，打算「將西南文獻搜集一處，以供學子之參考」，且自嘲「太癡矣」。這讓人聯想到《紅樓夢》裏「都云作者癡，誰解其中味」一語。一位館長，對文獻搜集到了「癡」的地步，對學術、教育、文化「癡之以助」，對國家、民族「癡情相守」，這恐怕是圖書館界最珍貴的精神和最高潔的情感了。

後來，北平圖書館與西南聯大合作搜集西南文獻，成立了「中日戰事史料徵輯會」，名著一時。顯然，此事的最初「創意」，當屬袁同禮先生。這亦體現了作為圖書館人的他，對文獻資料的高度敏感和對文化教育的責任心。

館裏的許多館員也有同好。比如他的得力助手顧子剛就有「奶粉易書」之事。顧氏回憶曰：「其中于文襄手札（指于文襄論四庫全書手札）是在民國三十一年秋賣了四罐自己食用的奶粉買的，古有以莊田美婢易書，但以奶粉易書當自我始」〔註 37〕。彼時之奶粉是身患疾病之顧子剛重要的營養品，能夠置身體疾患於不顧，毅然換書，「視書如命」，可敬也。

袁同禮搜羅的文獻，有助於學術研究。金問泗曾談到：「當一九三三年初，國聯討論李頓報告作最後決定之際，原來袒護日本之英外相西門爵士（Sir John

〔註 35〕袁守和先生留歐消息〔J〕，中華圖書館協會會報，1934，10（1）：18～19；
　　　　北平圖書館在西所購書籍抵滬，為該國羅克子君所收藏，多係孤本，經袁同
　　　　禮購置〔N〕，中央日報，1935-02-06（2 張 2 版），
〔註 36〕臺灣中央研究院歷史語言研究所藏本複印件，雜 5-8-2。
〔註 37〕顧子剛先生捐贈本館圖書目錄〔J〕，圖書季刊，1946，新 7 卷（3、4 期合刊）：
　　　　78～79。

Simon），忽變更態度，轉而不利於日本。其轉變原因，傳聞各說，似是而非，余遍覓書報，未有所獲。旋守和覓得日本代表松岡洋右由日內瓦回東京演辭一篇，真相乃明」〔註38〕。1948 年 11 月 18 日，袁同禮致函恒慕義（Arthur W. Hummel）：「最近，我們接收了前日本駐北平大使館的圖書館和檔案館，我可以很高興地說，它們包含大量對研究而言必不可少的有價值資料。如果我沒有盡力保存它們，可能已經分散開了」〔註 39〕。可見袁同禮有極強的學術嗅覺和文獻敏銳感。

（三）捐贈

北平圖書館藏書的一個重要來源，是接受國內外學者、研究機構、政府機關、出版社、雜誌社的捐贈。為此，袁同禮做了大量發函徵求的工作。

在中基會獨辦北京圖書館時期，其管理機構北京圖書館委員會「議決本館旨趣在輔助科學之研究」，爰於 1926 年 4 月「通函世界重要學術團體與國內各學會及刻書家徵求出版品」〔註 40〕。此後，北京圖書館（後為國立北平圖書館）開始源源不斷地收到國內外各界贈書，極大豐富了館藏。相關的贈書誌謝或登載於館刊，或記述於年度報告中，體現了對贈書人的尊重。而向國內外機構、團體發函徵求圖書之工作，在北京圖書館創立之初，是由袁同禮來做的。之後在領導北平圖書館時期，他也一直重視此項工作。如在新館建成後，儘量發信給外國圖書館、出版界，自我介紹，結果收到各處贈書不少。在歷年《國立北平圖書館館務報告》中有「重要贈書」和「贈書人名錄」的內容，尤其後者佔據了《館務報告》的大量篇幅；在《讀書月刊》各期中，也常常有「私人惠贈本館圖書匯登」的內容。

而他本人也常向館裏捐贈圖書（見表 3-1），有「化私為公」的精神。當然，他向北平圖書館捐贈的文獻遠不止此。從這些有記錄的有限文獻中，可以看出，他搜集文獻的範圍十分廣泛。

〔註38〕金問泗，袁守和先生對於本國外交問題之留意〔J〕，（臺北）傳記文學，1966（民國五十五年），8（2）：36～37。（是文收入《思憶錄：袁守和先生紀念冊》69～73 頁）

〔註39〕信函複印件，袁清先生提供。

〔註40〕北京圖書館第一年度報告（十五年三月至十六年六月）：頁 5。〔R/OL〕，〔2011-01-29〕，http://www.cadal.zju.edu.cn/book/11106157/。

據傅振倫回憶：「外間以袁館長名義而贈給的書刊，袁先生一律交館中收藏，其化私為公的精神，深為館員所欽佩」〔註41〕。他的行為也影響了北平圖書館的館員，從而使平館經常收到來自館員的珍貴贈書（可參見《國立北平圖書館館務報告》各期「贈書人名錄」部分）。

袁同禮還爭取到意大利、德國、美國等駐華使領館的協助，使北平圖書館獲得了不少國外珍貴的贈書。如1929年獲得柏林植物園出版品全份，是經由北平德國使館為之斡旋〔註42〕；長期獲得美國官書，是賴美國使館之協助〔註43〕，等等。

表3-1　袁同禮捐贈給國立北平圖書館的文獻

書（篇）名				信息來源
楊守敬書目（油印本）	易籤			受贈誌謝［J］，北京圖書館月刊，1928，1（1）：60。
南京圖書局書目二編（二冊）	江南圖書館善本書目（一冊）	景刊宋金元明本詞四十種敍錄（一冊）	大高殿中文書目（一冊）	北京圖書館第二年度報告（十六年七月至十七年六月）：57～58。［R/OL］，［2011-01-29］，http://www.cadal.zju.edu.cn/book/11106156/。
秦漢瓦當文字（二冊）	南京圖書局書畫目錄（一冊）			
教育部圖書目錄（二冊）	盛伯羲墨蹟（一冊）	景堂圖書館圖書目錄（二冊）		北平北海圖書館第三年度報告（十七年七月至十八年六月）：55。［R/OL］，［2011-01-29］，http://www.cadal.zju.edu.cn/book/13052795/。
燕都叢考（一冊）	陳秋門先生年譜（一冊）			國立北平圖書館館務報告（民國十八年七月至十九年六月）：59。［R/OL］，［2011-01-29］，http://www.cadal.zju.edu.cn/book/16002256/。

〔註41〕傅振倫，袁同禮先生行誼（手稿複印件），1982：1～7。
〔註42〕館訊：德國使館之友誼協助〔J〕，北平北海圖書館月刊，1929，2（3，4期合刊）：362。
〔註43〕館訊：美國寄贈全部官書〔J〕，北平北海圖書館月刊，1929，2（3，4期合刊）：362。

宋槧宣和奉使高麗圖經校記（一冊）	參觀日本教育報告（一冊）	唐光啟元年書寫沙州伊州地志殘卷（一冊）	元朝對於漢文明之態度（一冊）	國立北平圖書館館務報告（民國十九年七月至二十年六月）：48～49。[R/OL]，[2011-01-29]，http://www.cadal.zju.edu.cn/book/13052875/。
吐魯番出土回鶻文摩尼教徒祈願文之斷簡（一冊）	圓明園遺物與文獻（一冊）	雍正硃批諭旨不錄奏摺總目（一冊）	菰里瞿氏四世畫卷題辭（一冊）	
中華民國約法私草（一冊）				
春秋時代的條約（一冊）	海源閣宋元秘本書目（一冊）	太平天國戰史（一冊）	蒙古問題（一冊）	國立北平圖書館館務報告（民國二十年七月至二十一年六月）：贈書人名錄第9頁[R/OL]，[2011-01-29]，http://www.cadal.zju.edu.cn/book/16002257/。
考試芻議（一冊）				二三月份私人惠贈本館圖書匯登［J］，讀書月刊，1932，1（7）：44。
天津事變（二部二冊）				四五月份私人惠贈本館圖書匯登［J］，讀書月刊，1932，1（9）：57。
教育論文索引（一冊）				六七兩月私人惠贈本館圖書匯登［J］，讀書月刊，1932，1（11）：49。
天主降生捄贖論（一冊）	知覺距及其與學級年齡之關係（一冊）	萬壽山名勝覆實錄（一冊）	東南西北集（一冊）	八九月份私人惠贈本館圖書匯登［J］，讀書月刊，1932，2（1）：42～43。
中華疆界今昔圖（一張）	日本侵略下之中國（一冊）	孫中山先生手札墨蹟（一冊）		
春秋經傳集解（十六冊）				八九月份私人惠贈本館圖書匯登［J］，讀書月刊，1932，2（1）：47～48。
東省鐵路合同成案要覽（一冊）	龍威秘書零種（二冊）	庚子教會華人流血史（一冊）	德國大學指導入門（一冊）	十一月份私人惠贈本館圖書匯登［J］，讀書月刊，1932，2（3）：62。
東北與日本之法的關係（一冊）	朱星叔先生紀念冊（一冊）	丁氏藏器目（一冊）	新中華創刊號（一冊）	民國二十一年十二月份及二十二年一月份私人惠贈本館圖書匯登（附最近私人惠贈日本文書）［J］，讀書月刊，1933，2（5）：46。

孫夏峰先生日記（存十九冊）	國劇身段譜（一冊）	躬厚堂雜文（一冊）	三百年前倭禍考（一冊）	國立北平圖書館館務報告（民國二十一年七月至二十二年六月）：贈書人名錄16～17頁。［R/OL］，［2011-01-29］，http://www.cadal.zju.edu.cn/book/03005965/.
收復東北大計劃（一冊）	印花稅例規釋補輯覽續集（一冊）	中國社會及政治學報（英文本一冊）	普通物理學（上冊一冊）	
參與國聯東案調查委員會概要（一冊）	歐美同學會二十一年度報告（一冊）	十九省籌還賠款表（一冊）	奉派赴青海省監視祭海慰問蒙藏人民經過報告書（一冊）	
中國電影事業的新路線（一冊）	國立北平大學工學院二十九週年紀念刊（一冊）	洹上私乘（一冊）		
費唐君提交上海公共租界工部局報告書擇要譯文（三冊）	上海公共租界工部局年報（三冊）	上海市書業同業工會章程（一冊）	江西之金融（一冊）	國立北平圖書館館務報告（民國二十二年七月至二十三年六月）：贈書人名錄11～15頁。［R/OL］，［2011-01-29］，http://www.cadal.zju.edu.cn/book/16002258/。
北平電話局用戶號簿（三冊）	算學啟迪法（一冊）	莫干山導遊（一冊）	翁松禪家書（一冊）	
故宮博物院文獻館二十二年度工作報告及將來計劃（二部二冊）	民國二十二年全國運動大會秩序冊（二部二冊）	外交週報（合刊號一冊）	測驗（第三期一冊）	
國劇畫報（第一卷合訂本一冊）	聖瑪利亞女校五十周紀念特刊（一冊）	女子月刊（共四冊）	國立北平師範大學圖書館概況（二部二冊）	
杜泉死守杜家峪（一冊）	南北英雄（一冊）	五百大刀隊戰死喜峰口（一冊）	翠紅姑娘殉難記（一冊）	
碰碑（一冊）	木蘭從軍（二冊）	戰遼西（一冊）	漢奸報（一冊）	
戰淞滬（三冊）	貞娥刺虎（一冊）	請宋靈（一冊）	林中會（一冊）	
二進宮（一冊）	岳家莊（一冊）	戰太平（一冊）	醒醒醒（一冊）	
排王贊 煤山恨（一冊）	守蒲關（二冊）	昭君和番（三冊）	寧武關（一冊）	

李曉英愛國從軍小段（一冊）	二十九軍男兒漢（一冊）	岳母刺字（一冊）	明末遺恨（一冊）
新豐樓（一冊）	哭祖廟（一冊）	大保國（一冊）	大屠宮（二冊）
八大錘（一冊）	詞學季刊（一冊）	學藝小叢書（八種八冊）	東洋天文學史研究（一冊）
教育哲學（一冊）	中國教育史略（一冊）	機械裝置及管理法（一冊）	上海租界納稅□人會重要文件（五冊）
國際問題研究會緣起及簡單（一冊）	上海銀行業同業公會聯合準備委員會公約及各項章程（一冊）	上海銀行業同業公會聯合準備委員會票據交換所各項規則（一冊）	謝母林太夫人訃告（一冊）
武進莊思緘先生訃告（一冊）	范靜生先生行述（一冊）	沈步洲先生訃告（一冊）	宗公子戴訃告（一冊）
馮玉潛先生訃告（一冊）	朱星叔先生訃告（一冊）	馬素吾先生訃告（一冊）	焦夫人龍九經女士訃告（一冊）
三水梁燕孫先生訃告（一冊）	王母陶太夫人訃告（一冊）	劉母朱太夫人訃告（一冊）	陸母吳太夫人訃告（一冊）
杭縣汪公行狀（一冊）	談丹崖先生訃告（一冊）	蒼梧關太史行述（一冊）	蕭瑜夫人哀輓詞（一冊）
歐司愛哈同先生行述（一冊）	胡壹修先生行述（一冊）	楊松軒先生年譜（一冊）	滿蒙新選地圖（一幅）
小檀樂室鏡影（三冊）	華縣楊松軒先生墓表拓本（一張）	殷契佚存（二冊）	高昌陶集（二冊）
唐亮西洋畫展覽（一冊）	義軍女將姚瑞芳（一冊）	胡阿毛開車入黃浦（一冊）	文祥天殉國慘劇畫圖（二張）
東方圖書館紀略（一冊）	右任詩存箋（一冊）	楊華堂老先生六秩晉七（母南太夫人五秩晉四）雙壽徵文啟（一冊）	家慈蘇太夫人八十壽徵文啟（一冊）

顧子虬先生暨德配宋夫人六十雙壽徵文啟（一冊）	蔣鹿蘋先生七秩晉七誕辰徵文啟（一冊）	李節母紀太夫人六秩榮誕徵文事略（一冊）	錢唐汪公哀輓錄（一冊）	
德威上將軍正定王公行狀（一冊）	劉宣甫先生訃告（一冊）	舒城黃峙青夫子訃告（一冊）	褐木廬藏劇目附錄（一冊）	
影印四庫全書之計劃（一冊）	工楷鉛印四庫全書意見書（一冊）	印行四庫全書之商榷（一冊）	仿印四庫全書之關係及印行之商榷（一冊）	
蜷廬隨筆（一冊）	遼文萃，遼史藝文志，西夏文輯藝文志（合一冊）	養真集（一冊）	容安齋詩集（二冊）	
三國志（二十冊）	南行紀事詩（一冊）	中法國立學院學則（一冊）	聖瑪利亞女學校章程（一冊）	
聖約翰大學羅氏圖書館概況（一冊）	上海私立中西女子中學校簡單（一冊）	私立滬江大學一覽（一冊）	私立大夏大學一覽（一冊）	
私立大夏年刊（一冊）	學藝百號紀念增刊（一冊）	學藝（六冊）		
心文（一冊）	雙練（一冊）	焦氏易詁（六冊）	光緒建元以來督撫年表（二冊）	國立北平圖書館館務報告（民國二十三年七月至二十四年六月）：贈書人名錄9～11頁。[R/OL]，[2011-01-29]，http://www.cadal.zju.edu.cn/book/16002259/.
江蘇無錫私立競志女學三十週年紀念刊（一冊）	清代圖書館發展史（一冊）	金城銀行營業報告（一冊）	電影事業之出路（一冊）	
中國教育電影協會會務報告（一冊）	我國之教育電影運動（一冊）	五十年來北平戲劇史材（六冊）	參加國聯世界文化合作會第十四次會議之經過（一冊）	
世界文化合作會討論改進中國教育報告書會議紀錄（一冊）	國聯之文化合作組織（一冊）	第十五次國聯文化合作報告（一冊）	波蘭女子在本國歷史文化上之貢獻（一冊）	

波蘭國民體育之新設施（二部二冊）	金陵大學圖書館中文期刊備檢（一冊）	怎樣是合作社的一個好職員（一冊）	江西省第七行政區臨川縣□溪實驗區概要（三部三冊）
江西省第七行政區臨川縣統計撮要（一冊）	赤匪沒落中的哀鳴（一冊）	國立中央圖書館藏呈繳書目錄（一冊）	中國圖書大辭典編輯館出版書籍說明書（一冊）
西京碑林（一冊）	武昌中華大學廿週年紀念特刊（一冊）	湖北省立實驗民眾教育館半年來實驗報告（一冊）	湖北省立實驗民眾教育館第一次敬老會專刊（一冊）
湖北省立實驗民眾教育館第一期試辦□動教學報告書（一冊）	大元追封楚國夫人徐君碑銘拓片（一份）	平綏鐵路旅行讀物五種（五冊）	政整會講演第一集（一冊）
民國二十三年份國產電影發達概況（一冊）	方音調查表格（一冊）	新國語留聲片課本（一冊）	基本英語留聲片課（一冊）
上海青年會三十五週年紀念冊（一冊）	臨川試辦縣政實驗區一個月工作的實況（五部五冊）	臨川縣縣政概況（一冊）	江西省第八行政區進行□學概況（一冊）
江西省第八行政區農村水利（一冊）	江西省第八行政區保甲長須知（一冊）	江西省第八行政區造林須知及本區實施辦法（一冊）	江西南城縣縣政概況（一冊）
江西寧都社會調查（一冊）	南城縣第一期壯丁訓練班概況（一冊）	江西第十二區行政督察專員公署工作報告（一冊）	江西寧都縣農村狀況暨救濟方法（一冊）
江西南豐縣縣政概況（一冊）	江西水利局整理江西全省水利今後六年進行計劃書（一冊）	江西生產建設計劃書（一冊）	江西第十二區行政督察專員公署第一二期工作計劃（二冊）

國外公私收藏家參加倫敦中國藝展會之展品目錄	德國繪畫展覽會簡介	中波文化協會第一屆年會特刊	太史公年譜	國家圖書館館藏目錄檢索結果
虎門各炮臺形勢圖	葉天寥自撰年譜	新建陸軍兵略錄存	鄉會須知	
商城守禦記略	黃膺白先生故舊感憶錄	The Library	Books and Bookmen	
The Story of the Manuscripts	A Manual of the Art of Bookbinding			

（四）寄存

寄存是北平圖書館補充藏書的重要手段，也是當時這方面工作開展較為出色的圖書館。

1930 年，北平圖書館製定了《收受寄存圖書暫行規則》，詳細規定了寄存人與北平圖書館各自的權利與義務。寄存人還可以提出對平館的附加條件。辦理寄存手續時，袁同禮常親自參與。在北平圖書館館務報告中，可以看到，袁同禮在寄存契約上簽字蓋章的情況。

北平圖書館曾收到兩項重要的寄存書籍，一是來自梁啟超的藏書，二是朱啟鈐寄存其收購德人穆麟德（P. G. von Mollenderff，1848～1901）的藏書。辦理寄存梁啟超藏書時，經過了正規的法律手段，「這種贈書方式是在進步的法制社會中才有的」，「在以前和以後，乃至在很遠很遠的以後，個人向公家贈書，所採取的大都不是通過這樣完備的法律手續，因而也就難免出現不盡如人意之事」〔註 44〕。如前幾年鬧得沸沸揚揚的國圖收藏巴金贈書流失事件，如果有較完備的法律手續，中國國家圖書館在保存方面應該會更加用心。

這一時期，北平圖書館收受的寄存圖書主要還有瞿宣穎、王勤生的藏書，費培傑的音樂書籍，丁緒寶的物理書籍，施復亮的日文書籍，趙世暹的工程書籍等。〔註 45〕除了鼓勵社會公眾寄存圖書外，北平圖書館還倡導民眾寄存

〔註 44〕馬嘶，從一份《館務報告》看國圖百年〔OL〕，中華讀書報，2009-09-09（5版），（2009-09-09）〔2011-04-16〕，http://www.gmw.cn/01ds/2009-09/09/content_978997.htm。

〔註 45〕李致忠主編，中國國家圖書館館史：1909～2009〔M〕，北京：國家圖書館出版社，2009，77～78。

木刻板片，並擬有寄存簡章〔註46〕，還注重吸納珍貴文物寄存。

（五）探訪《永樂大典》與影照「敦煌文獻」

北平圖書館的藏書豐富，以「四大專藏」（即「敦煌遺書」、「趙城金藏」、「永樂大典」和「文津閣四庫全書」）最受世人矚目。其中，袁同禮為「永樂大典」、「敦煌遺書」的探訪、保存做出了重要貢獻。

1、探訪《永樂大典》

《永樂大典》是世界上已知最大的一部百科全書，正本不知去向，副本也經長期散佚，殘缺不全。民國時期，不少熱心人士開始探訪這些國寶的去向，袁同禮就是較早持續探訪《永樂大典》下落的人士之一。

受 1921 年斯坦因（Mark Aurel Stein）發表《千佛》（The Thousand Buddhas）一文的刺激，以及在歐美圖書館、博物館目睹中國大量流失文物的影響，袁同禮開始調查《永樂大典》，這是他注重調查中國珍品流失海外情況的重要起因，以為中國文化在變亂中保留一點記錄。〔註47〕1923 冬，他在倫敦閱《永樂大典》殘本，記其卷數。〔註48〕1924 年 5 月 7 日，前往德國萊普齊希（即萊比錫，Leipzig）大學訪鄭壽麟，藉之調查在德《永樂大典》的情況。〔註49〕是年春遊德、奧期間，共發現《永樂大典》4 冊。次年，又在大連發現 2 冊。〔註50〕

1927 年 6 月，遊日本，觀《永樂大典》27 冊，記其卷數。8 月，將在日本訪查《永樂大典》的情況與近來在北平續訪的情況，撰成《永樂大典現存卷數續目》，發表於《中華圖書館協會會報》第 3 卷 1 期上。文中列舉的典藏地主要有：東洋文庫、京都府立圖書館、東京帝國圖書館、大阪府立圖書館、

〔註46〕北海圖書館攝印善本寄存板片〔J〕，中華圖書館協會會報，1929，4（6）：12～13。

〔註47〕袁澄，勞碌一生的父親〔J〕，（臺北）傳記文學，1966（民國五十五年），8（2）：46～50。（是文收入《思憶錄：袁守和先生紀念冊》132～146 頁，有幾處文字略有不同）

〔註48〕袁同禮，永樂大典現存卷目〔J〕，中華圖書館協會會報，1925，1（4）：4～10。

〔註49〕鄭壽麟，從永樂大典與圖書集成說起——袁守和先生與中德文化之溝通〔N〕，（臺北）中央日報，1965-03-18（6 版），（是文收入《思憶錄：袁守和先生紀念冊》56～57 頁）

〔註50〕袁同禮，永樂大典現存卷目〔J〕，中華圖書館協會會報，1925，1（4）：4～10。

內藤虎次郎、小川睦之輔、北京圖書館、燕京大學圖書館、徐世昌、朱先生等。〔註51〕調查範圍之廣，可見一斑。

1929 年 10 月，《永樂大典現存卷數表續記》發表，所載《永樂大典》部分卷目係河內遠東學院（Ecole Franççaise d'Extrême-Orient, Hanoi）來函告知。〔註52〕1931 年春，接英國漢學家翟林奈（Lionel Giles）來函，得知在英國所存 4 冊《永樂大典》的相關情況。爰將此信息揭之《國立北平圖書館館刊》，名為《永樂大典現存卷數表再補》。〔註53〕

1937 年，散落於蘇聯之《永樂大典》共 12 冊，聞該國有贈還國立北平圖書館收藏之意。〔註54〕後來，在袁同禮領導下，國立北平圖書館對列寧格勒大學圖書館所藏《永樂大典》11 本，進行影照，得其複本。〔註55〕

袁同禮邊調查，邊整理發表《永樂大典》的存目情況（見表 3-2）。最後調查到藏於各處之《永樂大典》共 367 冊 689 卷，成為當時最權威的調查記錄，為利用者提供了指南。在長達十餘年的調查活動中，袁同禮儘量說服海外收藏機構或個人歸還中國，勸勉國內藏家捐贈給北平圖書館，即便結果不如意，也要爭取影印複本。他的調查活動，對保存中國珍貴典籍具有重要意義，期間搜羅或影印的《永樂大典》豐富了北平圖書館的珍藏。

表 3-2　袁同禮對《永樂大典》存目的調查數據

作　者	篇　名	刊物	所記《永樂大典》存目數	編排方式及相關說明
袁同禮	永樂大典考	學衡	149 冊 275 卷	分卷數、韻目、標題、葉數插圖、庋藏地五欄排列，各條目按卷數由小到大的順序排列。
袁同禮	永樂大典現存卷目	中華圖書館協會會報	161 冊 297 卷	分「卷數」、「韻」、「標題」、「葉數」、「現藏」五欄排列，各條目按卷數由小到大的順序排列。

〔註51〕袁同禮，永樂大典現存卷數續目〔J〕，中華圖書館協會會報，1927，3（1）：9～11。

〔註52〕和（袁同禮），永樂大典現存卷數表續記〔J〕，國立北平圖書館月刊，1929，3（4）：458。

〔註53〕和（袁同禮），永樂大典現存卷數表再補〔J〕，國立北平圖書館館刊，1931，4（2）：42。

〔註54〕國立北平圖近訊〔J〕，中華圖書館協會會報，1937，12（6）：23～24。

〔註55〕列寧格勒博物院的珍本圖書〔J〕，中華圖書館協會會報，1938，13（3）：30。

袁同禮，劉國鈞	永樂大典現存卷數續目	中華圖書館協會會報	58 冊 125 卷（增）	分「卷數」、「韻」、「標題」、「葉數」、「現藏」五欄排列，各條目按卷數由小到大的順序排列。
袁同禮	永樂大典現存卷數續目	中華圖書館協會會報	39 冊 72 卷（增）	分「卷數」、「韻」、「標題」、「葉數」、「現藏」五欄排列，各條目按卷數由小到大的順序排列。
袁同禮	永樂大典現存卷目表	北平北海圖書館月刊	286 冊 542 卷（因卷 2409 一冊並未入藏河內遠東學院，所以實際應為 285 冊 541 卷）	條目分「卷數」、「葉數」、「韻目」、「內容」、「庋藏」、「雜記」六欄列表顯示，各條目按卷數由小到大的順序排列。
和（袁同禮）	永樂大典現存卷數表續記	國立北平圖書館月刊	3 冊 6 卷（增）	對《永樂大典現存卷目表》有所增補和修訂。部分係河內遠東學院告知。
和（袁同禮）	永樂大典現存卷數表再補	國立北平圖書館館刊	5 冊 9 卷（增）	對《永樂大典現存卷目表》有所增補。部分係英國漢學家翟林奈（Lionel Giles）來函告知。
和（袁同禮）	永樂大典現存卷數表三補	國立北平圖書館館刊	4 冊 4 卷（增）	對《永樂大典現存卷目表》有所增補。
袁同禮	永樂大典存目	國立北平圖書館館刊	—	北平圖書館入藏有寫本《永樂大典》一本，有翰林院印。此本於《永樂大典》存佚各卷詳細注明，共 2384 卷，但「此目入聲自八陌以下殘去，凡缺四韻，佚去若干卷不可知」。袁同禮首先發現其價值，辨其為乾隆時館臣檢查之底冊。為供學界參考，將其登載於館刊。
袁同禮	近三年來發現之永樂大典	讀書月刊（國立北平圖書館）	60 冊 107 卷（增）	條目分「卷數」、「葉數」、「韻目」、「內容」、「庋藏」、「雜類」六欄列表顯示，各條目按卷數由小到大的順序排列。其中包括《續記》、《再補》、《三補》的內容。
袁同禮	永樂大典現存卷目表	國立北平圖書館館刊	349 冊 663 卷	條目分「卷數」、「葉數」、「韻目」、「內容」、「庋藏」、「雜記」六欄列表顯示，各條目按卷數由小到大的順序排列。
袁同禮	永樂大典現存卷目表	圖書季刊	367 冊 689 卷	條目分「卷數」、「葉數」、「韻目」、「內容」、「庋藏」、「雜記」六欄列表顯示，各條目按卷數由小到大的順序排列。

注：卷冊數後加「（增）」者，為袁同禮調查《永樂大典》存目的新增部分，其餘皆為
　　累積數據。

2、派員出國搜訪、影照「敦煌文獻」

「敦煌文獻」是中國文化的珍寶，但在遭受多次劫掠之後，許多精華流散海外。袁同禮以其敏銳的學術嗅覺，較早就開始派員出國搜訪、影照。

1933 年，他委託即將出國留學之浦江清赴法、英兩國查閱和拍攝敦煌經卷。浦江清之子浦漢明回憶說：「一九三三年夏，先父浦江清先生在清華服務滿七年，依例可休假一年。他申請半官費赴歐洲留學，得到批准，便在暑假時返回家鄉松江，準備從上海搭乘海輪出國。此次歐行，他還受北平圖書館的委託，將去巴黎法國國家圖書館和倫敦大英博物館查閱和拍攝兩處所藏敦煌經卷」〔註56〕。但此行並不理想。

1934 年又派王重民赴法國巴黎、1935 年派向達赴英國倫敦拍攝、研究敦煌經卷。此次收穫甚大，尤其是以王重民先生拍攝的較多。斯坦因、伯希和二氏掠去的精華部分，經王重民、向達兩位先生的努力，大多已拍成膠卷。拍回的這兩三萬張照片，構成了北平圖書館敦煌文獻的重要部分，有力推動了國內敦煌學的研究。

袁同禮還注重及時向學術界公布相關信息，如 1940 年 12 月，所編《國立北平圖書館現藏海外敦煌遺籍照片總目》在《圖書季刊》新二卷第四期上發表，揭示了部分影照目錄，「這也是惟一一次刊布這批照片的目錄，但這次只有 402 種。其不全的原因所在，袁同禮先生已在文後寫明：『攝取伯希和、斯坦因二氏攜去敦煌古經卷影片，隨攝隨寄。迨盧溝橋變起，遂將繼續所攝者，暫存巴黎東方語言學校，旋又在歐戰爆發前，運往美國國會圖書館寄存。總數約在萬片，正在編目中。茲先將盧溝橋事變前收到者，編成簡目，披露如右』」〔註57〕。

清末民初，雖然羅振玉編印的《敦煌石室遺書》、《鳴沙石室佚書》、《鳴沙石室古籍叢殘》等引起了相關學者的介紹和研究，但「一九二〇年以後，敦煌古籍的發見已有二十年了，可是敦煌學的研究者，反因資料缺乏，大有停頓不前之勢」〔註58〕！所以，「在王重民等先生攝製照片之前，中國人不僅

〔註56〕浦漢明，重溫陳寅恪先生給先父的信〔J〕，萬象，2009，11（11）：131～138。

〔註57〕李德範，王重民先生與敦煌遺書照片〔C〕//國家圖書館善本特藏部敦煌吐魯番學資料研究中心編，敦煌學國際研討會論文集，北京：北京圖書館出版社，2005：27～30。

〔註58〕王重民編輯「敦煌古籍敘錄」述例〔M〕//，王重民，敦煌古籍敘錄，北京：中華書局，2010：3～4。

沒有見過伯希和竊取的大部分敦煌卷子，也從沒有大批見過斯坦因掠取的卷子」〔註 59〕。因此，著名敦煌學家蘇瑩輝對袁同禮派員影照敦煌經卷一舉作了高度評價：「『敦煌石室』寶藏的發現，雖早在一九○○年，國際漢學家的重視敦煌文獻亦遠在清末民初，然而假使沒有袁守和先生的高瞻遠矚，恐怕再晚二三十年，中國的學者將依舊看不到英、法所藏敦煌遺書的敘錄，豈非一件憾事？」「守和先生不但盡了守藏敦煌劫餘經卷的職責，而且直接或間接地培植了幾位研治『敦煌學』的學者，這在中國學術史上，是一件應該大書特書的事情」〔註 60〕。館員王重民和向達就是他培植的重量級「敦煌學」人才！

（六）徵輯中日戰事史料

1938 年秋，袁同禮仿斯坦福大學創辦胡佛大戰研究圖書館先例，擬與西南聯大合辦中日戰事史料徵輯會，以為未來研究保留記錄。1938 年 12 月 12 日，袁同禮覆函梅貽琦、蔣夢麟、張伯苓，表示北平圖書館完全同意徵輯中日戰事史料所陳各項辦法，並「極盼分工合作，早日觀成」〔註 61〕。12 月 19 日，蔣夢麟、梅貽琦、張伯苓致函袁同禮，告知關於中日戰事史料徵輯委員會，國立西南聯合大學方面已請錢端升、馮友蘭、姚從吾、劉崇鋐四先生代表參加。〔註 62〕經過往來函商，1939 年 1 月 1 日，中日戰事史料徵輯會在昆明地壇正式成立。其領導機構委員會，「由袁同禮任主席、馮友蘭任副主席，委員有劉崇鋐、姚從吾、錢端升、傅斯年、陳寅恪和顧頡剛」〔註 63〕，清一色的學界名流。

工作分徵集、整編兩類，北平圖書館負徵集和初步整理之責，西南聯大負編訂之責。袁同禮親自領導會務，並派顏澤霔、胡紹聲等人處理。所收史

〔註 59〕李德範，王重民先生與敦煌遺書照片〔C〕//國家圖書館善本特藏部敦煌吐魯番學資料研究中心編，敦煌學國際研討會論文集，北京：北京圖書館出版社，2005：27～30。

〔註 60〕蘇瑩輝，北平圖書館與敦煌學——悼念袁守和先生〔N〕，（臺北）中央日報，1965-02-25（6 版），（是文收入《思憶錄：袁守和先生紀念冊》47～50 頁）

〔註 61〕郭建榮主編，國立西南聯合大學圖史〔M〕，昆明：雲南教育出版社，2006：167。

〔註 62〕郭建榮主編，國立西南聯合大學圖史〔M〕，昆明：雲南教育出版社，2006：167。

〔註 63〕李致忠主編，中國國家圖書館館史：1909～2009〔M〕，北京：國家圖書館出版社，2009：122～123。

料，包括中、西、日文。除昆明外，還在重慶及滬港等地派專人收集。1939年一年中，便徵集到 5300 冊書籍和小冊子、1422 種期刊、215 種報紙，以及公文、電稿、鈔件、照片等 500 餘種資料。〔註64〕截至抗戰勝利前，僅昆明所貯史料便有：中文書 5180 種，約 6000 冊，小冊子 400 餘件，雜誌 2350 種，報紙 169 種；日文書籍 520 冊，雜誌 120 種，報紙 8 種；西文書籍 1922 冊，雜誌 373 種，報紙 49 種。〔註65〕這些資料，都浸透著袁同禮先生的心血和努力。

中日戰事史料徵輯會還編印有《中日戰事史料徵集會集刊》和《中日戰事史料叢刊》。據徐家璧回憶：

> 二十九年七月（筆者案：實應為六月）該會曾編印戰事史料集刊，將已整理之史料分期刊印。除此更另印叢刊，分中文之部及日文之部，每集約十種，均已脫稿。已編就者，尚有各戰區長編十四種，抗戰書目提要一種（由中國文化服務社印行）。尚未成書者，有抗戰論文索引三萬餘條，分類剪貼報紙五十大箱，輯錄歐美論中國之各種論文數百篇。〔註66〕

《中日戰事史料徵集會集刊》第 1 期於 1940 年 6 月出版，從該期內容可知，中日戰事史料徵輯會「編製了《倫敦泰晤士報論文選錄》、《俄文真理報社論選錄》等剪報、《日寇朝野謬論選譯》等文摘、《中日關係書目》、《中文抗戰書目》、《中文抗戰論文索引》、《西方抗戰論文索引》、《日文雜誌論文索引》、《中日戰事論文索引》、《中國問題論文索引》、《日本問題論文索引》等目錄索引，出版了《中日戰事分區紀事長編》、《中日戰事史料叢刊》、《敵情副刊與敵偽資料副刊》（筆者案：指在昆明、重慶的《中央日報》上刊行的《敵情》與《敵偽資料》兩個副刊）、《暴日侵華與國際輿論》、《建設中之中國》等專題彙編」〔註67〕。

〔註64〕中日戰事史料徵集會集刊〔J〕，1940（1）：11。轉引自：李曉明，李娟，袁同禮與中日戰事史料徵集會〔C〕//國家圖書館編，袁同禮紀念文集，2012：138。

〔註65〕徐家璧，袁守和先生在抗戰期間之貢獻〔J〕，（臺北）傳記文學，1966（民國五十五年），8（2）：40～45。（是文收入《思憶錄：袁守和先生紀念冊》80～92 頁）

〔註66〕徐家璧，袁守和先生在抗戰期間之貢獻〔J〕，（臺北）傳記文學，1966（民國五十五年），8（2）：40～45。（是文收入《思憶錄：袁守和先生紀念冊》80～92 頁）

〔註67〕李曉明，李娟，袁同禮與中日戰事史料徵集會〔C〕//國家圖書館編，袁同禮紀念文集，2012：138。

　　為了擴大宣傳和方便人們利用，1940 年 1 月 2 日及 3 日，中日戰事史料徵輯會舉行了展覽會。〔註 68〕抗戰勝利後，中日戰事史料徵輯會又舉辦了中日戰史展覽，包括抗戰資料、敵偽資料、戰時期刊及剪報、戰時日報、敵偽期刊、敵偽日報六項，共計 15000 餘件。袁同禮稱：

> 此項史料為國內僅有之一份，展覽會中對各次戰役及游擊戰，均有有系統的陳列，將忠勇烈士傳與漢奸傳並陳，尤足表忠懲奸。而向胡適校長借展之中美交涉照片，更覺珍貴。其中有一漫畫上有羅斯福總統親筆字跡，胡氏注云：「這是星報 Berry Man 的漫畫之一，羅斯福總統用鉛筆簽名，說可以寄給蔣委員長看看，十一日後就是珍珠港事件了。」此漫畫用意在諷刺日本人在玩危險的把戲，羅斯福總統於一九四一年十一月二十六日接見胡氏時當面交給者。

在茶會中，袁同禮作報告，略謂：「徵輯會由北平圖書館及清華北大南開合組，於抗戰第二年在長沙成立，姚從吾、馮友蘭兩教授先後負責，九年以來，從未間斷，現仍繼續徵輯中」，並「籲請全國各界割愛贈予，以廣史乘」〔註 69〕。

　　在袁同禮的許多信函中，有關文獻採訪的部分，常常用詞最切，用情最深，出現了「亦未免太癡矣」、「實為最傷心之事」等語。每讀之，不禁淚目。他飽含深情搜集文獻，那種不辭辛苦，堅忍不拔，總能觸動人心。因為對文獻的特殊「嗜好」，苦在其中，樂在其中。正是這種寶貴的文獻搜藏精神，讓他為北平圖書館的文獻搜集做出了重要貢獻：

　　（1）領導北平圖書館成為中國藏書重鎮。袁同禮極其重視文獻搜集，眼光敏銳，除了領導館內的採訪人員有計劃地採購，派館員走出去搜集，以及與其他機構合作搜集外，他還親自踏訪，親自談判、議價、斡旋、購買，並向北平圖書館捐贈了不少文獻。據統計，國立北平圖書館合組成立前，「計京師圖書館藏書 20 萬冊，北海圖書館藏書 10 萬冊。自民國 16 年至 26 年 6 月底，歷年增補中外文圖書 15 萬冊，共 45 萬冊，此七七事變以前之大概情形也」〔註 70〕。抗戰爆發後，他極力爭取經費，繼續預訂國外西文期刊，領導

〔註 68〕中日戰事史料會定期舉行抗戰史料展覽〔J〕，中華圖書館協會會報，1940，14（4）：29。

〔註 69〕北平圖書館展覽中日戰史〔J〕，中華圖書館協會會報，1948，21（3、4 期合刊）：14。

〔註 70〕孟國祥，大劫難：日本侵華對中國文化的破壞〔M〕，北京：中國社會科學出版社，2005：18。

館員大量搜集西南民族文獻、地方志、抗戰史料等，進一步充實了館藏。在他領導下，北平圖書館在西文書刊、敦煌遺書、西南少數民族文獻、金石輿圖資料、地方志、中日戰事史料等各方面的文獻數量都有較大增長，藏書甲富中國。例如，20世紀20～40年代，北平圖書館新入藏的方志至少約有2000餘種。而今天中國國家圖書館現藏地方志舊志（近7000種）約占全國舊志的80%左右，「其中，數量上的主體與質量上的精華部分〔註71〕，無疑是袁同禮先生主持國立北平圖書館時期所收藏的」〔註72〕。

1930年，北平圖書館在北平購得「樣子雷家」工程模型37箱，此係圓明園及三海、普陀峪陵工程各項模型〔註73〕。今天中國國家圖書館對「樣式雷」圖檔等進行數字化開發，數字圓明園「九州清晏」一期成果已經發布，並擬「逐漸建立全國最全的古代建築圖檔和三維古代建築資源庫」〔註74〕。而能開展此項工程的一個前提是，袁同禮等先輩為國圖搜集保存了大量的建築圖檔資料。顯然，袁同禮領導下的北平圖書館所搜集的大量珍貴文獻，今天仍深刻影響著國圖進行數字資源建設和特色開發的內容。

他為中國國家圖書館的發展以及中國的學術研究，奠定了永久的文獻基礎，功不可沒。

（2）派員大規模攝照流散海外之敦煌文獻（這在當時是最早的），促進了國內敦煌學研究，還培植了王重民、向達這樣傑出的敦煌學家。

（3）長期關注《永樂大典》存佚，不斷調查探訪，或勸勉捐贈，或爭取複製，使珍本劫餘存世。張志清先生認為：「本館收藏、研究《永樂大典》者，不能忘卻袁同禮、趙萬里兩位先生。前者於民國時期關注《大典》存佚聚散，護國寶於戰亂之間，終使劫餘在世」〔註75〕。

（4）積極保存抗戰史料，為歷史保留珍貴的一手記錄。袁同禮較早主張搜集抗戰史料，他領導北平圖書館與西南聯大合作，建立了中日戰事史料徵

〔註71〕包括原京師圖書館舊藏方志。

〔註72〕楊印民，張捷，袁同禮主持國立北平圖書館時期的地方志收藏與整理〔C〕// 國家圖書館編，袁同禮紀念文集，2012：111～125。

〔註73〕國立北平圖書館之新藏與新預算〔J〕，中華圖書館協會會報，1930，6（1）：31～32。

〔註74〕從樣式雷圖檔到數字圓明園「九州清晏」一期成果發布〔EB/OL〕，中國國家圖書館網站・國圖新聞，（2010-09-08）〔2010-09-09〕，http://www.nlc.gov.cn/syzt/2010/0908/article_562.htm。

〔註75〕張志清，趙萬里與永樂大典〔N〕，中國文物報，2002-05-10（5版）。

輯會。在其領導下，大量轉瞬即逝的抗戰史料得以保存下來，這為後人研究抗戰歷史提供了寶貴的一手文獻。

第二節　文獻編纂活動

一、北平圖書館的文獻編纂

　　袁同禮對北平圖書館的又一個定位是要成為學術研究重鎮。這一點，在他領導下，成為現實。主要表現為兩個方面：一是湧現了一大批傑出的學術人才（如前述）；二是整理了許多重要的歷史文獻，編撰了大量學術專著和目錄、索引工具書，出版了《國立北平圖書館館刊》《圖書季刊》兩種國內外知名的一流學術刊物。

（一）設立通訊員與編纂委員會

1、設立國內外「通訊員」

　　1929～1930 年度，袁同禮為北平圖書館聘請國外通信員，分別是英國的耶慈（W. Perceval Yetts），美國的勞佛（Bertrold Laufer）、施永高（Walter T. Swingle），法國的伯希和，蘇聯的阿理克（Basil M. Alexéiev），日本的長澤規矩也，以及旅德的王光祈和旅法的張鳳舉〔註76〕。例如，1930 年 7 月 7 日，袁同禮擬寫了禮聘法國伯希和與美國勞佛為通訊員的函件：「逕啟者，敝館成立頃已經年，設施進行力圖美備。夙仰先生聲華幸著，學術淹通，茲特聘為敝館通訊員，庶鑿匡壁以增輝，益幸他山之攻錯。肅箋奉達，伏乞惠允是荷」〔註77〕。通信員寄送的信息，皆在期刊上及時發布，以方便國內外學術交流。這一做法可能是當時中國圖書館界最早的，它保證了北平圖書館能在較短時間內獲知世界主要國家圖書館事業及學術發展的最新信息，從而讓它保持對國際圖書館動態及學術進展的敏銳感。

2、設立「編纂委員會」

雖然國立北平圖書館的組織結構中有「編纂部」（後改為編目部）這一部

〔註76〕國立北平圖書館館務報告（民國十八年七月至十九年六月）：40。〔R/OL〕，
　　　　〔2011-01-29〕，http://www.cadal.zju.edu.cn/book/16002256/；李致忠主編，中
　　　　國國家圖書館館史：1909～2009〔M〕，北京：國家圖書館出版社，2009：54。
〔註77〕北京圖書館業務研究委員會編，北京圖書館館史資料彙編(1909～1949)〔G〕，
　　　　北京：書目文獻出版社，1992：324。

門，負責中、西文編目和索引工作，但袁同禮仍將「編纂委員會」單獨設立，他不隸屬於某一部門，而是由各部門中的主要負責人和館內學術功底較好的人士組成（見表 3-3）。可以說，「編纂委員會」成員不僅是編纂部職員中的學術佼佼者，而且是全館的學術菁華。袁同禮將這一批傑出的人才置於文獻整理編纂、書刊出版等學術研究崗位上，使北平圖書館的業務邁上了一個新臺階，也因此奠定了北平圖書館作為學術研究重鎮的人才基礎。

表 3-3 北平圖書館編纂委員會成員〔註 78〕

時　間	名　稱	成　員
1930 年 6 月	編纂委員會	委員：葉渭清、趙萬里、胡鳴盛、顧子剛 當然委員：王訪漁、徐鴻寶、劉國鈞、錢稻孫、蔣復璁、嚴文郁、王重民
1931 年 6 月	編纂委員會	委員：葉渭清、趙萬里、胡鳴盛、顧子剛、向達、王重民 當然委員：王訪漁、徐鴻寶、劉國鈞、譚新嘉、曾憲三 館員：萬斯年
1932 年 6 月	編纂委員會	委員：葉渭清、胡鳴盛、顧子剛、向達、王重民、孫楷第、劉節、王庸、謝國楨、陳貫吾、梁思莊 當然委員：王訪漁、徐鴻寶、譚新嘉、曾憲三 特約編纂員：趙萬里、陳任中 館員：萬斯年
1933 年 6 月	編纂委員會	委員：葉渭清、胡鳴盛、顧子剛、向達、王重民、謝國楨、劉節、王庸、陳貫吾、梁思莊、孫楷第 當然委員：王訪漁、徐鴻寶、譚新嘉、曾憲三 館員：萬斯年、歐陽采薇、趙士煒 特約編纂員：趙萬里、陳任中
1934 年 6 月	編纂委員會	委員：葉渭清、胡鳴盛、顧子剛、向達、王重民、劉節、王庸、陳貫吾、孫楷第、賀昌群、馬廉 當然委員：王訪漁、徐鴻寶、嚴文郁、譚新嘉、曾憲三 特約編纂員：趙萬里、陳任中 館員：萬斯年 書記：蘇春暄、郭家瑞

〔註 78〕資料來源：林清華，袁同禮先生與近代中國圖書館事業〔D〕，臺灣私立中國文化大學史學研究所圖書文物組，1983：288～332。以及《國立北平圖書館館務報告》各期後所附「本館職員一覽」的相關內容。

1935 年 6 月	編纂	顧子剛、向達、孫楷第、謝國楨、賀昌群
1936 年 6 月	編纂	顧子剛、譚新嘉、賀昌群
1937 年 6 月	編纂室	顧子剛、譚新嘉

（二）文獻整理、編纂及出版

1、圖書

　　北平圖書館出版圖書的種類，大致可分為：北平圖書館出版的珍貴文獻，北平圖書館職員編纂的重要工具書（如索引、目錄）和專著，北平圖書館各期刊發表的重要論文的單行本，北平圖書館歷年之館務報告（或年度報告），北平圖書館的介紹類圖書等。也即包括影印出版、整理出版、學術研究成果出版、報導性和介紹性圖書出版四種類型。（見表 3-4）

表 3-4　北平圖書館出版圖書一覽（部分）

史　料			
李慈銘漢書劄記	李慈銘後漢書三國志劄記	大寶積經論	清季外交史料
清初史料四種（謝國楨編）	孫淵如外集（孫星衍撰，王重民輯）	通志條格（元代官書）	全邊略記（明方孔炤著，記明季邊事）
埋劍記傳奇（明沈璟著）	鬱岡齋筆塵（明王肯堂著）	平寇志（明末清初彭孫貽著）	鴉片事略（清李圭著）
晚明史籍考（謝國楨）	宋會要（本久佚，嘉慶年間，徐星伯從《永樂大典》中輯出 366 卷，國立北平圖書館以四千金覓得原稿，影印出版，每部 200 冊。）		
目錄、索引			
北平北海圖書館閱覽室參考書目錄	國立北平圖書館西文參考書目錄（英文本）	北平北海圖書館現藏政府出版品目錄（第一輯）	國立北平圖書館方志目錄（譚其驤、譚新嘉、李文裿等）
國立北平圖書館善本書目	國立北平圖書館書目目錄類	館藏清內閣大庫輿圖目錄	館藏法文書目錄
日本東京所見小說書目、大連圖書館所見小說書目、中國通俗小說書目（孫楷第）	梁任公遺書目錄	穆麟德遺書目錄	博野蔣氏寄存書目四卷

瞿氏補書堂寄藏書目	中興館閣書目輯考（陳騤撰，趙士煒輯）	宋國史藝文志輯本（趙士煒輯）	書畫目（書）錄解題（余紹宋）
北平各圖書館所藏植物學書聯合目錄（英文本）	北平各圖書館西文書聯合目錄	北平各圖書館西文期刊聯合目錄續編	滿文書聯合目錄
滿文書籍之索引（如為《同音合璧》、《四體清文鑑》等滿文書籍編製索引）	中國地學論文索引（初編、續編）（王庸、茅乃文）	國立北平圖書館展覽會目錄（民一八）	國立北平圖書館十九年雙十節展覽目錄
國立北平圖書館籌賑水災圖書展覽會目錄（民二〇）	輿圖版畫展覽會目錄（民二二）	現代德國印刷展覽會目錄（民二二）	
影片及拓片			
國立北平圖書館全景（二十張）	本館館記（拓片一張）	漢熹平石經後記殘石拓片（每份二張）	隋盧文構墓誌
唐張舉墓誌	唐□夫人月相墓誌	唐裴休造像拜心經	造像
郭槐墓誌	閩侯何氏藏古鏡拓片（一百一十張）	閩侯何氏藏瓦當文拓片（一百二十張）	
館務報告（年度報告）			
北京圖書館第一年度報告（十五年三月至十六年六月）（中、英文本）	北京圖書館第二年度報告（十六年七月至十七年六月）（中、英文本）	北平北海圖書館第三年度報告（十七年七月至十八年六月）（中、英文本）	國立北平圖書館館務報告（民國十八年七月至十九年六月）
國立北平圖書館館務報告（民國十九年七月至二十年六月）	國立北平圖書館館務報告（民國二十年七月至二十一年六月）	國立北平圖書館館務報告（民國二十一年七月至二十二年六月）	國立北平圖書館館務報告（民國二十二年七月至二十三年六月）
國立北平圖書館館務報告（民國二十三年七月至二十四年六月）	國立北平圖書館館務報告（民國二十四年七月至二十五年六月）	國立北平圖書館館務報告（民國二十五年七月至二十六年六月）	國立北京圖書館館務報告（三十二年度）
北平圖書館相關介紹			
北平北海圖書館閱覽指南(中、英文本)	北平北海圖書館建築競賽條例及獲獎圖樣(中英、英文本)	國立北平圖書館輿圖部概況	國立北平圖書館概況（民國十八年十月）
國立北平圖書館概況（民國二十年六月）	國立北京圖書館概況（三十一年六月）		

已發表文章的單行本			
諸佛菩薩聖像贊跋（英文本附中譯）	永樂大典現存卷目表（袁同禮）	中國加入國際交換出版品公約之經過（袁同禮）	
其他			
楚器圖釋	辦理四庫全書檔案	于文襄論四庫全書手札（于敏中）	葛（歌）德紀念特刊（德國研究會、國立北平圖書館合編）

在圖書出版方面，袁同禮的主要作用體現在：

（1）鼓勵、敦促館員進行文獻整理研究

例如，1938 年北平圖書館斥重貲從上海購入《古今雜劇》共 242 種 64 冊（除去重複共有 235 種），其中無傳本者 135 種，元人雜劇孤本 32 種〔註 79〕。袁同禮囑孫楷第進行研究，後孫氏撰成《述也是園舊藏古今雜劇》一作。孫楷第回憶到：「余以二十八年八月遊滬，得閱斯書於友人所。凡三週讀訖，既歸，守和先生屬為文記之。余既于役，從事於此，誼不敢辭。乃出滬遊掌記，分類排比，稍加考稽，撰為此文。」〔註 80〕

（2）承接編製目錄的請求，促進重要文獻出版

袁同禮樂意承接一些機構編製目錄、索引的請求。如 1936 年，北平圖書館受中央古物保管委員會委託，編印流出國外古物著述目錄；受教育部醫學教育委員會委託，編製醫學論文索引。〔註 81〕

他還積極促進重要文獻的出版。白壽彝先生曾公布了兩封袁同禮寫給他的信。一是 1941 年 10 月 29 日，袁同禮覆函白壽彝，答應他的建議，即將白氏所編《咸同滇變傳抄史料》初集收入北平圖書館和伊斯蘭學會合印之書，印費由雙方承擔，並已託開明書店先行估價，擬定契約草案。二是 1941 年 11 月 28 日，覆函白壽彝 11 月 11 日函件。告知開明書店估價，印 32 開 500 部，最低須成本二千元，北平圖書館將付開明書店一千元，希望伊斯蘭學會方面也付該書店一千元，以免紙價再漲，而能早日玉成此事。錢款可交開明王伯

〔註 79〕余嘉錫，序〔M〕//孫楷第，述也是園舊藏古今雜劇，1940：1～2。（《圖書季刊》專刊第一種）

〔註 80〕孫楷第，述也是園舊藏古今雜劇・序〔M〕，1940：4。（《圖書季刊》專刊第一種）

〔註 81〕北平圖最近消息〔J〕，中華圖書館協會會報，1936，12（2）：26。

祥收，如不敷用，兩機構再津貼開明。因係委託代印，書印成後，兩機構平
分書，但無稿費。〔註82〕此事終未成，後來《咸同滇變傳抄史料》改為《咸
同滇變見聞錄》，由重慶商務印書館出版。白先生寫到：

> 我在一九三九年春到昆明後，陸續收了一些關於清咸同年間
> 雲南變亂的傳抄材料。一九四一年四月編樣成書，題為《咸同滇變
> 傳抄史料》初集。同年秋，我在重慶，北平圖書館館長袁守和（同
> 禮）想編印一部《西南文獻叢刊》，要把我這書收入。當時印刷、
> 出版很不容易，經過多方努力，袁的計劃沒有實現。袁在當時曾就
> 這事給了我幾封信，現還有這兩封信保存下來。四十五年過去了，
> 袁守和在當時那樣困難的情況下，對學術文化事業的熱情仍躍然紙
> 上。〔註83〕

可見袁同禮促進文獻出版流通的努力，以及他對學術文化事業的關心。

（3）注重與商務印書館的合作

北平圖書館與商務印書館都是文獻收藏的重要機構，在文獻上可互通有
無。所以在出版文獻時，袁同禮與張元濟常互借圖書，互寄書目，以讓更多
有價值的文獻出版流通。例如，1933 年 11 月 2 日，袁同禮致函張元濟，請其
便中寄下商務印書館影印書書目，並寄上日本書志學會近印善本書影清單，
供參考。函曰：

> 商務印書館已影照之書，承允惠贈書目一份，甚感甚感。不識
> 近已編就否？如已編成，乞便中寄下，俾快先睹為幸。日本書志學
> 會近印成善本書影若干種，尊處曾過目否？茲奉上清單一紙，倘需
> 參考，祈示知，當即寄呈察覽。……
>
> 　　　　　　　附單
> 　　　　　　　日本書志學會
> 舊刊影譜　一冊
> 宋本書影　一冊
> 影宋本《御注孝經》　一冊
> 影宋刊本《三世相》　一冊
> 活版《經籍考》　一冊

〔註82〕白壽彝，關於袁同禮的兩封信〔J〕，文獻，1988（1）：263～254。
〔註83〕白壽彝，關於袁同禮的兩封信〔J〕，文獻，1988（1）：263～254。

善本影譜　已出十七輯

《書志學》　出至第六期

　　蘇峄古稀祝賀記念刊行會

《成簣堂善本書目》　一冊

《成簣堂善本書影》七十種　一冊

　　貴重圖書影本刊行會

《論語善本書影》　一冊〔註84〕

11 月 6 日，張元濟覆函袁同禮，曰：

　　屬錄商務印書館照存各書清單，除在日本借照各書已見前呈日
本訪書志外，茲分別錄出，計共十二葉。正擬郵呈，適奉本月二日
手教，垂詢及此，遲遲甚愧，謹交郵局以快件遞奉，即祈察入為幸。
再承開示日本書志學會近印善本書影清目，與敝處所收到者增出二
種，異時需閱當再乞借。〔註85〕

2、期刊

　　國立北平圖書館編輯出版的刊物有《國立北平圖書館館刊》、《讀書月
刊》、《大公報·圖書副刊》、《圖書季刊》等（見表 3-5）。

表 3-5　國立北平圖書館出版期刊之概況

刊名	創刊時間	年卷期情況	主要欄目	編　輯	特　色
《國立北平圖書館館刊》〔註86〕	1928年5月	1928年5月1卷1號～1937年2月11卷1號	專著、館藏善本書提要、書評、入藏中西文書目、館訊、受贈誌謝、學術界消息等	王庸、王重民、吳光清、賀昌群、趙萬里、謝國楨、王育伊、向達、孫楷第、萬斯年、趙錄綽（幹事）、顧子剛	以論文為主體：「大抵偏於國故舊籍，而以專門之述作為主」。側重文獻、目錄、校勘之學，是一流的學術刊物。

<hr>

〔註84〕張元濟著，張元濟全集·第 3 卷·書信〔M〕，北京：商務印書館，2007：1
　　　　～2。

〔註85〕張元濟著，張元濟全集·第 3 卷·書信〔M〕，北京：商務印書館，2007：1。

〔註86〕1928 年 5 月，《北京圖書館月刊》創刊。後該刊分別於 1928 年 9～10 月、1929
　　　　年 7 月、1930 年 1～2 月依次更名為《北平北海圖書館月刊》、《國立北平圖書
　　　　館月刊》、《國立北平圖書館館刊》。以《館刊》之名最著，故筆者以是代其餘。

《讀書月刊》	1931 年 10 月 10 日	1931 年 10 月 1 卷 1 號（創刊號）～1933 年 9 月 2 卷 12 號	論壇、讀書雜記、書報介紹、學術界雜訊、相關目錄、贈書登載等		以書報介紹為主：「範圍較館刊為寬廣，而內容則較館刊為淺顯」〔註87〕。注重知識的通俗與普及。
天津《大公報·圖書副刊》〔註88〕（每兩周出版一期，後改為每週出版一期）	1933年9月28日	1933年9月28日～	中外圖書介紹、評論、學術界消息等	供稿人包括王重民、趙萬里等知名學者。	「該刊主旨在介紹及批評新舊書籍，傳佈出版界及學術界消息」〔註89〕，與《讀書月刊》宗旨大致相同。
《圖書季刊》（分中文本、英文本和中英文合訂本三種出版，中英文之內容並不完全相同）	1934年3月	1934年3月1卷1期～1937年4卷4期？；1939年3月新1卷1期～1947年新8卷2期（至1940年3月，《圖書季刊》英文本才復刊）	專著（論著）、書評、圖書（期刊）介紹、學術界消息、目錄（西書華譯目錄、國內重要雜誌論文目錄舉要）等	謝禮士（Ernst Schierlitz，至3卷3期起未任編輯）、翟孟生（R. D. Jameson）、曾覺之（Tsen Kio Tchi）、顧子剛（T. K. Tchi）、向達（Hsiang Ta）、賀昌群（1卷4期起接替向達擔任編輯）。抗戰復刊期間，由袁同禮任主編。1940～1944年間，錢鍾書曾任該刊英文本首席編委。1942年11月起，張申府曾在該刊任編輯兩年多。	兼顧論文和書刊介紹，其「論著」和「書評」大多由學界知名人士撰寫，學術水平較高。其目的是「向國內外人士傳達中外學術界之消息」〔註90〕。

〔註87〕 本刊旨趣〔J〕，讀書月刊，1931，1（1）：1。
〔註88〕 此係國立北平圖書館與天津《大公報》合作，將北平圖書館原《讀書月刊》改為《圖書副刊》，在《大公報》上發表。
〔註89〕 讀書月刊停刊啟事〔J〕，讀書月刊，1933，2（12）：封二。
〔註90〕 本刊編輯部啟事〔J〕，圖書季刊（中英文合訂本），1934，1（1）：封二。

　　其中以《國立北平圖書館館刊》和《圖書季刊》最為有名，學術水平也較高。它們除登載專業論文外，都有意傳達中外學術界之消息，體現了研究學術、溝通學術的辦刊宗旨。通過這兩份刊物，可以分析北平圖書館館員在某一時期的學術研究興趣和學術成長軌跡，也可分析兩刊對哪些研究命題保持持續的關注。而《讀書月刊》和天津《大公報·圖書副刊》則更多注重知識的普及，受眾是普通讀者。

　　《館刊》和《季刊》的編輯，皆是在學術上有相當造詣之人，如王庸、王重民、賀昌群、趙萬里、謝國楨、向達、孫楷第、錢鍾書〔註91〕、張申府、謝禮士、翟孟生等。此外，袁同禮還在國內聘請鋼和泰、余紹宋等名譽編輯4人。〔註92〕刊物的執筆者大多是館內外知名學人，出版後頗獲好評，銷行極廣。如《圖書季刊》自1934年發行以來，均按期寄送歐美各國文化學術團體，以宣揚中國文化，該刊質量得到外國學術界贊許。〔註93〕

　　袁同禮在刊物的約稿、組稿方面，做了不少工作。1939年10月16日，張元濟致函顧廷龍，談及袁同禮為《圖書季刊》等徵求材料之事：「昨得袁君守和來信，為充實《圖書館月刊》《季刊》材料起見，屬為代求。如合眾圖書館所藏善本有昔人題記可供觀覽者，懇祈錄示。謹代陳，並請於晤葉揆翁時道及」〔註94〕。1940年2月5日，顧廷龍覆函張元濟，附去所錄藏書序跋10則（曾請葉景葵閱定），託其轉交袁同禮，並乞北平圖書館出版物。〔註95〕

　　1940年3月，《圖書季刊》英文本復刊，袁同禮任主編，並撰寫部分稿件。可以看出，抗戰時期，袁同禮更加看重《圖書季刊》這份能溝通中外學術的刊物，親自掛帥任主編，組稿約稿撰稿，不遺餘力。

　　1941年7月15日袁同禮致函胡適，為《圖書季刊》約稿：「近編之《圖書季刊》尚為中外人士所歡迎，惟英文稿件稍感缺乏。尊處關於學術方面

〔註91〕據殷洪介紹：「早在1940年至1944年間，錢鍾書就曾擔任過國立北平圖書館英文館刊《圖書季刊》（Quarterly Bulletin of Chinese Bibliography）的首席編委（其牛津時的學位論文就是在該刊上發表的）」。（殷洪，錢基博、錢鍾書父子的圖書館情緣〔M〕//謝泳主編，錢鍾書和他的時代，上海：上海辭書出版社，2009：205。）

〔註92〕新組織之國立北平圖書館〔J〕，中華圖書館協會會報，1929，5（1、2期合刊）：43～46。

〔註93〕國立北平圖書館最近消息〔J〕，中華圖書館協會會報，1939，14（1）：23。

〔註94〕沈津，顧廷龍年譜〔M〕，上海：上海古籍出版社，2004：92。

〔註95〕沈津，顧廷龍年譜〔M〕，上海：上海古籍出版社，2004：102～103。

之講演稿定必甚多，擬請惠贈一、二篇，以光篇幅，倘承俯允，無任感幸」〔註96〕。

1944 年 6 月 13 日，袁同禮致函傅斯年：「敝館編印英文本圖書季刊，刻由美國翻印，在華京重版，關於學術方面之論文亟願多所介紹。上年成都發掘王建墓，於我國歷史頗多考證，前請馮漢驥先生為敝刊撰一論文，業已脫稿，如荷贊同准予在敝館發表，無任感幸」〔註97〕。

1944 年 9 月 13 日，向達回覆袁同禮，告知能為《圖書季刊》寄上兩篇稿件：「奉七月廿七日手教，敬悉一一。今寄上《記敦煌石室出晉天福十年寫本壽昌縣地境》及《評張大千近著二種》，凡兩篇，又關於敦煌藝術研究所發見北魏寫本殘經消息及目錄，敬求指正。兩文如可用，即付《季刊》，消息則請斟酌為之」〔註98〕。

袁同禮對北平圖書館所辦刊物的重視，體現了他對學術事業的關心。

3、影印《四庫全書》未刊珍本風波

民國時期，多次有影印《四庫全書》之議，但因各種原因，幾度受挫，終未實現。1916 年，上海的一位猶太裔房地產大亨哈同（Silas Aaron Hardoon）擬籌資印刷《四庫全書》，商務印書館的張元濟等先生認為不應由外人印行，商務願承擔此事，但未獲政府支持。1920 年 5 月，法國總理班樂衛來華（1918年他已與參加巴黎和會的葉恭綽談及此事），與當局誠懇接洽影印《四庫全書》事宜。9 月 24 日，政府明令印行。10 月 9 日，派朱啟鈐督辦。然因經費和政局關係終未實現。1923 年，上海商務印書館承印四庫，已有成約，因政治關係而流產。1925 年，章士釗主教育，影印之議再起，商務印書館爭承印。9月 25 日，臨時執政府令教育部轉飭京師圖書館將文津閣《四庫全書》點交運滬，後因江蘇事變而中輟。1926 年 8 月 4 日，國務院又令京師圖書館啟封陳列。1928 年，遼寧當局有影印文溯閣《四庫全書》之意，不料九一八事變起，再度受阻。〔註99〕

〔註96〕中國社會科學院近代史研究所中華民國史組編，胡適來往書信選（中冊）〔M〕，北京：中華書局，1979：528～529。

〔註97〕臺灣中央研究院歷史語言研究所藏本複印件。

〔註98〕向達著；榮新江編，向達先生敦煌遺墨〔M〕，北京：中華書局，2010：431。

〔註99〕王重民，論教育部選印四庫全書〔N〕，（天津）大公報文學副刊（第 293 期），1933-08-14（3 張 11 版）；袁同禮，向達，選印四庫全書平議〔N〕，（天津）大公報文學副刊（第 293 期），1933-08-14（3 張 11 版）。

　　至 1933 年 6 月，南京國民政府行政院決定影印文淵閣本《四庫全書》未刊珍本。教育部委託國立中央圖書館籌備處擬訂了《景印四庫全書未刊本草目》，並令國立中央圖書館籌備處與上海商務印書館訂立合同，進行此事。

　　消息一出，以袁同禮為首的國立北平圖書館首起疑義，爰聯合同仁訂立《景印四庫全書罕傳本擬目》，並分寄國內外學術機關和藏書家，徵求意見。後由「編訂四庫全書未刊珍本目錄委員會」確定的《四庫孤本叢刊擬目》，即是吸收此二目的相關書目，並添加部分孤本而成。據統計，此三目共通者達105 種。〔註 100〕此外，對於目錄之增刪編擬者，還有柳詒徵、王重民、錢基博、國學圖書館、張崟等的目錄。影印一事，引起南北學者及學術機關極大關注，各種聲音常見諸報端。

　　在此事中，袁同禮一直以鮮明的學術立場，或以個人名義，或聯合北平圖書館同仁（如向達、趙萬里、王重民），與各界商討，並為中國珍善本圖書的出版，積極貢獻才識。1933 年 7 月 5 日，袁同禮與蔡元培先生聯名致函教育部部長王世杰，提出四點建議：一、「未刊」二字於名稱未妥；二、用宋元明舊刊或舊鈔本校勘庫本；凡有舊刻或舊鈔足本勝於庫本者，宜用原帙；三、應延聘通人，或組織委員會，對影印之書嚴定去取；四、四庫集部諸書概無目錄，查檢不便，北平圖書館已輯完此項篇目，建議排印於每書卷首。〔註 101〕7 月 13 日，張元濟覆函袁同禮和趙萬里，認為「二公高見與教部原意，分之兩利，合之兩妨」，宜將庫本和善本分別印行。〔註 102〕7 月 19日，教育部長王世杰覆函蔡元培和袁同禮，大意謂：《四庫全書》雖多刊本，而未刊者確有 300 餘種，此次即重在於此，故定名未刊珍本。四庫所收，非盡善本，然版本追究與典籍採訪，頗費時日，且庫本與刊本並印，不符存四庫真相之原意，所以仍主張機械方式——影印。教育部預定組織一委員會，審定目錄。望北平圖書館能承擔籌印四庫底本事宜，如果同意，可擬定計劃，

〔註100〕張崟，最近景印四庫書三種草目比較表〔J〕，浙江省立圖書館館刊，1933，2（5）：1～45；蔡元培等向教部貢獻影印四庫全書意見〔N〕，申報，1933-08-05（4 張 16 頁）。

〔註101〕蔡元培等向教部貢獻影印四庫全書意見〔N〕，申報，1933-08-05（4 張 16 頁）；北平圖書館館長副館長上教育部呈，教育部部長覆蔡袁二君函〔N〕，（天津）大公報文學副刊（第 293 期），1933-08-14（3 張 11 版）。

〔註102〕張元濟對於影印四庫全書意見〔N〕，申報，1933-08-10（4 張 15 頁）。

報部備案。〔註103〕其意與張元濟類同。

　　7月，影印四庫未刊珍本一事，已成為學術界熱議的話題。經過一段時間的討論，國內學者大多贊成北平圖書館的主張，於是聯名上書教育部。〔註104〕

　　為此事，袁同禮還曾親自赴南京，向教育部貢獻意見，但未獲採納。1933年8月3日，袁同禮返回北平。旋接受《申報》記者採訪，詳談影印《四庫全書》未刊本意見，談話內容發表於8月5日《申報》上：「近接王部長覆函，對於吾人之主張，似未能容納，但本人既負典守之責，見聞所及，自當力圖補救。現又派本館編纂趙萬里先生南下接洽作最後之努力，如當局仍主張以機械方式，一一景印，則北平圖書館之參加，尚待考慮云」〔註105〕。言辭間有一種不畏官、不懼難、據理力爭的氣魄。8月10日，《申報》登載張元濟對影印四庫未刊本的意見，仍是折衷北平圖書館和教育部之主張。〔註106〕此後，聞風繼起者迭出，其主張大抵包括正、反及折衷三方面。〔註107〕1933年8月14日，袁同禮覆函張元濟，重申他的主張：

　　　　同禮職司校讎，而於文津文淵兩本，又與子民叔海兩公共負典
　　　　守之責，見聞所及，不得不圖補救。區區苦衷，當為國人所共諒。
　　　　誠以當局如有貽誤，匪特在學術上為致命，傷於國家顏面，尤不能
　　　　不顧到也。……善本難致，似已無庸過慮，同人不敏，深願勉盡棉
　　　　薄，共襄盛舉，以期能底於成，不敢再蹈前人之失。至尊函所述耽
　　　　擱一層，自當力圖避免。但吾人為國家辦文化事業，亟應屏除敷衍
　　　　苟且之陋習，而萬不宜草率將事也。〔註108〕

　　在《選印四庫全書平議》（與向達合撰）一文中，考慮到教育部長王世杰覆函中的「版本追究無窮，採訪尤費時日，善本雖有，乞假非易」的現實困難，袁同禮提出折衷辦法：

　　　　今即假定庫本原書，以機械方式，一一為之景印，其中至少須

〔註103〕蔡元培等向教部貢獻影印四庫全書意見〔N〕，申報，1933-08-05（4張16頁）；北平圖書館館長副館長上教育部呈，教育部部長覆袁蔡二君函〔N〕，（天津）大公報文學副刊（第293期），1933-08-14（3張11版）。
〔註104〕董康等對籌印四庫全書意見〔N〕，申報，1933-08-13（5張18頁）。
〔註105〕蔡元培等向教部貢獻影印四庫全書意見〔N〕，申報，1933-08-05（4張16頁）。
〔註106〕張元濟對於影印四庫全書意見〔N〕，申報，1933-08-10（4張15頁）。
〔註107〕該刊編者，最近關於影印四庫全書之文獻〔J〕，浙江省立圖書館館刊，1933，2（5）：131～148。
〔註108〕影印四庫全書往來箋〔J〕，青鶴，1933，1（20）：1～4。

附加兩步工作：（一）現無傳本，如從永樂大典輯出之書，應取文津文淵兩本辜校，必要時取文瀾原本作參考，如有異同，條記於後，為校勘記。（二）現有舊本流傳，則以原本校庫本，亦附校勘記於書後，其有庫本卷數不足，舊本可補者取足本景印，附於庫本之後，庶幾讀者可得完善，而庫本謬妄，不致貽誤後人。〔註109〕

王重民在《論教育部選印四庫全書》一文中，也力挺袁同禮的觀點，曰：

吾師袁守和先生，身典秘書，職司校讎，於教育部與商務印書館訂立合同以後，站在純學術的立點，陳述意見，復撰《四庫全書罕傳本擬目》，分寄國內外學者藏書家，深冀秘笈孤本，畢登於一目，用副教部之採求，以補四庫之殘缺。重民親炙教誨，謹將所聞，參以愚見，撮為四點，願國內外學者共鑒之。〔註110〕

王重民的四個核心觀點為：「文淵文津二本當互校擇善而從也」；「四庫殘本宜換足本，輯本有原本者宜用原本也」；「底本宜據以影印，善本宜據以作校勘記也」；「序跋宜附，目錄宜補也」〔註111〕。

　　1933年8月11日，教育部明令公布《編訂四庫全書未刊珍本目錄委員會組織章程》，以希通過該委員會，對南京國立中央圖書館籌備處編輯的《四庫全書未刊本草目》加以修訂。8月14日發出聘書。委員共17人，包括陳垣、傅增湘、李盛鐸、袁同禮、徐森玉、趙萬里、張允亮、張元濟、董康、劉承幹、徐乃昌、傅斯年、顧頡剛、柳詒徵、張宗祥、葉恭綽、馬衡。〔註112〕最後，經認真考核，「編訂四庫全書未刊珍本目錄委員會」全體同意三項辦法，即「庫本及善本宜並重」、「校記及目錄宜補印並行」、「叢刊各書宜抽印單行」，並已致函教育部，得其採納照辦。〔註113〕這三項辦法顯然採納了袁同禮等人提出的主要意見，有利於提升《四庫全書》未刊珍本的出版質量。

　　在討論影印《四庫全書》未刊珍本問題上，除《申報》《大公報》《中央日

〔註109〕袁同禮，向達，選印四庫全書平議〔N〕，（天津）大公報文學副刊（第293期），1933-08-14（3張11版）。

〔註110〕王重民，論教育部選印四庫全書〔N〕，（天津）大公報文學副刊（第293期），1933-08-14（3張11版）。

〔註111〕王重民，論教育部選印四庫全書〔N〕，（天津）大公報文學副刊（第293期），1933-08-14（3張11版）。

〔註112〕影印四庫全書，現正編訂珍本目錄〔N〕，中央日報，1933-08-12（2張2版）；影印四庫全書目錄已定〔N〕，中華圖書館協會會報，1933，9（2）：28～32。

〔註113〕影印四庫全書目錄已定〔N〕，中華圖書館協會會報，1933，9（2）：28～32。

報》等報紙及時刊載相關信息外，還有不少報刊出版了專號，如《國風半月刊》（3卷6號）及《北平晨報》副刊之《北晨學園》（8月14日，15日，16日，19日，21日，22日，28日；9月1日，4日，5日），北平圖書館亦出一大規模之專號，載於《國立北平圖書館館刊》1933年9、10月7卷5號上。

在整個討論過程中，袁同禮以職責所在，獻策於學術文化事業，此爭乃為學術計，但不免得罪中央圖書館（草目是蔣復璁所擬）和政界相關人士。這恐是袁同禮與蔣復璁矛盾公開化之始〔註114〕。諍言者無心，當局者有意。以後北平圖書館向教育部爭取經費較難較取經費甚館景印四庫全書未刊本目錄委員，此事不無影響。

他的執意堅持，引出了部分人的尖銳意見。如時任立法院委員的田炯錦，在《時代公論》75號（1933年9月1日）上撰文《名流與景印四庫珍本》，即對袁同禮及北平圖書館同仁的一再提議，表示譏諷，以為是文人相輕，故

〔註114〕據王餘光教授講，1933年初國立中央圖書館籌備之始，袁同禮即有「阻撓」之舉，可能是怕在南京所設之國立中央圖書館危及到北平圖書館的地位。筆者目前還未查到確鑿史料，所以對袁同禮先生在此事中的功過是非尚不能置評。無庸諱言，袁同禮、蔣復璁二位傑出的館長，在許多方面（如影印四庫全書未刊珍本、搶購上海珍貴圖書、爭奪經費、開辦圖書館學專科等）是有競爭的（或可稱為「內鬥」）。由於蔣復璁與國民政府高層的關係更近，所以國立中央圖書館在爭取各種資源方面常常占上風。如抗戰期間，國立中央圖書館得到國民政府大量經費支持，而北平圖書館卻很難分到一杯羹。1946年3月1日，王重民致函胡適，談到袁、蔣二人在舉辦圖書館學教育方面再起紛爭：「袁先生去年十月及今年一月兩次來信，別紙鈔呈。依重民推測，孟真先生不贊成太職業化，固然很中肯綮，恐裏面還有一點別的小文章，大概是顧慮到蔣復璁和袁先生個人的問題。文華經蔣之聯絡與鼓動，已樹叛袁附蔣旗幟，在這個當兒北大來辦圖書系，未免是助袁壓蔣，或孟真先生有見及此，有意躲避蔣慰堂將來鬧麻煩。

再說袁先生第二計劃是合組一研究部，後來他又致韓壽萱兄一信，說這研究部擬設在園城。但經費從何而來，研究部尚未確定，焉能先請美籍教授？況說這個機關如果建立起來，顯係和文華南北相對。所以重民愚見，第一計劃最好，若依先生理想，我們是真要造就高深人才，並非文華所能企望，談不到對立。再有美國幫一點忙，那更好了。第二個計劃不應實現，而且也沒有經費來實現；就是實現了，一定引起圖書館界的紛爭，所得不償所失。重民俟袁先生到後，一定要勸他。同時希望先生把第一個計劃實現出來，袁先生也就自然不去努力第二個計劃了」（中國社會科學院近代史研究所中華民國史組編， 胡適來往書信選（下）〔M〕，北京：中華書局，1979：94～95。）自國立中央圖書館開始籌備以來，袁、蔣二人進行了長達十餘年的「內鬥」，這種紛爭，有時還會捲入更多學人參與，甚至形成「南北對立」的局面。所以此事無論在史料上還是理性解讀上，都需要深度挖掘。由於時間倉促，留待日後進行。

意阻撓，只求理想不顧實際，文化機關畫地為牢。〔註115〕

　　袁同禮的行為，不僅在當時遭到非議，而且事後在蔣复璁看來仍不能釋懷。蔣在口述回憶錄中講到：

　　　　向各國交換圖書要有交換的憑藉，我向朱家驊先生建議影印四庫全書用以交換，得到支持。此書曾籌印四次未成，一方面有人要敲商務印書館的竹槓，還有一些人則是想出風頭，使此事多所阻礙。當時有位趙萬里先生（1905～1980），是王國維（1887～1927）的學生，王國維是我的同鄉，他死後，我介紹趙先生到北平工作，趙先生和我很要好。我把印四庫全書的事告訴了他，他說你不要把這件事告訴袁先生，袁先生做事很快，你告訴他此事，你還沒回南京他事情就辦好了，我聽了他的話沒有把這件事告訴袁（沒想到後來趙先生卻幫袁同禮來反對我）。自北平考察回來之後，我將情形報告朱先生，朱先生立刻報請行政院通過影印四庫全書。

　　　　後來我到上海找商務印書館，交涉好了，再將消息登於報上。袁同禮看到後十分不高興，因為他也要出這個風頭，覺得讓我辦成此事很沒面子，乃在北平找了許多人來反對此事，使我騎虎難下，而南方中央大學的一批人就幫助我，結果南北雙方打起筆墨官司。這時政府發表王世杰（1891～1981）為教育部長，王先生很支持我，他告訴我「不要說話，所有的話由教育部來講，而實際上由你來作文章」。後來教育部回答他們的信都是我寫的，這些信現在還保存在中央圖書館。袁之所以失敗實由於他反對教育部。此外還有兩個人暗中幫助我，一個是教育部次長段錫朋（1897～1948），另一個是傅孟真。傅孟真與袁同禮在北大同班，兩人交情頗好，但是這件事他站在我這一邊。

　　　　……

　　　　四庫全書最後受到世界各國注意。袁同禮等人反對我，沒想到卻幫了我的忙，增加了我的知名度。〔註116〕

〔註115〕該刊編者，最近關於影印四庫全書之文獻〔J〕，浙江省立圖書館館刊，1933，2（5）：131～148。
〔註116〕蔣復璁等口述，蔣復璁口述回憶錄〔M〕，黃克武編撰，臺北：中央研究院近代史研究所，2000（民國八十九年）：52～55。（中央研究院近代史研究所史料叢

顯然，蔣復璁一直認為袁同禮當時的言行，是想「出風頭」。客觀來講，袁同禮當時更多是從學術角度提出改進建議，蔣之評價，恐失之偏頗。

有關影印《四庫全書》未刊珍本的風波，在長達 3 個多月的爭論後，終於平息下來。袁同禮等人的建議、努力，「雖未能改變《四庫全書珍本初集》的出版進程，但卻激發了學術界、出版界影印北圖等公藏機構所藏善本書的計劃」〔註 117〕。之後，《國立北平圖書館善本叢書》（第一集）的出版，及關於編印《國藏善本叢刊》的討論、協商〔註 118〕，都是這一事件的延續。而在這一過程中，袁同禮等學者對中國學術文化的關切，甚至直言相諫，以及體現出的質疑批判精神，不應湮沒在歷史煙塵中。

二、中華圖書館協會的文獻編纂

（一）圖書

在袁同禮等人士的領導下，中華圖書館協會出版了一系列與圖書館事業發展相關的書籍（見表 3-6）。這些書籍在介紹經驗、方法、數據、研究成果方面，有較大作用。

表 3-6　中華圖書館協會出版書籍一覽表（部分）

作　者	書　名	出版時間
王重民	老子考	1927 年
萬國鼎	各家檢字新法述評	1929 年
中華圖書館協會	全國圖書館調查表	1929 年
金敏甫	圖書館術語集	1930 年
李鍾履	圖書館參考論	1933 年
傅振倫	編輯中國史籍書目之商榷	1933 年
吳春晗	江蘇藏書家小史	1934 年

刊 42 輯）另，在蔣復璁赴臺後，二人有一些書信往來，且關係似乎不錯。在袁同禮的目錄研究工作中，蔣復璁提供了不少幫助。如 1956 年 12 月 6 日，袁同禮致函蔣復璁，曰：「前承惠寄留德同學名單及貴館刊物，至為感謝」。（臺灣中央圖書館檔藏複印件）蔣復璁甚至還曾函請袁同禮到臺灣中央圖書館任職。

〔註 117〕林世田，劉波編印《國藏善本叢刊》史事鉤沉〔C〕//國家圖書館編，袁同禮紀念文集，2012：169～189。

〔註 118〕袁同禮積極參與《國藏善本叢刊》的籌劃，提出建議，奔走相商，大力配合。相關史實參見林世田、劉波《編印〈國藏善本叢刊〉史事鉤沉》一文。茲不贅。

袁湧進	現代中國作家筆名錄	1936 年
李文裿	兒童圖書館經營與實際	1936 年
張英敏	四部分類號碼表	1936 年
（英）羅伯錫著，章新民譯	圖書館博物館美術館間的關係	1936 年
李鍾履	圖書館學季刊總索引	1937 年
王柏年	兩年來之師大一小兒童圖書館	1937 年
（美）錫爾曼著，陳宗登譯	公共圖書館預算	1937 年
中華圖書館協會	Libraries in China	

　　例如，李鍾履的《圖書館學季刊總索引》，對該刊前十卷的內容進行索引，採用款目號碼序次法，有利於編製多用途索引，這種方法在解放後曾被一些大型書目採用。在內容上，包括分類索引、人名索引、題目索引三部分（後附譯名對照表），極便查檢。其中，人名索引頗有特色，在人名下，首先按性質（如譯、撰、撰、編等）分列該著者的文章，每篇文章對應一個或多個款目號碼，可按號碼到分類索引中查看詳細出處。之後是「著者略歷」，它將該刊「著者略歷」欄目中出現的該著者，依卷、期、頁、出版年月順次列舉，極便查找著者事蹟。其精細化操作，於今仍有啟發。

　　此外，為促進部分圖書的出版與流通，中華圖書館協會常常率先預定多部，以為會員採購之用。例如曾在《中華圖書館協會會報》上發布啟事，願意預定馮貞群先生新編天一閣藏書目錄 200 部〔註 119〕。這些體現了中華圖書館協會對文化事業的一份責任。

（二）期刊

　　中華圖書館協會創辦了兩份知名的刊物，一是《圖書館學季刊》，一是《中華圖書館協會會報》。

　　《圖書館學季刊》於 1926 年 3 月創刊，主要研究「中國圖書館學」。該刊刊載了大量高水平的學術論文，也錄用了許多介紹國外先進經驗的文章，內容涉及圖書館學、目錄學、文獻學等多個方面，兼顧古今與中西。這體現了梁啟超先生在《〈圖書館學季刊〉發刊辭》中的倡導：「圖書館學之原理原則，雖各國所從同，然中國以文字自有特色故，以學術發展之方向有特殊情形故，書籍之種類及編庋方法，皆不能悉與他國從同。如何而能應用公共之原則，斟酌損

〔註 119〕本會啟事〔J〕，中華圖書館協會會報，1940，14（5）：2。

益，求美求便，成一『中國圖書館學』之系統，使全體圖書館學之價值緣而增重？此國人所宜努力者又一也〔註120〕。《圖書館學季刊》投稿作者除了圖書館學人士外，還有文史學界的大家，如梁啟超、陳垣、陳寅恪、胡適等。從需求來看，圖書館學領域以外的許多人士也時常函索該刊。可見以學術水準和影響力而論，《圖書館學季刊》可為「民國圖書館學第一刊」。

《圖書館學季刊》自劉國鈞任主編以來，學術聲譽日隆。在該刊投稿的作者中，以北平圖書館人員的發文數最多〔註121〕，而北平圖書館人員發文數中，又以袁同禮的文章數量為最多，這體現了袁同禮對《圖書館學季刊》的重視和支持。（見表3-7）

表3-7　袁同禮在《圖書館學季刊》上發表的文章

作　者	篇　名	刊　名	出版時間	卷期頁
袁同禮	清代私家藏書概略	圖書館學季刊	1926.03.	1卷1期31～38頁
袁同禮	楊惺吾先生（一八三九～一九一五）小傳	圖書館學季刊	1926.12.	1卷4期637～642頁
袁同禮	明代私家藏書概略	圖書館學季刊	1927.12.	2卷1期1～8頁
袁同禮	宋代私家藏書概略	圖書館學季刊	1928.03.	2卷2期179～187頁
袁同禮	皇史宬記	圖書館學季刊	1928.09.	2卷3期443～444頁
袁同禮	北平故宮博物院圖書館概況	圖書館學季刊	1930.06.	4卷2期311～313頁
袁同禮	國立北平圖書館概況	圖書館學季刊	1931.06.	5卷2期300～315頁
袁同禮	宛委別藏現存書目及其板本	圖書館學季刊	1932.03.	6卷2期256～277頁
袁同禮	關於圖書集成之文獻	圖書館學季刊	1932.09.	6卷3期403～406頁
袁同禮	觀海堂書目序	圖書館學季刊	1933.03.	7卷1期111～112頁
袁同禮（譚其驤代作）	北平圖書館方志目錄序	圖書館學季刊	1933.06.	7卷2期339～340頁
袁同禮	國立北平圖書館善本書目乙編序	圖書館學季刊	1935.12.	9卷3、4期合刊479～480頁

〔註120〕梁啟超,（圖書館學季刊）發刊辭〔J〕,圖書館學季刊,1926,1（1）:1～2。（是文收入《飲冰室合集》（第五冊 飲冰室文集之四十三）,北京:中華書局,1989:8～9。）

〔註121〕劉宇,《圖書館學季刊》的實用主義學術取向——基於作者群的計量研究〔J〕,圖書館工作與研究,2008（5）:3～8。

　　從上表可知，袁同禮研究中國古代私家藏書的著名「三部曲」《清代私家藏書概略》、《明代私家藏書概略》、《宋代私家藏書概略》登載於該刊，這是他早年在學術上繼《永樂大典考》發表之後，又一系列優秀的論文。可惜因為行政事務繁忙，這種良好的學術研究態勢，在他後來的學術生涯中很難保持。直到去美國後，才能真正安心開展目錄學的研究。

　　袁同禮除在該刊發表論文外，還時常為其約稿。例如，馬衡在《中國書籍制度變遷之研究》文前附識中就寫道：「這篇是北京大學史學會的演講稿，袁守和先生因其有關書籍的制度，要我在《圖書館學季刊》上發表。我覺得太膚淺了，還希望袁先生不要以此濫充篇幅才好」〔註122〕。約在1928年5月，袁同禮又為《圖書館學季刊》向馬廉索稿。馬氏在《大連滿鐵圖書館所藏中國小說戲曲目錄》一文前的附識言：「近日守和先生為圖書館學季刊索稿，乃檢出舊錄稿紙，略為按類排比，錄之以公同好。十七年六月一日記」〔註123〕。

　　1935年，考慮到《圖書館學季刊》稿件缺乏，中華圖書館協會執行委員會議決，仍推劉國鈞為編輯主任，由其約定編輯委員8人，由執委會聘請之。後聘定袁同禮、李小緣、蔣復璁、柳詒徵、陳訓慈、嚴文郁、吳光清、譚卓垣為編輯委員，每一委員負一年提交兩篇長文之責。〔註124〕可見，當年編輯出版《圖書館學季刊》仍屬不易。而袁同禮不時為該刊撰稿或約稿，就更見他對圖書館學術事業的熱心。

　　《中華圖書館協會會報》為雙月刊，1925年6月創刊，1948年5月出版至第21卷3、4期合刊後停止，其間只有一年停刊（1937年7月至1938年6月），它是民國時期出版時間最長的圖書館學刊物。該刊以交流圖書館信息、探討圖書館業務為主，是圖書館界的信息交流平臺。

　　在《中華圖書館協會會報》創辦之初，袁同禮負編輯之責。嚴文郁回憶當時的情形說：「守和先生毫無嗜好，不知何為消遣，又不喜聊天，每晚吃過晚飯，各人回房，讀書寫信，或是編譯中華圖書館協會會報的文稿」〔註125〕。

〔註122〕馬衡，中國書籍制度變遷之研究〔J〕，圖書館學季刊，1926，1（2）：199～213。

〔註123〕馬廉，大連滿鐵圖書館所藏中國小說戲曲目錄〔J〕，圖書館學季刊，1928，2（4）：641～648。

〔註124〕中華圖書館協會第十年度會務報告（二十三年七月至二十四年六月）〔J〕，中華圖書館協會會報，1935，10（6）：3～7。

〔註125〕嚴文郁，提攜後進的袁守和先生〔J〕，（臺北）傳記文學，1966（民國五十五年），8（2）：38～39。（是文收入《思憶錄：袁守和先生紀念冊》74～79頁）

1929 年，袁同禮開始任該刊編輯部主任，1935 年，任該刊編輯部主席，對《中華圖書館協會會報》的編纂有領導之功。袁同禮也時常在該刊上發表文章，以充實內容。（見表 3-8）

表 3-8　袁同禮在《中華圖書館協會會報》上發表的文章

作　者	篇　名	刊　名	出版時間	卷期頁
袁同禮	永樂大典現存卷目	中華圖書館協會會報	1925.12.20	1 卷 4 期 4～10 頁
袁同禮，劉國鈞，合編	永樂大典現存卷數續目	中華圖書館協會會報	1927.02.28	2 卷 4 期 9～13 頁
袁同禮	永樂大典現存卷數續目	中華圖書館協會會報	1927.08.31	3 卷 1 期 9～11 頁
袁同禮	中國加入國際交換出版品協約之經過	中華圖書館協會會報	1927.12.31	3 卷 3 期 3～20 頁
袁同禮	中國音樂書舉要	中華圖書館協會會報	1928.02.29	3 卷 4 期 6～17 頁
和（袁同禮）	（評）中國圖書館計劃書	中華圖書館協會會報	1928.04.30	3 卷 5 期 23 頁
和（袁同禮）	（評）四庫全書總目韻編	中華圖書館協會會報	1928.04.30	3 卷 5 期 23～24 頁
和（袁同禮）	荷蘭圖書館參觀記	中華圖書館協會會報	1928.08.31	4 卷 1 期 3～6 頁
和（袁同禮）	民國十九年來出版之地志書簡目	中華圖書館協會會報	1930.10.31	6 卷 2 期 7～13 頁
袁同禮	現代德國印刷展覽目錄序	中華圖書館協會會報	1933.12.31	11 卷 3 期 1 頁
袁同禮	現代英國印刷展覽目錄序	中華圖書館協會會報	1935.12.31	11 卷 3 期 1～2 頁

抗戰時期，為保證《中華圖書館協會會報》按期出版，袁同禮從北平圖書館經費中撥付一定數額，予以贊助。現在，人們能看到中國圖書館界在抗戰時期和解放戰爭時期的豐富內容，不能忘卻袁同禮等先輩在極端困難條件下堅持辦刊的功績。

通過《中華圖書館協會會報》這個平臺，北平圖書館等優秀館的一些良好做法得到宣傳，國外圖書館發展的先進經驗得以介紹，機構會員的發展概況與個人會員的行蹤得到記錄，各館發展的困難得以探討，協會的引導功能得以實現（如在探討分類編目、促進館際互借等方面）。《中華圖書館協會會報》發揮了良好的宣傳、介紹、聯絡功能，是協會的「擴聲器」、「聯絡機」和「記錄儀」。

今天，將《中華圖書館協會會報》各期內容串聯起來閱讀，可以發現，它提供了民國圖書館界發展、輝煌、受挫、復興的軌跡，是一張較好的「歷史透視圖」。同時，它所揭櫫的領導者如袁同禮對協會的始終關切和艱難維繫、對《會報》的高度關注、與國際圖書館界的積極互動，以及各位同仁之艱苦奮鬥，讓人頓生「創業艱難百戰多」之感慨。其中各種史料的彙編、大量調查的刊布，為今天研究圖書館史提供了寶貴數據。此外，這些史料所展現出來的民國圖書館人的精神、氣質、熱情，是那麼生動、感人，它讓我們在傳承圖書館精神時，有所歸依。

第三節　採訪觀與編纂理念

一、文獻採訪觀

（一）新材料與學術升降

民國時期，西方對中國的影響，已經從器物層面、制度層面擴展到心理、文化層面，新的研究方法、研究領域不斷湧現，新的思想相互激蕩，這些都猛烈刺激著中國精英人士的神經。在學術研究領域，中西匯流是大勢所趨。西方先進的研究理念、研究方法以及新的研究領域不斷滲透進中國的學術土壤，極大改變了人們對中國傳統學術的認識，也革新了學者們的材料觀和方法論。在這種背景下，圖書館所藏四書五經等文獻已經遠遠不能滿足學術日新月異發展的需要。因此，對新材料與學術發展、圖書館建設關係的探討，在學人中展開。

顧頡剛認為：

新的學問，靠新的材料。一科學之成立，靠一科學事件之搜集。我們要以新觀點所支配之材料搜集，成就研究本國各問題之科學

化，既以助成新時代之基礎建設，並使我們的圖書館成為一個有生命的圖書館。〔註126〕

陳寅恪在《吾國學術之現狀及清華之職責》一文中講到：

> 最後則圖書館事業，雖歷年會議，建議之案至多，而所收之書仍少，今日國中幾無論為何種專門研究，皆苦圖書館所藏之材料不足；蓋今世治學以世界為範圍，重在知彼，絕非閉戶造車之比。況中西目錄版本之學問，既不易講求，購置搜羅之經費精神復多所制限。近年以來，奇書珍本雖多發見，其入於外國人手者固非國人之得所窺，其幸而見收於本國私家者，類皆視為奇貨，秘不示人，或且待善價而沽之異國，彼輩既不能利用，或無暇利用，不唯孤負此種新材料，直為中國學術獨立之罪人而已。〔註127〕

陳寅恪先生指出了今世學問的變化，以及在這種新變化下，中國圖書館顯現出「材料不足」的弊病。文獻訪集不僅受經費限制，而且與訪集人員的文獻精神有緊密關係。對將「奇書珍本」「秘不示人，或且待善價而沽之異國」者，他甚至視為「中國學術獨立之罪人」。陳寅恪先生洞察到材料不足對中國學術獨立的制約。

對於新材料關係學術升降這一問題，袁同禮與他同時代的學人可謂「英雄所見略同」。1931年他談到：

> 吾人於固有舊籍自當力為搜進，毋使遠渡異國，有求野之歎；外國新書，亦應廣事探求，庶幾學術可與國家新運而俱進。〔註128〕

1932年他寫到：

> 史料者，史籍之母。有完備史料，然後有可傳之信史。晚近以來，國人治近代外交史者實繁有徒，究其取材，每有鈔襲舊著，或節譯外籍，人云亦云，以訛傳訛，其能利用中西之直接史料者蓋鮮，則其書之聲價，從可知矣。〔註129〕

1933年談到：

〔註126〕顧頡剛，購求中國圖書計劃書〔J〕，文獻，1981（8）：18～25。

〔註127〕陳寅恪，金明館叢稿二編〔M〕，北京：三聯書店，2001：362～363。

〔註128〕袁同禮，國立北平圖書館之使命〔J〕，中華圖書館協會會報，1931，6（6）：3～4。

〔註129〕袁同禮，清季外交史料序〔M〕//袁同禮文集，北京：國家圖書館出版社，2010：247。

近今學風丕變，文史道分，凡著述之可資探討者，不以其辭之不雅訓而輕之。於是學者漸以讀方志相倡，中外各圖書館，翕然景從，並皆廣務搜集，編次專目。〔註130〕

1935 年，他再次講到：

夫一代學術之興，往往有待於新材料之發現。地下石器物固無論矣，即圖書之流傳，亦顯晦有時，其間或存或亡，實與學術升降有關。〔註131〕

我國當今國難方殷，一切建設亦正萌芽，諸多問題正待我人之尋找提示材料以引起學者研究之興趣。〔註132〕

1938 年寫到：

挽近學術競爭，首重資料，如何能使吾先民精神所寄託之精萃文物，永存國內，供人研究，則全國人士共同之責任也。〔註133〕

可見，袁同禮對新材料對學術升降、學術競爭、學術獨立的重要作用，有深刻把握，充分認識到材料寡少對學術研究的極大制約，體現了他作為國家圖書館館長的學術眼光和歷史眼光。

圖書館是學術研究的重要「原料提供商」，理應重視文獻訪集與學術生產的供求關係。如果圖書館的藏書匱乏或殘缺不全，則意味著學術研究的原料少，產出自然受限。此外，在學術研究中，如果缺少關鍵性材料，可能導致很多問題不能得到清晰、有力的解釋。

在民國時期中西學術匯流的情況下，中國圖書館供給文獻的能力與人們對文獻的需求還有很大差距。袁同禮適應形勢變化，在領導北海圖書館期間，著重西文書刊的收藏，以與京師圖書館成互補之勢。待兩館合併，則「中西文並舉」，廣泛搜羅文獻，盡力支持當時的學術研究。例如，二十世紀三十年代，他敏銳地意識到流散於海外的敦煌文獻對於中國學術研究的重要意

〔註130〕袁同禮，北平圖書館方志目錄序〔J〕，圖書館學季刊，1933，7（2）：339～340。

〔註131〕《北京圖書館同人文選》編委會編，北京圖書館同人文選〔G〕，北京：書目文獻出版社，1987：41～42。

〔註132〕袁守和講，胡延鈞，鄔學通筆記，歐美圖書館之新趨勢〔J〕，文華圖書館學專科學校季刊，1935，7（1）：1～4。

〔註133〕袁同禮，我國藝術品流落歐美之情況〔M〕//袁同禮文集，北京：國家圖書館出版社，2010：281～284。

義，於是派王重民、向達赴歐洲搜集、研究敦煌資料。陳寅恪先生在《陳垣敦煌劫餘錄序》一文中曰：「一時代之學術，必有其新材料與新問題。取用此材料，以研求問題，則為此時代學術之新潮流。治學之士，得預於此潮流者，謂之預流（借用佛教初果之名）。其未得預者，謂之未入流。此古今學術史之通義，非彼閉戶造車之徒，所能同喻者也。敦煌學者，今日世界學術之新潮流也」〔註134〕。袁同禮注重訪集敦煌文獻，其實就是為敦煌學者更好地實現「預流」奠定文獻基礎。這項工作之重要，陳寅恪先生繼續談到：「吾國敦煌學著作，較之他國轉獨少者，固因國人治學，罕具通識，然亦未始非以敦煌所出經典，涵括至廣，散佚至眾，迄無詳備之目錄，不易檢校其內容，學者縱欲有所致力，而憑藉未由也」〔註135〕。敦煌文獻不足，嚴重制約相關學術研究，畢竟「巧婦難為無米之炊」。而袁同禮應中國學術研究之需，及時派館員到海外搜訪、拍攝敦煌文獻，是極富遠見的。正是他的這一舉措，不僅培養了王重民、向達兩位傑出的敦煌學大家，而且促進了中國敦煌學的繼續發展。可見，袁同禮銳意採訪新文獻，與他對「新材料關係學術升降」的深刻認識分不開。

（二）採訪原則與方法之見解

採訪工作在北平圖書館的業務中佔據重要地位。「購書委員會」的「高位」設置，在一定程度上保證了文獻採訪的質量。1935 年，袁同禮又將北平圖書館的期刊部改名為期刊組，併入採訪部之下，進一步加強了文獻採訪的力量。

在採訪原則方面，袁同禮尤其強調文獻採訪的互補性、完備性、連續性、及時性、系統性等原則。1928 年，他在《本館略史》一文中談到：

> 中文圖書亟謀補充京師圖書館所未備。西文書則以略具各科學之主要著作及普通參考書為方針。兩年來購書，未渝此旨。籌備之始，即編造京師圖書館普通書目片一份，凡購一書必先檢核此目，必其所無，而後採購。又復通函各地學者，徵求購書意見。制定格式，請予介紹。
>
> ……
>
> 本館對於歐美專門雜誌，力求完備，而能自第一卷第一號起，

〔註134〕陳寅恪，金明館叢稿二編〔M〕，北京：三聯書店，2001：266。
〔註135〕陳寅恪，金明館叢稿二編〔M〕，北京：三聯書店，2001：266。

全份出讓者，尤予以充分之注意。〔註136〕

由此可見，袁同禮在採訪時，注重館際間的互補，以減少重複和資源浪費。而對於西文雜誌，則注重「完備性、連續性」。1931年，他在《國立北平圖書館概況》一文中再次強調了這一觀點：

> 自十五年北京圖書館成立以來，對於北平各圖書館現藏之書首為系統之調查，而採訪方面又與各館通力合作，藉以分途發展而避免重複之工作，如醫藥書既備於協和醫學校，地質地文書既備於地質調查所，政治經濟書既備於政治學會者，不獨本館不復收藏，同時尤希望各該館對於各該特殊科學之資料儘量補充，庶成一完備之專藏。又鑒於北平各圖書館藏書最感缺乏者為自然科學，而整部之專門雜誌尤屬鳳毛麟角，故年來對此類之搜集尤費辛勤。〔註137〕

袁同禮在1935年北洋工學院的講演中，稱讚國外書籍收藏注重合作，這也從側面印證了他重視文獻採訪的「互補性」原則：

> 歐美每一圖書館，收藏書本達一百萬以下三十萬以上者為極普通之設備，而同時復能互相連絡，互相合作，倘此工礦冶即彼改藏土木，務使各不相同，以盡同工之妙，遇有機緣，更能互相分送互相調劑，結果所費之金錢無多，而所收之效果極大。〔註138〕

1943年，他再談文獻採購事宜：

> 本館自二十七年迄今，繼續採購有關此次中日戰事之圖籍已逾二萬種。其中得自淪陷區者亦復不少。此項史料若不及時訪求，此後更少獲得之機會。近年更擴大範圍，在淪陷區內亦作一系統之搜集。除敵偽之日報、期刊、宣言、標語、傳單、照片及一切記錄外，凡關於戰時及戰後之政治、經濟、社會書籍，亦在搜羅之列，俾供研究近代史學者之參考。〔註139〕

這體現了他重視文獻採訪的「及時性」「系統性」。後來，北平圖書館在搜集抗戰史料方面成績顯著，與他秉持的科學採訪原則密不可分。

〔註136〕袁同禮，本館略史〔J〕，北京圖書館月刊，1928，1（1）：1～6。
〔註137〕袁同禮，國立北平圖書館概況〔J〕，圖書館學季刊，1931，5（2）：300～315。
〔註138〕袁同禮講演，十年來國際圖書館博物院發展概況〔J〕，天津市市立通俗圖書館月刊，1935（7～9期合刊）：20～24。
〔註139〕袁同禮，國立北平圖書館工作概況〔J〕，社會教育季刊，1943，1（4）：10～12。

而對於西文雜誌，即便在抗戰時期交通阻隔的情況下，袁同禮仍堅持預訂：

> 英美關於科學發明及發現之重要論文多在期刊發表，故期刊之
> 購置為本館採訪上重要事業之一。自太平洋戰事發生後，此項期刊
> 無法郵寄，但均繼續預訂，委託各該國圖書館代為收存。一俟交通
> 恢復，即行啟運來華。〔註140〕

這體現了他一貫堅持學術期刊採訪的「連續性」原則。

在採訪方法上，袁同禮認為宜打「組合拳」，綜合運用購買、徵集、捐贈、
寄存、交換、外出查訪等多種方式，「寬範圍、多渠道」地採訪文獻，不能侷
限於購買一途。其中有兩點尤為所重：

1、「雜貨店的」採訪法

「雜貨店的收書法」最早由胡適先生提出來。他曾談到三種收集中國書
的方法，即「古董家的收集法」、「理學家的收集法」、「雜貨店的收書法」。胡
先生最認可最後一種方法，認為此法有幾大好處：「（一）把收書的範圍擴大
所謂無所不收」；「（二）可免得自己來去取」；「（三）保存無數的史料」；「（四）
所費少而所收多」；「（五）偶然發現極好的材料」；並認為這種方法的原則是
「用歷史家的眼光來收書」。〔註141〕而稍早之前，顧頡剛在《購求中國圖書計
劃書》一文中已有類似的觀念：

> 我們只要能夠用了材料的觀念去看圖書，能夠用了搜集材料的
> 觀念去看圖書館的事業，我們現在真不知道有多少新的工作可
> 做。……現在我們的目的是在增進知識了，我們要把記載自然界和
> 社會的材料一齊收來；無論什麼東西，只要我們認為是一種材料就
> 可以收下，不但要好的，並且要壞的。……所以然之故，只為不把
> 這些材料作為崇拜的偶像，也不把這些材料作為撫弄的玩物，而只
> 要把它作為知識的對象，使得普通人可以得到常識，專門家也可以
> 致力研究。這一個態度的改變，是從慽慽無生氣的，和民眾不發生
> 關係的圖書館改作活潑潑的，供給許多材料來解決現代發生的各種
> 問題的圖書館的大關鍵。〔註142〕

〔註140〕袁同禮，國立北平圖書館工作概況〔J〕，社會教育季刊，1943，1（4）：10
～12。
〔註141〕胡適講，中國書的收集法〔J〕，中華圖書館協會會報，1934，9（5）：1～8。
〔註142〕顧頡剛，購求中國圖書計劃書〔J〕，文獻，1981（8）：18～25。

顧頡剛身體力行，用這種方法為廣州中山大學搜集圖書。他的這種做法和觀念，得到胡適欣賞。

顧頡剛、胡適的觀點對袁同禮也產生了影響。袁同禮遊學歐美以及執掌北平圖書館後到海外考察，所見所聞，與顧、胡提倡的方法一致，這更堅定了他以歷史家的眼光廣泛採訪文獻。例如，袁同禮在談到歐美收藏圖書之範圍時說：

> 其藏書範圍又非狹義的，僅限於專門書籍，即次之如一般發行之小冊，無論其為公司之宣傳，或商店營業之報告，舉凡稍有關係之書籍，均在收藏之列，即以其種類之曲別，用科學方法特別陳列，遇有機會，此種種之小冊，均有極大之功用，譬如有人在津欲辦一皮革公司，此圖書館中即能舉皮革一門之種種報告及小冊供為參考，故目今歐美圖書之收藏範圍，實已越出普通界限之外。〔註143〕

> 美國圖書館近來更注重裁剪報紙雜件及零碎材料等之收藏，殘篇斷簡，昔日之棄若敝屣者，今一變而成為重要之參考資料，誠可謂物美價廉，廢物利用之舉也。

> ……

> 再者我國圖書館經費無不感受短絀，故尤應仿做美國剪片及零碎材料之搜集，所費不多，功用甚大。〔註144〕

這些反映了他推崇胡適所說「雜貨店的」採訪方法，並深知其中奧妙。

在文獻採訪實踐中，袁同禮不僅領導北平圖書館採訪人員運用這一方法，而且在他個人的搜藏實踐中也有體現。一個鮮明的例子是，他捐贈給北平圖書館的文獻「五花八門」，屬於典型的「雜貨店式的」文獻，包括劇本、訃告、碑帖、拓片、書法墨蹟、圖畫、電話簿、機構簡介、統計表、期刊、圖書（如日記、年譜、詩集、書目、報告、史志、課本）等等。有些看似不起眼的文獻，他都不會隨意扔掉。比如《顧子虬先生暨德配宋夫人六十雙壽徵文啟》是友人顧頡剛為賀其父顧子虬及母親宋氏六十雙壽發出的徵文啟事，這種「小不點」文獻，他都收集起來，交給館裏收藏。後人研究顧頡剛，

〔註143〕袁同禮講演，十年來國際圖書館博物院發展概況〔J〕，天津市市立通俗圖書館月刊，1935（7～9 期合刊）：20～24。
〔註144〕袁守和講，胡延鈞，鄒學通筆記，歐美圖書館之新趨勢〔J〕，文華圖書館學專科學校季刊，1935，7（1）：1～4。

這何嘗不是一份有用的史料呢？類似的徵文啟事，他還捐贈了不少，今天人們如果研究民國時期的「孝」文化，這些資料都可資參考。

2、「走出去」採訪

袁同禮非常重視派館員外出訪書，如曾派孫楷第、謝國楨赴日本訪書，派趙萬里到東南沿海一帶訪集珍善本圖書，派王重民、向達赴歐洲調查、影照敦煌文獻，派萬斯年赴雲南搜訪少數民族文獻等。這種注重「走出去」採訪的觀念和做法，比單純坐等書商上門或劃選購書目錄，優點更多。首先它能擴大採訪面，提高收穫珍貴文獻的機率。其次，有利於開闊採訪人員的眼界，激發他們對文獻內容的興趣，是培養採訪人才的重要方法，也是培養專家學者的一種方式。

「走出去」採訪的方式，對今天仍有借鑒意義。宋代鄭樵在《通志·校讎略》中提出著名的「求書八法」，謂之「即類以求」、「旁類以求」、「因地以求」、「因家以求」、「求之公」、「求之私」、「因人以求」、「因代以求」。其實這種求書觀點，已經包含了極強的「走出去」採訪的訴求。民國時期，有能力、有意識「走出去」採訪的圖書館日漸增多，袁同禮領導下的北平圖書館就是典型例子之一。

無論今天還是未來，這種「走出去」採訪，都有其重要的價值。例如，散落於孔夫子舊書網上的大量名人書信、手稿、珍貴圖書等，是否有圖書館走出去與書商談判，開始系統搜集？這些重要史料如不系統收集，遲早會面臨星散於個人藏家的命運，而要再集中，則甚難矣。

（三）重視戰略收藏與特色收藏

袁同禮認為北平圖書館的使命之一，就是成為中國文化的寶庫。所以，在文獻採訪時，他自覺承擔起國家圖書館館長的職責，以國際視野和歷史眼光，注重建立戰略收藏和特色收藏。例如，他曾寫到：「搜集譜牒，本館實為嚆矢。計受贈者十七種，購入者三十四種。此外通函徵求，亦不下數百通。惜家藏者礙於舊習，往往不肯捐贈，應者寥寥。而政治紛擾，交通不便，未能作大規模之搜集也」〔註145〕。雖然一時之效果不顯著，但可見他重視譜牒採訪，以期成一特色專藏之眼光。其他如建立工程參考圖書館，搜訪敦煌文獻，探訪《永樂大典》，系統收集方志輿圖、抗戰史料和西文書刊等，都是從

〔註145〕袁同禮，本館略史〔J〕，北京圖書館月刊，1928，1（1）：1～6。

戰略高度和特色視角考慮。比如派員系統搜訪敦煌文獻和抗戰史料，就具有戰略眼光。如果當時不注重搜集，後人研究敦煌學和抗戰史，可能會缺乏一些極其重要的資料，不利於某些學術研究的順利推進。

戰略收藏和特色收藏，是一個館安身立命和持續發展的重要基礎。袁同禮注重文獻採訪的戰略性和特色性，這是一種極有價值的文獻採訪觀。今天，中國各圖書館對建立特色收藏，已有較強的自覺意識，並已逐步看到戰略收藏和特色收藏在服務學術需要、社會需求方面的重要功用。但在通過戰略收藏和特色收藏以服務於國家戰略方面，許多圖書館的意識還比較薄弱。

隨著全球信息化、經濟一體化的到來，國與國、民族與民族之間的聯繫更加緊密頻繁。中國經過三十年改革開放，已經成為世界第二大經濟體，這個正在崛起的國家有著極強的走出去衝動和訴求。比如在全球建立孔子學院，以推動文化走出去；中國企業大量在海外投資，以實施企業走出去戰略。但是，在中國文化走出去、企業走出去的過程中，圖書館的支持作用還不到位，還很匱乏。例如，2010 年，中國鐵建股份有限公司「沙特阿拉伯麥加輕軌項目」虧損了 40 多億，據相關報導，其原因是：「主要是由於項目進入大規模施工階段後，實際工程數量比簽約時預計工程數量大幅度增加所致。比如，空調設計最初是按照室外溫度 38 度進行設計，最後提高到按照 46 度進行設計，標準提高帶來了成本增加」。「此外，中國鐵建方面認為，業主負責的地下管網和徵地拆遷嚴重滯後，也導致了工期緊張，增加了趕工成本」。「但是，在另一些業內人士看來，從中國鐵建已披露的信息看，中國鐵建在投標之前對項目風險評估不足，或許是成本失控更重要的原因」〔註146〕。的確，中鐵建麥加輕軌項目失敗的一個重要原因就是「風險評估不足」。該公司在承接項目前，對沙特阿拉伯的地質、水文、宗教、國情等很多因素缺乏細緻深入的考慮。

這個例子，從圖書館的角度看，也有值得警醒的地方。未來，中國企業走出去是大勢所趨，但中國的文獻情報能否跟得上？目前來看，中國各圖書館對海外國家的地理水文、風土人情、宗教信仰、國際工程索賠程序等資料搜集還很不夠，這就要求圖書館以服務國家戰略的高度，到海外搜集一些重要的文獻資料，建立專藏，以為國家戰略決策提供參考。

〔註146〕中鐵建巨虧 40 億調查〔OL〕，上海法律顧問網，（2010-11-08）〔2011-04-19〕，http://www.021fagu.com/html/gszl/465.html。

（四）培養公眾的文獻意識

袁同禮認為，培養公眾的文獻意識，也是文獻採訪的重要工作。他曾寫到：「國內公私所藏，其卷數為此篇所未及者，應慫恿公布，我國藏書家每以藏有秘本自詡，不願公之於世，一有錯失焚毀，天壤間遂不復存，其阻礙學術也何限」〔註147〕。「藝術家正當各獻所長，公諸同好，收藏家亦應出其珍藏，參加公開展覽。其尤精美之古物國寶，更應捐諸公家，或託公家代為保存。如其不願，亦須由公家登記，以便查考」〔註148〕。他深知，如果公眾皆懷「秘藏」之心，圖書館很難獲知或獲得一些重要的文獻，不利於文獻的採訪、保存、利用，所以，大力倡導公眾樹立「為公」的文獻意識。在圖書館實踐活動中，他通過舉辦圖書展覽、鼓勵人們捐贈、寄存文獻等方式，來培養公眾的文獻意識，激發他們搜集、整理、捐贈文獻的熱情。而他本人也大量捐贈文獻，以「化私為公」的精神來影響他人。

公眾的文獻意識，對於文獻的採訪和保存有極大影響。例如，胡適先生對自己的書信，經常補鈔一份，或請收信人閱畢寄還。從文獻保存視角看，這其實是不錯的做法。今天人們研究胡適先生，研究與胡適相關的人物，研究近現代史，都繞不開從胡適先生留下的書信集中找資料。如果胡適先生沒有一種強烈的文獻意識，今天人們研究近現代史，一定會失掉許多極寶貴的資料。

另一個具有文獻意識的重要人物是曾國藩。咸豐十年五月十四日，曾國藩在致其弟的信中談到：「余寄回片紙隻字，俱請建四兄妥收」〔註149〕。他重視「片紙隻字」的收存，可見一斑。其實，他的一生，都極注重收集整理文書檔案，從而為後人留下了極為珍貴的史料。唐浩明評點道：

> 不但奏章、上諭、咨箚、公牘等公文要錄副，甚至連家書、日記、信函等純粹私人文字，他也叫人錄副。正因為如此重視檔案管理，所以儘管身處兵火且經常遷徙，曾氏身後卻有一套非常完整的私家檔案保存於湘鄉富厚堂中，由其後人世代典藏。解放後這批檔案運到長沙存於省圖書館，又僥倖躲過「文革」那場劫難；到了八

〔註147〕袁同禮，永樂大典考〔J〕，學衡，1924（26）：1～19。（每文頁碼自為起訖）
〔註148〕袁同禮，如何發揚我國之藝術〔M〕//袁同禮文集，北京：國家圖書館出版社，2010：285～288。
〔註149〕曾國藩著；唐浩明評點，唐浩明評點曾國藩家書〔M〕，長沙：嶽麓書社，2002：420。

十年代，終由嶽麓書社整理出版。新版《曾國藩全集》共三十冊一千五百萬字，字數為清末刻本的三倍。其規模之宏富，堪稱近世名人文集之最。這套文集不僅為曾氏本人，也為近代史的研究提供了一份系統的原始資料。這便是當年注重收拾的結果。〔註150〕

可見，袁同禮倡導培養公眾的文獻意識，是有其深刻性的。對於民間的、私人化的文獻，圖書館要採訪，難度很大。但如果圖書館大力培育公眾的文獻意識，讓每個人都參與到文獻的保存、整理、捐贈的行列中來，圖書館的文獻採訪工作將有更多源頭活水。

二、便利學術的編纂理念

袁同禮遊學歐美，深受西方科學思想之影響，明瞭圖書館在現代學術發展中的支持作用，所以自覺把圖書館當作研究的陣地，以及促進學術發展的推手。對文獻搜集、整理、編纂、出版諸事，皆具學者態度。

1933年，他在為《北平圖書館方志目錄》作序時談到：

> 第以本館創辦以來，多經改組，此五千餘部之方志，乃分載於六種書目中。見凡例因之義例未能劃一，閱者病焉。同禮承乏館事，督率在事諸人，重為理董，先匯為一編，然後舛者正之，歧者一之，至於今日而始蕆事，區區之意或稍償閱覽諸君之願望爾。〔註151〕

1935年在為袁湧進的《現代中國作家筆名錄》作序時，又曰：

> 袁君湧進以公餘輯成是編，得著者真實姓字五百五十餘人，用首字筆劃銓其次第，而以別號一一為之附注，又益以索引，俾易翻檢，其於編目與供學者參校探索之所需，裨益至巨。倘能更進不已，取明清野史雜劇筆記諸書，悉以其所署異名別號，仍依此例，續纂成篇，則所以益於人者，當更為宏遠矣！〔註152〕

1937年他為楊殿珣《石刻題跋索引》作序曰：「唯自宋代以還，著述繁多，

〔註150〕曾國藩著；唐浩明評點，唐浩明評點曾國藩家書〔M〕，長沙：嶽麓書社，2002：421。

〔註151〕袁同禮，北平圖書館方志目錄序〔J〕，圖書館學季刊，1933，7（2）：339～340。

〔註152〕袁同禮，現代中國作家筆名錄序〔M〕//袁同禮文集，北京：國家圖書館出版社，2010：256。

檢索匪易，亟思宜有以統攝之」〔註153〕。

可見，袁同禮在引導館員編纂目錄、索引等文獻時，主要秉持了「便利學術」的編纂觀念。

在他領導下，北平圖書館整理出版了大量珍貴文獻，北平圖書館職員編纂了許多重要的工具書（如索引、目錄）和專著，可謂成果累累。它們與學術刊物《國立北平圖書館館刊》、《圖書季刊》等一起，為中國的學術發展做出了重要貢獻，在海內外產生了較大影響。通過文獻編撰活動，北平圖書館在民國學術叢林中佔據一席之地，彰顯了圖書館的學術尊嚴和氣度，成就了北平圖書館的「學術輝煌期」。嚴文郁對此評價道：

> 從民國十五年到二十六年七七事變，這十二年之中，北平圖書
> 館出版善本叢書，館藏善本甲、乙庫書目，普通書目目錄類，特種
> 書目如輿圖、唐人寫經等，國學與文學論文索引（索引雖以中華圖
> 書館協會名義出版，實係北平圖書館產物），中西文館刊及週年報
> 告，都是全國奉為圭臬的。這時不獨賢俊輩出，而且成績卓著，實
> 賴守和先生的遠見與策劃有以致之。〔註154〕

張紀定評價說：

> 他是一位把中國圖書館事業放在現代學術基礎之上的創始
> 人，這也是他對於北平圖書館的真實貢獻，和北平圖書館之能在中
> 國學術史上有其輝煌地位的根本原因。〔註155〕

袁同禮「便利學術」的文獻編纂觀念，主旨在於節省學者查找、爬梳文獻的時間，最大限度地釋放文獻價值，培養圖書館高端研究型人才。這在今天仍可資借鑒。

〔註153〕袁同禮，序〔M〕//楊殿珣編，石刻題跋索引，〔香港〕：商務印書館，1940。
〔註154〕嚴文郁，提攜後進的袁守和先生〔J〕，（臺北）傳記文學，1966（民國五十五年），8（2）：38～39。（是文收入《思憶錄：袁守和先生紀念冊》74～79頁）。
〔註155〕張紀定，袁同禮先生與圖書編目〔N〕，（臺北）中央日報，1965-02-28（6版），（是文收入《思憶錄：袁守和先生紀念冊》51～53頁）。

第四章　國際圖書交流與文化交流觀

　　袁同禮先生身居國立北平圖書館館長和中華圖書館協會主席兩個要職，又有遊學歐美的經歷，精通英文，這種得天獨厚的優勢，使他在領導中國圖書館事業期間，與國內外學術文化界保持了緊密的合作與聯繫，尤其是通過國際圖書交流，促進了中西學術文化的交流。在這點上，袁同禮先生是民國時期中國圖書館界十分傑出的人物。研究他進行學術文化交流的方式、事蹟、觀念十分必要。

第一節　國際圖書交流活動

一、交換圖書

　　與國內外相關機構建立起書刊交換關係，是北平圖書館獲得海外文獻的重要途徑，也是進行文化交流的重要內容。

　　在袁同禮領導下，至 1928 年時，北京圖書館已與協和醫學校、中央地質調查所、京師圖書館、中國政治學會等機構有圖書交換之合作。[註1] 也與蘇聯列寧格勒科學院所附之亞細亞博物院（Asiatic Museum, Academy of Sciences, Leningrad, U.S.S.R.）建立了圖書交換關係，其主任阿理克教授（Basil M. Alexéiev）「將其所藏俄文複本書之關於蒙藏問題者五十二種」，與北京圖書館交換，相關書籍「在我國則無一不為難得者矣」[註2]。

〔註1〕館訊：本館與政治學會之合作〔J〕，北京圖書館月刊，1928，1（2）：127。
〔註2〕館訊：蒙藏俄文書之交換〔J〕，北京圖書館月刊，1928，1（2）：127。

此外，如蘇聯科學院東方問題研究所等機構也主動請求與北平圖書館建立書刊交換關係：

> 敝院為蘇聯科學院之一部，自亞洲圖書館改組以後即告成立，舉凡東方各國，如中國、印度、日本……等之歷史、政治、經濟、文學及其他社會科學，無不分科研究，各設專家，而中國部幾占敝院中之最重要地位。古今典籍搜藏至富，獨於現今貴國之各種關於歷史、文學、政治、經濟等社會科學出版物多付闕如，故願將敝院出版之書奉上（書單另詳）。如承易以現代貴國出版新書，則感激莫名矣！敝院並以此種交換非只限於此次，而係永久性質，深懇示以範圍，何者為貴館所欲從敝方取得之書，以後即當如囑奉寄。如貴國所有現代出版關於上述各類書籍、雜誌以及定期、不定期之科學作品能源源寄下，則中俄兩國文化交通何可斷言，非由貴館與敝院創始，並從而發揚光大之。﹝註3﹞

1934 年，袁同禮利用旅歐之便，與歐洲各重要機關商訂交換刊物合同。﹝註4﹞1934～1935 年度，北平圖書館已「與英、美、法、德、俄均有交換書籍之規定」﹝註5﹞。顯然，北平圖書館與國外建立起書刊交換關係，袁同禮有促成之功。這極大豐富了北平圖書館的館藏，尤其是西文文獻，也有力促進了中西文化交流。

二、代購代徵圖書

袁同禮熱心為國內外友館代為搜購和徵求圖書，甚至幫助部分海外圖書館建立起中文館藏。

1927 年，袁同禮提出可以在北京為哈佛大學圖書館購買一些有價值的館藏。裘開明在《漢和文庫年度工作報告》（1927 年 7 月 1 日至 1928 年 6 月 30 日）中寫到，「袁同禮與 T. Franklin Currier 相識，並熟悉哈佛中文文庫。他在給 T. Franklin Currier 的信中提出可以通過北京圖書館為哈佛購買好書。由於 1928 年簽訂了燕京大學為哈佛大學採購圖書的協議，因此暫不接受袁同禮可

﹝註3﹞北京圖書館業務研究委員會編，北京圖書館館史資料彙編（1909～1949）﹝G﹞，北京：書目文獻出版社，1992：379～380。
﹝註4﹞袁守和先生留歐消息﹝J﹞，中華圖書館協會會報，1934，10（1）：18～19。
﹝註5﹞國立北平圖書館館務報告（民國二十三年七月至二十四年六月）：4。﹝R/OL﹞，﹝2011-01-29﹞，http://www.cadal.zju.edu.cn/book/16002259/。

提供的幫助，但今後隨時需要均可安排」〔註6〕。1930 年 5 月 20 日，袁同禮致函燕京大學圖書館代理館長鍾慧英（Clara Hui-yin Chung）：「此前，裘開明委託國家圖書館幫助哈佛燕京學社購買中文書籍，並轉交燕京大學幫助運寄。目前，我已代其購得《梅蘭芳戲曲譜》（Selections from Mei Lanfang）2 卷。我會將其以獨立包裹寄出，並附賬單。請於方便的時候將此函轉給哈佛」〔註7〕。這是他為海外圖書館購買圖書的直接例證。

他也曾委託職員顧子剛為美國的重要圖書館（如哈佛燕京學社東亞圖書館、美國國會圖書館、哥倫比亞大學圖書館、芝加哥大學遠東圖書館等）代購圖書，這在一定程度上豐富了美國圖書館的漢學藏書。顧子剛是袁同禮先生「對外交往的一位得力助手」，「他雖從未出國門，但英文流利，兼可以美國俚語交談。他用大書店的名義代幾處指定的圖書館選購圖書，瞭解某一教授研究的範圍，根據他們需要的門類，在市上代為訪求購寄」。從 1936 到 1947 年，北平圖書館共為芝加哥大學遠東圖書館購買中文圖書近 7 萬冊，從而協助建立起中文藏書基礎。〔註8〕可見袁同禮幫助友館充實館藏之熱心。

民國時期，北京（北平）圖書館是國外機構或個人徵求中國圖書的重要據點之一。例如，它曾為蘇聯亞細亞博物院徵集圖書：「近該院徵求我國現代名著，委託本館代為辦理。凡願贈書於該院者，請逕寄本館以便代為轉寄是荷」〔註9〕；為德國格來瓦德（Greifs wald）大學統計學教授瞿恩（Dr. Otto Kuchne）代為搜求中國統計書籍〔註10〕。在此過程中，袁同禮與國外相關機構的主要負責人建立了聯繫，發展了私誼。這些人脈關係既有利於北平圖書館業務的拓展，也為抗戰時期袁同禮的圖書請援活動作了有益鋪墊。

三、參加國際圖書展覽

（一）第一次國際圖書館會議之「國際圖書展覽會」

第一次國際圖書館會議擬於 1929 年 6 月中旬在意大利羅馬舉行。為籌備該會，大會主席柯林在 1929 年 1 月 29 日和 3 月 7 日兩次致函袁同禮，告知

〔註 6〕程煥文，裘開明年譜〔M〕，桂林：廣西師範大學出版社，2008：27。
〔註 7〕程煥文，裘開明年譜〔M〕，桂林：廣西師範大學出版社，2008：48。
〔註 8〕錢存訓，袁同禮先生對國際文化交流的貢獻〔G〕//（臺灣）中國圖書館學會輯印，袁同禮先生百齡冥誕紀念專輯，1995：10～14。
〔註 9〕俄國亞細亞博物院徵求我國名著〔J〕，北京圖書館月刊，1928，1（1）：28。
〔註10〕館訊：碩學來訪〔J〕，北京圖書館月刊，1928，1（2）：126。

相關事宜，希望中華圖書館協會寄示提交大會之論文總目，並籌備參加大會之國際圖書展覽會。接函後，袁同禮即以中華圖書館協會名義，特約國內圖書館專家撰寫參會論文。最後，共收到 4 篇英文論文。又請留美研究圖書館學者撰文，裘開明、桂質柏各允 1 篇。3 月 8 日，組織參加第一次國際圖書館會議委員會，敦聘楊杏佛、戴志騫、劉國鈞、柳詒徵、傅增湘、徐森玉、洪有豐、袁同禮、趙萬里、張元濟、王雲五、楊立誠、劉承幹、沈祖榮、杜定友、金梁為委員。其中，南京及北平各委員為常務委員。3 月 12 日，在北平的各委員舉行會議，商討籌備事務之進行。〔註 11〕袁同禮盡力組織謀劃，可見他對參加國際圖書展覽會之重視。

在籌備第一次國際圖書館會議之圖書展覽會中，中華圖書館協會承擔部分展覽品，其中，刻本書及鈔本書由傅增湘、袁同禮負責徵集籌備。為使展覽順利進行，中華圖書館協會多方准備，如向意大利委員會函詢中國展覽會場大小；函請駐意公使郭泰祺（字復初）協助；致函羅馬大學漢文教授 D.Vacca 博士，請其調查羅馬各圖書館所藏中國善本書，並開具目錄，以便協會選擇，商借陳列；致函德國萊比錫圖書博物館（Buchmuesum, Leipzig），商借有關中國圖書沿革的所有文具，運費由協會承擔；由袁同禮以私人名義函請郭泰祺公使及駐意使館秘書朱英，請其會同使館職員協助展覽；由袁同禮致函德國支那學院衛理賢（Richard Wilhelm）博士，請其協助。〔註12〕

徵集參會展覽品大致齊備後，4 月 28 日下午，在北平北海公園蟬青書室舉行展覽預備會，以資審查。觀眾十分踊躍，展品美不勝收。從《國際圖書展覽會中國部出品預備會目錄》可知，袁同禮捐展了不少珍貴圖書。

展品寄運，前由袁同禮與駐平意大利使館參贊羅斯（G. Ros）接洽，得免費由意輪運往羅馬，會畢，仍由意輪運回，往來保險費由協會承擔。不料 4 月底至 5 月初，沒有任何輪船赴意，只好將輕便之展覽品先行郵寄，交中國駐意使館點收；而不易郵寄者，由赴會代表攜往。當時，公推沈祖榮為赴會代表。袁同禮請教育部派代表參加，並請款協助。但教育部僅撥津貼 300 元，與實際支出相差太大，中華圖書館協會又向國立中央研究院、中華教育文化

〔註11〕中華圖書館協會籌備參加國際圖書館會議報告〔J〕，中華圖書館協會會報，1929，4（5）：4～25。

〔註12〕中華圖書館協會籌備參加國際圖書館會議報告〔J〕，中華圖書館協會會報，1929，4（5）：4～25。

基金董事會請求補助，然皆未獲允。〔註13〕協會只好向各機關會員函請捐助，得中央大學、東北大學、北海圖書館各捐 100 元，清華大學捐 50 元。但仍與實支相差甚遠，於是呈請教育部繼續提出行政院行政會議，給予津貼 2000 元，終獲准允。〔註14〕期間袁同禮多次以中華圖書館協會名義請求補助，玉成此事。

5 月 23 日，沈祖榮抵北平，會見袁同禮。袁同禮為其講述西方圖書館情形，給其介紹信若干〔註15〕，以方便考察。並特意囑咐沈，除調查各國圖書館情況外，還須注意出版界與書店之狀況。是日，沈祖榮帶上協會為其辦妥的旅俄護照、車票、旅行支票，以及兩巨箱展品，離平赴俄，擬經西伯利亞至羅馬。〔註16〕

6 月 14 至 30 日，第一次國際圖書館會議在羅馬如期舉行。其中，「國際圖書館協會」更名為「國際圖書館協會聯合會」（International Federation of Library Association），以發揚協作精神。大會之國際圖書展覽會自 6 月 20 日開始，中國與德國同一個房間，中國駐意使館秘書朱英及張參贊協助沈祖榮布置一切。〔註17〕經過袁同禮等人士的多方努力，中國參與國際圖書展覽會一事終獲圓滿。袁同禮熱心國際圖書交流，昭然可見。

（二）中德文化協會及「現代德國印刷展覽會」

1931 年 10 月 20 日，鄭壽麟致函袁同禮，請求協助建立德國研究會。袁同禮覆函（文稿）：「接奉一號公函，內開創設德國研究會，擬即附設於敝館

〔註13〕國際圖書館大會續志〔J〕，中華圖書館協會會報，1929，4（6）：7～10。

〔註14〕中華圖書館協會第五次會務報告〔J〕，中華圖書館協會會報，1929，5（1、2 期合刊）：27～33。

〔註15〕從沈祖榮《參加國際圖書館第一次大會及歐洲圖書館概況調查報告》一文知，袁同禮給以下人士寫了介紹信：（1）普魯士省立圖書館（Preussische Staatsbibliothek）赫勒（Hülle）先生，他是該館東方文庫部主任，擅長中國語言。（2）柏林大學圖書館（University of Berlin Library）西門華德（Walter Simon）先生，他是該館採訪主任，擅長多國語言。（3）倫敦大學圖書館學校（University of London School of Librarianship）校長貝克（Baker）先生。（4）日內瓦國際聯盟圖書館（League of Nations Library）館長斯文司馬（Sevensma，一譯作塞文斯馬）先生。

〔註16〕沈祖榮，參加國際圖書館第一次大會及歐洲圖書館概況調查報告〔J〕，中華圖書館協會會報，1929，5（3）：3～29。

〔註17〕沈祖榮，參加國際圖書館第一次大會及歐洲圖書館概況調查報告〔J〕，中華圖書館協會會報，1929，5（3）：3～29。

內,希盡力扶助等因,並將原有德文圖書一百三十五本附送來館,熱心文化,至堪欽佩。重以尊囑,自當盡力贊助,用期昌盛」〔註18〕。之後,袁同禮在北平圖書館內撥一靜室,作為鄭氏的研究室兼德國研究所的通訊處。該研究所在此共維持 18 個月才搬出。除了提供辦公場所外,袁同禮還為其提供經費上的幫助。例如,1932 年,為紀念世界著名作家歌德逝世一百週年,北大德籍教授洪濤生(Hundhausen)與鄭壽麟合辦《歌德紀念特刊》(Dem Andenken Goethes),作為天津《德華日報》(Deutsch Chinesische Nachrichten)的副刊,但須貼補一部分印費。於是由袁同禮出面,北平圖書館認購 200 份,為他們免除了債務負擔。〔註19〕1933 年,鄭壽麟、張嘉森(君勱)、袁同禮等發動中德人士,一起組織籌備委員會,籌組溝通中德文化之機關。籌備委員共 11 人,包括徐道麟、張嘉森、葉企孫、袁同禮、鄭壽麟、馬德潤、飛師爾、謝理士、洪濤生、衛德明、石坦安。籌委會先後開會數次,擬定章程,籌備款項。1933年 5 月 4 日下午 5 時,在德國使館舉行茶會及中德文化協會成立大會,中方到會者有蔣夢麟、梅貽琦、丁文江、袁同禮、周昌芸、楊丙辰、劉鈞、賀麟、吳屏、鮑鑒清諸人,德方有陶德曼(駐華公使)、洪濤生、石坦安、謝理士、衛德明、艾克、曲齋寶、藍道福斯、西門諸人。由陶德曼主席、衛德明報告籌備經過,並通過章程,定名為「中德文化協會」。推朱家驊、陶德曼為名譽會長。丁文江、胡適、蔡元培、蔣夢麟、梅貽琦、傅斯年、蔣作賓等 17 人被推舉為董事,組織董事會。董事會下設幹事部,內分 3 組,即總務組、編譯組、圖書組,組長分別為葉企孫、張嘉森、袁同禮。該協會位於北平遂安伯胡同七號,其「目的在為中國介紹德國文化並供給關於德國研究之材料」。〔註20〕

　　1933 年 11 月 20 日,北平圖書館與「中德文化協會」合辦之「現代德國印刷展覽會」在北平圖書館舉行開幕式。到會約 200 餘人,大多為德國人。

〔註18〕北京圖書館業務研究委員會編,北京圖書館館史資料彙編(1909～1949)〔G〕,
　　　　北京:書目文獻出版社,1992:358～363。

〔註19〕鄭壽麟,從永樂大典與圖書集成說起——袁守和先生與中德文化之溝通〔N〕,
　　　　(臺北)中央日報,1965-03-18(6 版),(是文收入《思憶錄:袁守和先生紀
　　　　念冊》56～57 頁)

〔註20〕中德文化協會成立,推朱家驊陶德曼為名譽會長,丁文江胡適等十七人為董
　　　　事〔N〕,(天津)大公報,1933-05-07(4 版);中德文化協會圖〔J〕,中華圖
　　　　書館協會會報,1934,9(4):16。

國內學界聞人陶孟和、任鴻雋、梁思成、張君勱等及新聞記者亦參加。袁同禮用德語致詞，復譯成國語，大意謂：

> 今日開會，承諸位先生光臨，極為感謝；此次展覽之舉行，曾經許多努力，尤以德國書業聯合會所予之助力為極大，該會於接得此次展覽消息後，立即將代表德國印刷技術之全部書籍送來，此外德國公使陶德曼先生及其他館員之贊助與合作，又西門，謝禮士，嚴文郁諸先生及王宜暉女士等之幫忙，應均表示感謝，此展覽會在北平陳列一個月後，將再運往南京，上海，漢口等地陳列；至於開會之意義，係使中國知道現代德國印刷之進步，藉以改良中國印刷工業，想不僅專門學者感覺興趣，即對普通喜歡書籍者，亦有莫大益處。〔註21〕

繼由德國公使陶德曼演說，張君勱口譯。陶德曼特別感謝袁先生，略謂：「鄙人方面，聲明對於袁館長深為致謝，緣袁館長提倡開此展覽會，並於預備開會以前，頗為勤勞，並特意將國立圖書籍借出展覽」。〔註22〕袁同禮支持「中德文化協會」、努力溝通中德文化的熱情可見一斑。

（三）其他展覽

1935 年 5 月 25 日，北平圖書館舉行「現代美國印刷展覽」，陳列美國精印之書，並印有目錄供人參考。〔註23〕

同年 12 月 5 日，「現代英國印刷展覽」在北平圖書館開幕，展期 3 周。展品包括兩部分，一為英國著名印刷家之代表作，二為該館所藏英國印刷品各種珍本，總計約 500 餘種，多半係袁同禮去年遊歐時收集。是日，來賓有英國大使及英使館參贊、文官及各大學教授 70 餘人，以英人占多半。英國大使賈德幹略謂：

> 此次北平圖書館舉辦現代英國印刷展覽，本人承袁館長之邀，得以參與，實深榮幸，在此間開英國印刷展覽之時，亦正英國倫敦開中國藝術展覽，中國之精美藝術，在此次藝展介紹於歐洲，實予歐洲各國人士以至良之印象，而英國之印刷品，亦得在中國展覽，

〔註21〕現代德國印刷展覽會〔J〕，中華圖書館協會會報，1933，9（3）：20～22。
〔註22〕現代德國印刷展覽會〔J〕，中華圖書館協會會報，1933，9（3）：20～22。
〔註23〕北平圖現代美國印刷展覽〔J〕，中華圖書館協會會報，1935，10（6）：17。

得中國人士之欣賞，本人實至感快慰，英國印刷在現在已為英國一般公認之藝術品，其在文化上有至大之關係，深望此後中英兩國在文化上共同提攜，而此次之中國藝術展覽與現代英國印刷展覽，實開其先河。〔註24〕

1936年9月12日至27日，震旦大學圖書館舉辦「法文書版展覽會」。由法國書業公會寄往北平圖書館之美術圖書200餘種，同時參展。〔註25〕此部分美術圖書，是由袁同禮親自向法國大使館接洽的。〔註26〕

四、抗戰時期的圖書請援與互助

（一）圖書請援的背景

抗日戰爭爆發後，北方文化機構陸續南遷。隨著戰爭逐步擴大，中國大量的文獻資料及珍貴文物或毀於戰火，或慘遭劫奪，或流離失散。戰爭不僅造成數千萬人員傷亡和巨額的財產損失，而且也讓中國的文獻資料遭受了深重的災難。在文獻資料極度匱乏、交通梗阻、通訊阻隔的戰時環境下，學術交流幾近中止、科學研究行將停滯、文化傳播近乎癱瘓，知識饑渴成為國內教育界、學術界、文化界普遍面對的難題。

面對亡國滅種的危險，中國知識分子意識到請求國際援助的重要性，於是紛紛以各種方式請求外援。在圖書館界，袁同禮先生是圖書請援的先行者。他身居國立北平圖書館館長和中華圖書館協會執行委員會（後改為理事會）主席的要職，又曾留學歐美，外語紮實、視野開闊、思維敏銳、人脈極廣，這構成他進行圖書請援的先決條件。在領導圖書館事業期間，努力促成館員出國交流，積極推動並參與中西圖書館組織的各種交流活動；同時利用北平圖書館這一學術研究重鎮，廣泛結交國際學者，盡力給予他們學術研究上的幫助；他還多次出國考察，與國際文化界保持密切聯繫，與很多知名學者建立了良好的私人友誼。這為他有效爭取國際圖書援助奠定了堅實基礎。

〔註24〕北平圖現代英國印刷展覽〔J〕，中華圖書館協會會報，1935，11（3）：14～15。

〔註25〕震旦大學圖舉辦之「法文書版展覽會」〔J〕，中華圖書館協會會報，1936，12（2）：33～34。

〔註26〕景蘭墅《法國出版業概況》〔J〕，中華圖書館協會會報，1936，12（3）：8～9。

（二）圖書請援的主要活動

1、徵募圖書

自抗戰以來，圖書緊缺，精神食糧嚴重匱乏，尤以學校、研究機構為甚〔註27〕。曾有外國人士如是記錄：「手上僅有的教科書被拆散成頁，貼在布告牌上，以便更多的學生能同時使用。當某一科目不能找到任何材料時，教授們就把他們的講義貼出來」〔註 28〕。當此艱難困苦之際，攸關文化命脈之時，袁同禮先生以其膽識和智慧，向國際社會徵募圖書。他不斷致函各國圖書館協會及友人，請求援助。例如：1937 年 11 月 19 日，致函美國圖書館協會會長及秘書；12 月 6 日致函德國圖書館協會；12 月 20 日，致函新西蘭圖書館協會；12 月 22 日，致函美國圖書館協會秘書米蘭（Carl H. Milam）和美國專門圖書館協會；12 月，致函英國圖書館協會等。1938 年 1 月 21 日，又致函法國圖書館協會；4 月 23 日，致函美國國會圖書館館長普特南（Herbert Putnam）；〔註29〕6 月 8 日，致函國際圖書館協會聯合會〔註30〕；8 月 9 日，致函耶魯大學圖書館館長凱歐（Andrew Keogh，有時譯作豈歐）；12 月 2 日覆函美國圖書館協會國際關係委員會主席但頓（J. Periam Danton，一譯作但滕），等〔註31〕。這些請援信件大部分得到積極回應。如，1938 年 3 月 22 日，德國圖書館協會覆函，表示願積極援助，已請柏林書報交換處 Reichstauschstelle 代為收集德國各圖書館之複本書。4 月 26 日，美國圖書館協會國際關係委員會副主席覆函，

〔註27〕 例如：（西南聯大）「學校經費緊張，圖書館裏新買的書籍少得可憐，無錢買書的學生要讀書，就只好奔圖書館。因而，西南聯大的圖書館無論暑熱還是嚴冬，室內都座無虛席，閱覽室則每天開放 14 小時仍難以滿足同學需求。圖書館每次開放前，門外總是聚集了黑壓壓的一大片同學。門一打開，學生們蜂擁而入，搶著去借書處排隊或去閱覽室搶佔座位。西南聯大的學生有時為了搶圖書館裏的座位，還會引發『武鬥』。」（蘇國有，楊振寧在昆明的讀書生活〔M〕，昆明：雲南人民出版社，2009：89～90。）

〔註28〕 Charles H. Brown, Helen Crawford. Above all, China needs books [1944], American Library Association Archives, University of Illinois, Urbana, 7/1/51, Box 1. 轉引自：Yuan Zhou, Calvin Elliker. From the people of the United States of America: The books for China programs during World War II [J], Library & Culture, 1997, 32(2): 191-226.

〔註29〕 各國圖書館協會覆函〔J〕，中華圖書館協會會報，1938，13（1）：15～17；各國覆函〔J〕，中華圖書館協會會報，1938，13（2）：17～18。

〔註30〕 各國覆文〔J〕，中華圖書館協會會報，1939，13（6）：12。

〔註31〕 各國覆函〔J〕，中華圖書館協會會報，1939，13（5）：15～16。

甚願提供幫助，並詢問最需要何種圖書。4 月 30 日，新西蘭圖書館協會覆函，
稱已將來函交給《新西蘭圖書館界》（*New Zealand Libraries*）的編輯，請其在
該刊登載一徵書啟事，廣為徵募，並詢問中國圖書館所需圖書的性質及範圍〔註
32〕。美國國會圖書館館長普特南在接函後，即致函《美國圖書館協會會報》
（*Bulletin of the American Library Association*）編輯，請予公布為中國徵募圖書
之消息〔註33〕。此外，法國圖書館協會、美國專門圖書館協會、猶他州（Utah）
圖書館協會、日內瓦世界文化合作會國際知識合作股等也紛紛覆函，表示願
意襄助〔註34〕。

　　然而，信函應允易，實際操作難。為了解決捐助中的各種問題，如圖書
選擇、交通運輸、分發地點等等，袁同禮不斷寫信協商、建議、懇求、說服。
如 1938 年 5 月 6 日、27 日，他兩度致函米蘭先生，催促美國圖書館協會盡早
為中國捐募圖書。從 6 月 9 日米蘭的覆函中可見，他的請求開始發揮實質性
作用。

> ……奉讀五月六日大函，使吾深信美國圖書館界極應從速開始
> 為中國圖書館徵求書籍。前此所以遲遲不決者，蓋未悉由美至中國
> 之運輸及中國國境內郵寄之有可能也。先生五月二十七日之航函，
> 更無疑促進吾等之積極努力，下周於康城舉行圖書館協會年會時，
> 當即決定進行方針，開始募集。同人拜讀先生信中所述種種，對先
> 生為此偉大工作之熱誠及決心，欽佩無已。甚望他日美國所捐贈之
> 書籍，可以表現吾等之敬意與同情也。〔註35〕

　　6 月 12 日，在康城舉行美國圖書館協會年會，執行委員會在交流袁同禮
的多封請援信件後，終被說服，於是通過了在全國範圍內發起為中國捐書的
決議〔註36〕。6 月 22 日，米蘭來電稱，「徵集書籍案通過，已開始進行」。〔註
37〕直到 1938 年 10 月 1 日，美國圖書館協會發起為期 3 個月的捐書運動才正

〔註32〕各國圖書館協會覆函〔J〕，中華圖書館協會會報，1938，13（1）：15〜17。
〔註33〕Chinese libraries appeal for help [J], Bulletin of the American Library Association,
　　　　1938, 32(6): 403-404.
〔註34〕各國圖書館協會覆函〔J〕，中華圖書館協會會報，1938，13（1）：15〜17；
　　　　各國覆函〔J〕，中華圖書館協會會報，1938，13（2）：17〜18；各國覆函〔J〕，
　　　　中華圖書館協會會報，1938，13（3）：18。
〔註35〕各國圖書館協會覆函〔J〕，中華圖書館協會會報，1938，13（1）：15〜17。
〔註36〕J. Periam Danton. Books for China [J], The Library Journal, 1938(17): 714.
〔註37〕各國圖書館協會覆函〔J〕，中華圖書館協會會報，1938，13（1）：15〜17。

式啟動,指定國際關係委員會主席但頓負責此事〔註38〕。但頓在《圖書館雜誌》(The Library Journal)上發起了捐書呼籲〔註39〕。之後,鮑士偉(Arthur E. Bostwick)和但頓在《美國圖書館協會會報》上,再次呼籲為中國捐贈圖書〔註40〕。是年,米蘭在他的報告中寫到:

> 幾個月前,中華圖書館協會執行委員會主席袁同禮請求 A.L.A.
> 發起這樣一場運動。起初,這個建議看起來是荒誕的,因為在現有
> 條件下,可以想見運書到中國之困難,並且,即便圖書被運到,也
> 很難被利用。現在,袁博士已經說服 A.L.A.執行委員會的官員和成
> 員,承認他的建議是可行和值得的。在內地,大學正在重建,需要

〔註38〕Ask books for Chinese libraries [J], Bulletin of the American Library Association, 1938, 32(10): 710. (該文引用了袁同禮先生的函件內容,筆者翻譯如下,供參考。)

「儘管有戰爭,但中國各領域所努力開展的建設性工作正在平穩推進。

對於為中國圖書館收集圖書的任何運動,我們在國外的朋友可能認為應該推遲,直到軍事衝突結束才開始。但是,對西方文獻的急切要求如此強烈,以致我們並不這樣認為。

現在的戰爭狀態注定會延長。與此同時,必須為中國學者提供充足的資料,以不致使智力停滯和懶散。中華圖書館協會已經在香港建立了一個事務所,以保證收集的所有資料可以安全發送。

中國圖書館所遭受的破壞,並不是他們自己的過錯。幾十年建立起來的一切,現在被侵略者的襲擊徹底摧毀。日寇的侵略,是無法形容的、駭人聽聞的大破壞。補救損失確實是一項艱巨的任務,沒有我們在國外的姐妹機構的幫助,很難成功完成。」

〔註39〕J. Periam Danton. Books for China [J], The Library Journal, 1938(17): 714. (該文引用了袁同禮先生的函件內容,筆者翻譯如下,供參考。)

「……許多學院、大學和文化機構被迫遷至內地,不及帶上圖書,他們正在開展工作,一切重新開始,並急需各種類型的閱讀資料……對科學技術類出版物的需要……尤為急迫。中國中西部地區與日本人的戰火相對遠離,有大量的發展空間。

我們既擔心人文知識遺產,又不得不繼續搜集西方科學文獻。鑒於許多現代科學中心被毀的事實,大多數中國圖書館現在被迫在一無所有的情況下,開始搜集西文圖書。面對令人悲痛的形勢,鄙人建議在美國組織一委員會,以協助中國圖書館獲取急需的西文圖書和期刊。

……對西文文獻的急切需要到了壓倒性的緊急程度。……目前的戰爭形勢……可能會拖延到很長一段時間。與此同時,不得不向中國學者提供足夠的資料,以不致使智力停滯和懶散。」

〔註40〕Dr. Bostwick asks books for China [J], Bulletin of the American Library Association, 1938, 32(11): 766; J. Periam Danton. Have you helped? [J], Bulletin of the American Library Association, 1938, 32(13): 1046.

來自西方的圖書。史密森國際交換部（International Exchange Bureau of the Smithsonian Institution）準備將書運往在香港的袁博士處，在那裡，圖書將被分類、編目並分發到需要它們的機構。〔註41〕

在袁同禮的不懈努力和各國圖書館協會的呼籲下，捐書行動有了實質進展。1938 年 10 月 6 日，耶魯大學圖書館覆函袁同禮稱：「……茲有敝館書籍小冊多種，共計五百冊，分裝三箱，業於昨日送交華盛頓國際交換處轉寄貴會。……」〔註42〕10 月 12 日，美國圖書館協會國際關係委員會主席但頓覆函曰：

> ……當贊助委員會推定以後，即由敝總會備函稿三種，共發出申請書凡三百五十一件。其中大學圖占一百二十八所，公立圖九十八所，學術機關八十一所，教科書出版業三十九處，以及大學出版處五處。所有委員名單，以及申請書函稿，均隨函附上，尚乞垂察為幸。關於消息傳播，則由聯合通訊社，合眾通訊社，國際新聞服務社，及十大雜誌，分別擔任之。……除敝人服務之坦普爾大學圖外，尚有七大學圖，五學術機關，一出版業，三公立圖，詳細報告捐送書籍經過。其他尚有多數圖，機關等，亦表示願對此項運動實質捐輸。查申請書發出，為時僅有二周，即有此種良好結果，想將來成績，必有可觀。……〔註43〕

12 月 28 日，但頓再次覆函：「……據最近統計，國內各方捐書總額，已達一萬一千餘件，其中若干圖捐贈書目，均由弟親予查核，深信即以此現有之圖書而論，其質與量已甚有可觀，……」〔註 44〕在捐書運動的截止日期後，仍有大量圖書源源寄往史密森國際交換部。據但頓報告，截至 1939 年 6 月 30 日，「59 位捐贈者共約捐出了 21000 件……香港已收到超過一半的捐贈物品，並且分發到各個機構」〔註45〕。米蘭也在報告中說，「大約 15000 或 20000 卷已通過國際交換部（International Exchange Bureau）運出」〔註46〕。1940 年，

〔註41〕Carl H. Milam. Secretary's report [J], Bulletin of the American Library Association, 1938, 32(9): 533-541.

〔註42〕各國覆函〔J〕，中華圖書館協會會報，1939，13（5）：15～16。

〔註43〕各國覆函〔J〕，中華圖書館協會會報，1939，13（5）：15～16。

〔註44〕各國覆函〔J〕，中華圖書館協會會報，1939，13（5）：15～16。

〔註45〕J. Periam Danton. International relations [J], A.L.A. Bulletin, 1939, 33(9): 619-621.

〔註46〕Carl H. Milam. Secretary's report [J], A.L.A. Bulletin, 1939, 33(9): 529-537.

但頓繼續在《美國圖書館協會會報》（A.L.A. Bulletin）上呼籲為中國教育機構募捐圖書〔註47〕，並在報告中說，「自本委員會上次報告之後，大約又捐助了3500件（圖書）」〔註48〕。1939年4月5日，英國圖書館協會〔註49〕秘書衛爾斯福特（P. S. J. Welstford）致函袁同禮，表明他們願立即援助中國圖書館，打算在《英國圖書館協會會刊》（Library Association Record）上發表捐書援華的啟事〔註50〕。該啟事登於第41卷8期上，名為《供給中國精神食糧》（Oil for the Lamps of China），其中談到：「吾國人士中，曾有一部分中國之友，深覺此項工作，應俟至戰事結束復興工作開始之時，再為進行。但此種見解，現顯已被美國圖協會代中華圖協會徵募圖書所獲之美滿結果而打破，故吾人不得不急起直追，立予進行，開始徵募」〔註51〕。之後，英國贊助委員會致函印度、加拿大、澳大利亞各大學，請其向中國援助圖書〔註52〕。後據上海路透社8月9日報導，英國援華的第一批書籍刊物已運抵重慶〔註53〕。1939年5月2日，中國國際圖書館館長胡天石也致函中華圖書館協會，略謂：

> ……爰於去歲發起徵集圖書之舉，向歐美各大圖書館，各大書局呼籲，請其捐贈。月來陸續寄到者已有百九十五冊之多，前曾與貴協會理事長袁守和先生函商，該書寄遞辦法，據袁先生覆稱，該書可由香港轉交，運輸費用，亦可由香港收書時代付，茲將該書裝一箱，於四月二十八日交此地 J. Veron, Grauer&Co.轉運公司起運，附寄上書籍清單一份……〔註54〕

為申謝忱，袁同禮多次代表中華圖書館協會致函感謝。例如，1939年2月11日致函米蘭：

〔註47〕 Books for China still welcome [J], A.L.A. Bulletin, 1940, 34(8): 469.

〔註48〕 J. Periam Danton. International Relations [J], A.L.A. Bulletin, 1940, 34(9): 584-585.

〔註49〕 英國圖書館協會在1938年2月15日覆函時，表示在中國抗戰結束時再予援助，但後來受美國圖書館協會踴躍捐助及牛津大學石博鼎先生慷慨捐贈的影響，也開始積極援華。

〔註50〕 各國覆函〔J〕，中華圖書館協會會報，1939，14（1）：14。

〔註51〕 英國圖協會發起捐書援華運動〔J〕，中華圖書館協會會報，1939，14（2、3期合刊）：11～12。

〔註52〕 英美學術界積極援華〔J〕，中華圖書館協會會報，1939，14（1）：11～12。

〔註53〕 英國捐贈我國圖書大批起運來華〔J〕，中華圖書館協會會報，1939，14（2、3期合刊）：14。

〔註54〕 中國國際圖在歐徵集圖書運到本會香港辦事處〔J〕，中華圖書館協會會報，1939，14（1）：12～13。

　　　　茲接國際出版品交換處通知，得悉貴國各圖及文化機關惠贈之
百餘箱圖書，業已起運來華，此外華盛頓積存之若干箱，當蒙繼續
運送。……吾人今以萬分欣喜與感謝，開始點查國際出版品交換處
送到第一批三十二箱書籍，除將各書之捐贈者，一一登記外，謹以
此函向閣下及各捐書機關給予吾人之學術上的合作與贊助，表示十
二分之謝意。吾人現正計劃在最近期間，編印貴國贈書書目，相信
此目將為貴國對敝國同情及中美文化合作之永久紀念也。……謹以
此函向閣下及國際關係委員會全體委員致深切之謝意並對各領導捐
書運動者之贊助熱忱，深致景仰之意。諸位之工作，當為吾人永遠
感謝者也。〔註55〕

2月20日，致函英國牛津大學石博鼎（H. N. Spalding）先生，對其捐贈熱情
表示感謝〔註56〕。4月21日，致函美國華盛頓大學東方學教授波拉德先生
（Robert T. Pollard），感謝他為中華圖書館協會在西雅圖市和華盛頓大學徵
書。不幸的是，波拉德先生因為中國徵書事過於操勞，於4月12日已辭世。
他的弟弟約翰·波拉德（John A. Pollard）在5月27日致函袁同禮，講述了相
關情形，至為感人。

　　　　……自一九三三年以還，先兄即患劇烈心臟病，但渠對於應盡
職務，則從來未放棄。適為貴國各圖書館徵集圖書，由渠口中所述
遺箚中所記，余深悉渠實積極贊助。余抵西埠之時，適先兄彌留之
際，即聞人言，本年一月初，當渠舊病復發時，至三月十日入醫院
期間，渠仍躬親奔走，進行徵書及運華事宜，而並未以此委諸他人，
足徵其熱誠之一般。……閣下來函，辱承申謝先兄協助貴會復興大
業，至為感激。刻下西雅圖先兄諸摯友，正籌募紀念金，以為救濟
中國學生之用，此則余願以奉告者也。〔註57〕

〔註55〕本會致美國圖協會總幹事米蘭博士謝函〔J〕，中華圖書館協會會報，1939，
　　　　13（5）：15。
〔註56〕本會致英國牛津大學石博鼎先生函〔J〕，中華圖書館協會會報，1939，13（5）：
　　　　15。石博鼎先生在牛津大學發起對中國捐助圖書儀器之運動，石氏夫婦並首
　　　　捐兩千英磅，以為倡導。並言，如果牛津大學其他人員能湊收相等數目，他
　　　　們願再捐三千英磅。（參見：英國牛津大學捐書寄贈我國西南聯合大學〔J〕，
　　　　中華圖書館協會會報，1939，13（5）：19～20。）
〔註57〕中國圖書館友人美國波拉德教授去世〔J〕，中華圖書館協會會報，1939，14
　　　　（1）：13～14。

除了個人的請援努力外，袁同禮先生還領導中華圖書館協會，開展多種形式的申援活動。如函徵中國各圖書館被毀情況，然後向國外寄贈英文本中國圖書館被毀報告〔註 58〕；致函駐外各使領館，請求協助徵募書籍；致函管理中英庚款董事會，請撥鉅款以發展西南圖書館事業等〔註 59〕。1938 年 9 月 6 日及 12 月 29 日，中國駐比利時大使館和中國國際圖書館分別覆函，表示願予協助〔註 60〕。1939 年 2 月 9 日，中國駐英大使郭泰祺覆函袁同禮：「閣下前致敵人之備忘錄，已在英國獲有良好之結果」〔註 61〕。而管理中英庚款董事會也批准在昆明籌設一所圖書館，指定建築費 5 萬元〔註 62〕。

袁同禮先生及其領導的中華圖書館協會在徵募圖書上取得了巨大成績，這引起了「中國戰時徵集圖書委員會」〔註 63〕的極大關注。1939 年 1 月 19 日，戰時徵集圖書委員會致函袁同禮，告知相關決議，希望他能贊同。函曰：

> ……關於中華圖書館協會向美國圖書館協會徵集圖書事，經先生之努力，已獲該會之同情，允向各方捐贈，我國文化前途，實深利賴。茲全國各學術機關團體，因感覺此項工作之重要，已在政府

〔註 58〕中華圖書館協會曾編輯有兩篇論文，分別是《中國圖書館被毀經過》《教育文化機關被毀實況》，以英文發表，分寄各國學術界，俾得同情之助。（參見：本會呈請中央執行委員會宣傳部恢復每月補助費〔J〕，中華圖書館協會會報，1939，13（5）：13。）

〔註 59〕繼續調查全國圖被毀狀況、「中國教育文化機關被毀記實」脫稿、發展西南圖計劃、復興事業〔J〕，中華圖書館協會會報，1938，13（2）：17。

〔註 60〕駐比大使館及中國國際圖書館覆函〔J〕，中華圖書館協會會報，1939，13（5）：16。

〔註 61〕駐英郭大使覆函〔J〕，中華圖書館協會會報，1939，13（6）：12。

〔註 62〕管理中英庚款董事會覆函本會准於在昆明籌設圖書館一所〔J〕，中華圖書館協會會報，1939，13（5）：13。

〔註 63〕該會成立於重慶。1938 年 12 月 6 日，召開發起人會議和第一次執行委員會議。擬定該會英名名稱為 Chinese Campaign Committee for Books and Periodicals。推定執行委員，議決由國民黨中宣部、教育部、外交部、管理中英庚款董事會、國際出版品交換處、中華圖書館協會各派代表一人及學術團體代表張伯苓擔任。1939 年 1 月 14 日，召開第二次執行委員會議。由沈祖榮代表袁同禮出席，並報告中華圖書館協會向美國圖書館協會徵集圖書情形。商討改定該會英文名稱為 China's Culture Emergency Committee for the Solicitation of Books and Periodicals。另有請各團體統一加入該會向國外徵集圖書，並將所徵圖書集中該會，由教育部分配等決議。（參見：全國學術機關團體組織戰時徵集圖書委員會〔J〕，中華圖書館協會會報，1939，13（5）：18～19。）

指導之下，聯合成立戰時徵集圖書委員會，並擬向各國作大規模之宣傳與徵集，刻正積極進行。為對國際間表示劃一，俾收較宏大之效果起見，經本會第二次執行委員會會議議決：「凡在本會未成立以前，已向國外徵集圖書之團體，均擬請其加入本會統一辦理，對於已徵集之圖書，均請集中本會由教育部作最後之分配」紀錄在卷，此項決議，一方面可使國際間明瞭中國政府對於徵集圖書已有統一之組織，一方面可將已徵得之圖書，斟酌各方損失及需要情形，作適當之分配，諒荷贊同。……〔註64〕

1939 年 3 月 7 日晚 6 時半，戰時徵集圖書委員會第四次執行委員會會議在重慶舉行，袁同禮、蔣復璁、吳俊升、李迪俊、郭有守、張伯苓、杭立武等出席。其中議決：「今後本會在美徵書事宜，全權委託中華圖書館協會辦理，該會募得之書籍，統由本會交教育部分配」；「英國所捐書籍到海防後，由國際出版品交換處負責運往內地，美國所捐書籍到香港後，由北平圖書館辦事處負責運往內地」〔註 65〕。由此可見袁同禮及中華圖書館協會請求國際圖書援助之成功。

2、圖書請援與互助

1939 年 9 月，第二次世界大戰爆發，歐洲對華援助受到影響。此後，美國成為援助中國的主要國家。但 1941 年 12 月 8 日，珍珠港事件爆發，美國也捲入戰爭，這深刻影響了美國的援華措施和援華力度。

抗日戰爭爆發後，美國在文化領域援助中國，還主要是由民間機構、團體或個人組織，官方意義上的文化援助從 1942 年開始。捲入二戰的美國，出於自身國家利益和國家戰略的考慮，開始積極援助有效牽制日本軍力的中國。美國政府全面調整援華政策，不僅大力對中國進行軍事、經濟援助，而且開始重視文化援助。當然，與軍事、經濟援助相比，文化援助不具優先性，但是，美國政府開始主導文化援助，有力地增強了援助力度。美國也借機為戰後中美關係的發展進行文化投資。於是，美國的文化關係部利用資金，促

〔註64〕戰時徵集圖書委員會致本會袁理事長函〔J〕，中華圖書館協會會報，1939，13（5）：12。

〔註65〕政府委託本會繼續辦理在美徵集圖書事宜〔J〕，中華圖書館協會會報，1939，13（5）：12～13；戰時徵集圖書委員會舉行第三第四兩次執行委員會會議〔J〕，中華圖書館協會會報，1939，13（6）：18～19。

進已由各種民間力量發起的文化援華活動〔註 66〕。其中，捐助圖書資料和科學儀器、派遣專家考察交流、援助在美中國留學生等，成為重要的援助內容。

隨著國際國內形勢的急劇變化，袁同禮先生及時調整了國際請援活動的內容和方式。他敏銳地意識到了單向請援的弊端，於是轉而進行雙向的文化互助及合作交流。此時，他不僅向他的老朋友費正清夫婦、米蘭、白朗等請求幫助，而且試圖通過他們，使中美文化界和圖書館界建立起良好的互助合作關係。

1942 年 1 月，費正清的夫人費慰梅受聘於美國國務院，協助開展國務院文化關係司（the Department's cultural relations home office，簡稱 CU）的中國項目（China Program）。該項目最終得以實施，在很大程度上有賴於 CU 成員與中國各界朋友的私人聯繫。其中所仰賴的一位文化領袖就是袁同禮先生。費慰梅如是寫到：「他諳熟中國，開展工作極具創造力，並將充沛的精力和堅韌的性格與廣泛的知識和必要的政治洞察力相結合。這是一種強大的聯繫，在許多情況下，我們有幸能向他請求幫助，徵求意見。」〔註 67〕1942 年 9 月，費正清受命來到重慶。他肩負四項任務，即擔任美國駐華大使的信息協調特別助理；作為徵集國外出版物部間委員會的中日出版資料搜集員；作為國會圖書館的官方代表在中國購買資料；作為美國國務院文化關係司對華援助的聯絡員，而最後一項任務最具實質意義〔註 68〕。抵渝後，費正清將辦事處〔註 69〕設在重慶求精中學內，而袁同禮先生的辦公室恰也在此。顯然，二人的角

〔註 66〕 相關內容請參閱費慰梅（Wilma Fairbank）的 America's Cultural Experiment in China: 1942-1949 一書的第一、二、三章。英國為了能在戰後對中國施加影響，也派出李約瑟赴中國提供援助。如為中國後方送去期刊、儀器設備等。（可參見：Simon Winchester. The Man Who Loved China: The Fantastic Story of the Eccentric Scientist Who Unlocked the Mysteries of the Middle Kingdom [M], NewYork: Harper, 2008.）

〔註 67〕 Wilma Fairbank. America's Cultural Experiment in China: 1942-1949 [M], Washington: Bureau of Educational and Cultural Affairs, U.S. Department of State, 1976: 40.

〔註 68〕 〔加〕保羅·埃文斯著，費正清看中國〔M〕，陳同、羅蘇文、袁燮銘、張培德譯；袁傳偉校，上海：上海人民出版社，1995：83～85。

〔註 69〕 袁同禮先生為其取了中文名字，叫「美國駐華大使館學術資料服務處」，而費正清為其取的英文名稱是 American Publications Service。「學術」和「服務」兩詞使費氏與秘密情報工作保持了一定距離。（參見：〔美〕費正清，費正清對華回憶錄〔M〕，陸惠勤、陳祖懷、陳維益、宋瑜譯；章克生校，上海：知識出版社，1991：242。）

色及這種近鄰之誼，使他們在業務上有更為深入的交往，在援助與互助方面有了更為有效的溝通。袁先生後來借助費正清所在的美國駐華大使館學術資料服務處，與美國國務院文化關係司建立聯繫，為中國教育界和學術界請求援助，並利用它為美國各圖書館保存中文圖書，為美國圖書館協會提供相關信息。這不能不說是私人友誼發揮了重要作用。

　　戰爭的升級，使交通運輸愈益困難，運送實物圖書的難度增大，於是美國國務院文化關係司開始向中國提供縮微膠卷援助。〔註 70〕在這一援助中，費正清夫婦在中美之間起了橋樑性作用，而袁同禮先生則是使這一援助落地的關鍵人物。費慰梅寫到：

　　　　中國方面，在 1942 和 1943 年間，縮微膠卷閱讀中心的組織和膠卷的分配是由多個機構合作完成的。其中有兩個人的日常努力使這一項目得以順利進行。袁同禮博士是其中之一。〔註 71〕（按：另一個人是費正清。）

　　　　在（1942 年）10 月底之前，國際學術文化資料供應委員會（International Scientific and Cultural Materials Supply Committee）〔註 72〕——即後來知名的中國國際文化服務社（the International Cultural Service of China）——已由教育部建立起來，用於接收和分配縮微膠卷，而它的活的靈魂人物袁同禮已經開始行動。他以其令人欽佩的組織能力，借助重慶的中央膠卷圖書館，建立起一個系統，用以保持各卷的連續性；並且建立了一個縮微膠卷閱覽室網絡，該網絡可以為重慶、成都、昆明、桂林地區的大學校園讀者提供膠卷。在這些地區，每卷有 5 個拷貝可供流通。〔註 73〕

自 1943 年 2 月起，國際學術文化資料供應委員會開始按期印行《圖書影片指

〔註 70〕後來，英國也不甘落後，開始對華援助圖書縮微膠片，並派李約瑟來華，組織文化科學辦事處。

〔註 71〕Wilma Fairbank. America's Cultural Experiment in China: 1942-1949 [M], Washington: Bureau of Educational and Cultural Affairs, U.S. Department of State, 1976: 45.

〔註 72〕顧毓琇和任鴻雋分別任主席和副主席，袁同禮任執行秘書。（參見：國際學術文化資料供應委員會正式成立〔J〕，中華圖書館協會會報，1943，17（3、4期合刊）：5。）

〔註 73〕Wilma Fairbank. America's Cultural Experiment in China: 1942-1949 [M], Washington: Bureau of Educational and Cultural Affairs, U.S. Department of State, 1976: 46.

南》（英文本），以供學術界參考〔註74〕。截至 1943 年底，多達 1071000 頁資料的縮微膠卷運到了重慶〔註 75〕。這些膠卷為中國的學術界提供了歐美的最新研究成果，為教育界提供了相關參考資料。例如，在《中華圖書館協會會報》18 卷 4 期上，曾描述了華西協和大學接收和利用膠卷的情況：

> 華西協和大學所設立圖書影片閱覽室，最近接到國際學術文化
> 資料供應委員會寄之英美圖書影片一百八十五卷，均係英美最新出
> 版之書籍雜誌之連續影片，總計所藏影片不下千餘種，此項設施，
> 對華西壩五大學師生之研究工作補助極大，除閱覽室內所設之兩架
> 放映鏡外，並另備有專供蓉市其他學術機關團體借用之放映鏡，免
> 費供給云。〔註76〕

同樣，袁同禮先生為費正清搜集中國資料，也提供了大量幫助。此外，二人還擬定了《中美文化關係備忘錄》（Memo: Sino-American Intellectual Relations，1942 年 12 月 31 日簽署），從而將原來簡單的文化援助，提升到更高的層面、更廣的領域和更細的部分〔註 77〕。該《備忘錄》被分發到美國各相關機構成員手中，從反饋結果看，大多表示贊成，一部分人提出了改進意見。總體來看，它推動了中美文化關係在戰爭時期的深入發展。

此外，袁同禮先生與美國圖書館協會總幹事（即執行秘書）米蘭和遠東及西南太平洋委員會主席白朗等人，通過大量信函往來，使兩國圖書館界在戰時的援助與互助，躍上了一個新臺階。這些英文信函，不僅保留了大量歷史細節，而且見證了袁同禮先生在國際請援與文化合作中的重要作用。

1943 年 9 月 8 日，袁同禮回覆米蘭發來的電報，大意是，願為美國圖書館購買中國資料提供幫助；提議在中國建立一個分委員會，以提供諮詢和收集出版物，該分委員會需要一名全職助手，其薪水希望由雙方分擔；對選擇

〔註74〕國際學術文化資料供應委員會正式成立〔J〕，中華圖書館協會會報，1943，
17（3、4 期合刊）：5。

〔註75〕Wilma Fairbank. America's Cultural Experiment in China: 1942-1949 [M],
Washington: Bureau of Educational and Cultural Affairs, U.S. Department of State,
1976: 48.

〔註76〕華西協和大學圖書影片閱覽室工作簡訊〔J〕，中華圖書館協會會報，1944，
18（4）：13。

〔註77〕T. L. Yuan, J. K. Fairbank. Memo: Sino-American Intellectual Relations
(1942-12-31), American Library Association Archives, University of Illinois,
Urbana, 7/1/51, Box 1. 該《備忘錄》包括三大部分，即圖書館、出版物、人員
培訓。每部分下都提出若干具體的做法和建議。

出版物的範圍提出合理建議，出版物擬暫時存於美國駐華大使館學術資料服務處，購買出版物的季度報告將通過美國駐華大使館轉交；建議將此項目限定在一個小範圍內，以第一年作為試驗，如果雙方同意，翌年 7 月繼續進行。〔註78〕是函體現了袁先生的周到與熱情。11 月 22 日，米蘭致函袁同禮，對他的幫助表示感謝，並稱，白朗將把合作購買方案寄致各研究圖書館，每個館需承擔 1000 美元，其中包括支付中方助手的全額薪水；在中國建立一所美國圖書館的建議也將提交到國務院；美國圖書館協會將討論對部分留美中國學生進行為期一年的圖書館學教育的問題。〔註79〕同日，米蘭轉達了美國圖書館協會國際關係董事會於 1943 年 10 月 28 日通過的感謝決議：「國際關係董事會代表美國圖書館協會向袁同禮博士所給予的關注和幫助表示真誠而特殊的感謝。袁博士促進了中美圖書館員更密切之聯繫，尤為突出的是，他確保了美國能獲得中國新出版的圖書及其他出版物」〔註80〕。

　　1943 年 12 月 2 日，袁同禮致函米蘭，稱打算出版英文通信〔註81〕，以保持兩國館員間的聯繫；希望戰爭結束後，美國圖書館員能考察中國並幫助恢復重建，並希望美國圖書館能為中國保存大量複製品；願為美國獲取中國新出資料提供幫助，相關協議已託美國國務院轉交；說明美國捐贈圖書在中國之情況。同時，應米蘭的建議，隨信附上《中國圖書館之情況》（Library Situation in China ）的報告。〔註82〕該報告包括「中國圖書館所遭之破壞」、「中國自由區圖書館之情況（1937～1943）」、「未來計劃」三部分，它在刊登後引起極大反響，是一份重要史料。1944 年 2 月 11 日，米蘭覆一長函，稱，袁先生報告和信件的複印件已分發給各相關重要人士，並擬在《圖書館雜誌》上全文或節選刊登該報告；援引白朗的部分評論，表達美國圖書館協

〔註78〕T. L. Yuan to Carl H. Milam, (1943-09-08), American Library Association Archives, University of Illinois, Urbana, 7/1/51, Box 2.

〔註79〕Carl H. Milam to T. L. Yuan, (1943-11-22), American Library Association Archives, University of Illinois, Urbana, 7/1/51, Box 2.

〔註80〕Carl H. Milam to T. L. Yuan, (1943-11-22), American Library Association Archives, University of Illinois, Urbana, 7/1/51, Box 2.

〔註81〕從 1944 年 3 月起，袁先生領導中華圖書館協會編輯英文本圖書通訊一種，「以介紹我國戰時圖書館之工作及戰後圖書館之復興與計劃，俾能使國際間瞭解我國之實際困難情形，而取得密切之聯繫與助力。此項英文通訊，分寄英美蘇三國，再由該國等分製複本，代為傳播」。（參見：袁同禮，中華圖書館協會之過去現在與將來〔J〕，中華圖書館協會會報，1944，18（4）：2～3。）

〔註82〕T. L. Yuan to Carl H. Milam, (1943-12-02), American Library Association Archives, University of Illinois, Urbana, 7/1/51, Box 2.

會未能為中國做更多事情的愧疚之情；附上《中美關係之文化項目：關於圖書館》（A Proposed Cultural Program For Sino-American Relations Involving Libraries）、《在華建立一所美國圖書館之建議》（A Proposal For An American Library In China）、《我們在華之利益》（Our Stake In China）（此三項由白朗撰寫），以及《圖書館戰時指南》（Library War Guide）四份文件，供參考；對袁先生報告中提出的未來計劃感興趣；白朗希望擴展中美大學圖書館結對子的範圍；對袁先生擬出版英文通信的做法表示贊同；如果交通許可，希望中國學生能到美國圖書館學校學習；詢問能為文華圖專和中華圖書館協會做點什麼；他已向國際教育學會主席建議，讓身處困境的若干中國留學生進入美國圖書館學校學習；願意派遣館員赴華考察；已有 10 所大型的圖書館願意參加聯合購買中國資料的行動；感謝袁先生告知捐贈書籍的命運，並稱讚費正清夫婦的熱心幫助。〔註83〕

1944 年 3 月 8 日，袁同禮致函米蘭，大意是，1944 年 1 月，中國圖書服務部成立，用以幫助外國圖書館獲取中文資料；中華圖書館協會收集到許多關於中國圖書館現狀及他們當前及戰後需要的調查材料，打算以英文匯編成冊寄上；他將評論美國圖書館協會各建議項目；認為美方訓練中國圖書館員的計劃正當其時，推薦 Mark Tseng 赴芝加哥大學深造；期盼美國圖書館員能來華考察；認為中美圖書館結對子一事不太切合實際；贊同對方請求基金會的部分資金用於購買參考書，這將使許多外國圖書館受益；中華圖書館協會正計劃贈送 25 套（每套 25 本）有關美國的中文圖書給 25 所中國圖書館，以擴展他們對美國文化的知識；希望美國圖書館協會小額補助中華圖書館協會。可見，袁同禮利用圖書請援的契機，廣泛開展中美文化互助與合作活動。在該函中，他還說：「在戰時我們沒有打字機及其色帶，甚至沒有複寫紙。我正在親自打寫這封信，因為我沒有秘書，也沒有打字員，更不用說有速記員和錄音機。」〔註84〕這一細節，表明他是在如何艱難的情況下，開展國際請援與文化合作的。

1944 年 3 月 11 日，米蘭致函袁同禮，謂打算派送一名美國圖書館員去中國，以獲取對中國圖書館情況的切實瞭解，詢問是否可行，並希望能獲得中

〔註83〕Carl H. Milam to T. L. Yuan, (1944-02-11), American Library Association Archives, University of Illinois, Urbana, 7/1/51, Box 2.

〔註84〕T. L. Yuan to Carl H. Milam, (1944-03-08), American Library Association Archives, University of Illinois, Urbana, 7/1/51, Box 2.

國教育部的同意〔註85〕。4 月 11 日，袁同禮覆函米蘭，熱烈歡迎美國圖書館專家來華考察，他將確保中國教育部的支持，並建議該專家以美國國務院文化關係項目下一名赴華專家的身份成行〔註86〕。

1944 年 4 月 22 日，白朗致袁同禮一長函，大意是，《中國圖書館之情況》一文發表後，引起巨大反響：「我收到大量美國圖書館員的來信，他們被你對中國圖書館受損的報導和你所提出的未來計劃，深深觸動了」，「每天，我都收到陌生館員的來信，他們詢問能做點什麼來幫助中國」；他已與在美國的中國教授交談，這些教授提供了能幫助中國的各種方式方法；中美圖書館間的結對子，是胡適先生最先提出，它僅適用於戰後計劃，而且限於大學圖書館，這有利於大學間的圖書館員和教師建立密切而互助的關係；他與費正清夫婦一起，被委派組成 3 人委員會，試圖加快圖書運華進展，並負責協調；打算發行油印簡報，以為美國圖書館員提供有關中國的信息，希望袁先生提供消息短文；徵詢袁先生，美國圖書館協會如何幫助戰後中國圖書館學校的發展；愛荷華州立大學圖書館願意為某位有志成為圖書館員的中國學生提供獎學金；他表達了中國學生對袁先生的稱讚：「我驚訝地發現，如此多的中國學生欣賞你在困難情況下所做的事情」，但也提到，留美中國學者建議袁先生在圖書分配上組成 3 人委員會，「這樣可以避免過多的批評」〔註 87〕。這一誠摯的忠告，無意間透露出袁先生當時的處境。顯然，袁同禮進行的國際請援與文化合作活動，用心雖好，然時局維艱，立場各異，行動中難免遭人非議，尤其是在圖書資源分配這一棘手問題上〔註88〕。然而，

〔註85〕 Carl H. Milam to T. L. Yuan, (1944-03-11), American Library Association Archives, University of Illinois, Urbana, 7/1/51, Box 2.

〔註86〕 T. L. Yuan to Carl H. Milam, (1944-04-11), American Library Association Archives, University of Illinois, Urbana, 7/1/51, Box 2.

〔註87〕 Charles H. Brown to T. L. Yuan, (1944-04-22), American Library Association Archives, University of Illinois, Urbana, 7/1/51, Box 2.

〔註88〕 抗戰勝利後，分配美國贈書一事，仍是「燙手山芋」。從 1947 年 4 月 4 日任鴻雋致袁同禮的信中可見一斑：「分配美贈書籍原極繁難，聞教部近組織接收整理委員會，由蔣慰堂、朱國璋兩君主持，專辦接收及整理事宜。將來分配時，是否由原分配委員會主持，此時尚不明瞭。中基會對於此事素未參與，此時自不便強為出頭。弟此次返國後，偶與教部及適之先生談及此事，蓋因在美時曾得 Dr. Brown 專誠拜託，代為傳達希望公平分配於公私各學術機關（尤注意教會學校）之意。至何人主持此事，弟擬不過問。如兄仍任分配委員會事，則擬請兄早為催促進行，以免夜長夢多，使指書者更為失望也」。（北京圖書館業務研究委員會編，北京圖書館館史資料彙編（1909～1949）〔G〕，

袁先生在他與美國友人的通信中，卻絲毫未提及個人處境，其顧全大局的精神，讓人感佩。

1944 年 4 月 27 日，袁同禮致函米蘭，感謝美國圖書館協會贈送兩份縮微膠卷，內容皆是最近出版的圖書館學著作，包括《美國圖書館協會目錄卡片歸檔條例》、《圖書分類編目導論》、《大學圖書館建築》〔註89〕。

5 月 1 日，米蘭回覆袁同禮 3 月 8 日函，稱他們將進一步調查派一名館員赴華考察的可能性。函中還說：

> 洛克菲勒基金會已撥出 100000 美元，作為戰爭地區的圖書館購買參考書及研究資料的經費。這是一筆相對較小的款項，不能走太遠，但也能做一些事情。作為援助外國圖書館總體項目的一部分，我們現在正在準備圖書清單，它們是美國圖書館員和學者認為外國圖書館員所想要的。這些清單對象你這樣關心選擇和購買問題的人士應該有幫助……

> 在為 25 所中國圖書館購買 25 套（每套 25 本）關於美國的中文圖書這一計劃中，你一定是最有魄力的。希望我們有一些資金能分配給你的組織，以使其擴展該項目。不幸的是，我們沒有。

最後，他對中華圖書館協會第六屆年會表示祝賀。〔註90〕5 月 8 日，袁同禮致函米蘭，對其祝賀表示感謝，並說：

> 多年來，中國圖書館員懷著不斷增加之欽佩，注視著你在圖書館服務和國際圖書館合作方面的偉大貢獻。在你振奮人心的領導下，美國圖書館協會取得了極大成就，這是我們在中國工作的持久動力源泉。今天，不僅在贏得戰爭上，而且在贏得和平上，我們自豪地與你的祖國站在一起。目標的一致性，加上由相互興趣和理解而產生的友誼，現已發展成為一種堅定的團結精神，這將奠定今後仍舊保持緊密合作的基礎。我們分享著你對建立一個沒有肆意破壞的世界的決心，並堅信，我們之共同努力，不僅在物質上會貢獻於戰爭地區的文化教育機構的加速恢復重建，而且會確保人類在圖書

　　　　北京：書目文獻出版社，1992：875～877。）
〔註89〕T. L. Yuan to Carl H. Milam, (1944-04-27), American Library Association Archives, University of Illinois, Urbana, 7/1/51, Box 2.
〔註90〕Carl H. Milam to T. L. Yuan, (1944-05-01), American Library Association Archives, University of Illinois, Urbana, 7/1/51, Box 2.

館、民主與合作的基礎上有一更幸福之世界。〔註91〕
是函充分展示了袁先生在圖書館以及文化合作方面的深刻思想。

1944 年 5 月 24 日，袁同禮覆函白朗，願意為其發送所需之信息；贊同在中美大學圖書館間結對子的建議；感謝他的建議，即組成 3 人委員會以負責圖書期刊的分配，但袁同禮認為，成員應包括圖書館員、政府和大學的代表，至少需要 15 人，即便這樣，要滿足各方需求，也非易事；信末曰：「相信我們持續而富有成效的合作，將使中美兩國在思想和情感上更緊密聯繫在一起，並為促進中美文化關係的更大計劃鋪平道路」〔註 92〕。這再次表明，袁同禮不僅積極推動中外圖書館事業的交流，而且始終著眼於中外文化關係的合作與發展。

1944 年 5 月 31 日，白朗致函袁同禮，稱將與袁先生討論美國圖書館的合作購買計劃，決定先給 1000 美元的象徵性付款；另外，談到用美國副總統華萊士的專機運書的相關問題：

> 費正清夫人建議，華萊士先生也許能用他的專機，為這 13 所合作圖書館運回一些中國出版物。在副總統華萊士離開華盛頓以前，我與他交談過。他知道你和你的工作。我希望你有機會見見他。你可以提及我與他關於中國圖書館的談話。費正清夫人可能已通知你，她正與華萊士談論在他的專機上放 600 磅重的分配給中國大學的圖書。真心希望你有機會親自與華萊士談談。他是愛荷華州立大學的畢業生，是一位傑出的自由主義者。他對圖書館之發展也極有興趣，並對我們正嘗試做的工作，知曉一二。

還提到袁先生的文章得到美國人士的極大認可：「你在《圖書館雜誌》上發表的文章，正受到熱心之認可。在美國，對中國有如此大的興趣，以致許多圖書館員希望在戰後訪問中國。在漢語學習方面，有巨大的增長」〔註 93〕。這封信較好體現了袁同禮先生在美國的影響，以及在促進中美文化交流上的切實貢獻。在華萊士抵渝後，袁先生託其攜回北平圖書館贈送給美國醫學學術

〔註91〕 T. L. Yuan to Carl H. Milam, (1944-05-08), American Library Association Archives, University of Illinois, Urbana, 7/1/51, Box 2.

〔註92〕 T. L. Yuan to Charles H. Brown, (1944-05-24), American Library Association Archives, University of Illinois, Urbana, 7/1/51, Box 2.

〔註93〕 Charles H. Brown to T. L. Yuan, (1944-05-31), American Library Association Archives, University of Illinois, Urbana, 7/1/51, Box 2.

機關的書籍多種，包括兩部《福建通志》〔註94〕。

　　1944 年 6 月 3 日，袁同禮致函白朗，稱已組織了為美國圖書館購書的諮詢委員會，如果收到資金，合作購買計劃將立即開始，並會提交月度報告；感謝愛荷華州立大學為有志成為圖書館員的中國學生安排了一份獎學金；表明中國迫切需要關於戰後規劃、國際關係和社會科學的圖書；最後附上《國立北平圖書館參考條約目錄彙編》。〔註95〕1944 年 6 月 14 日，他再次致函白朗，大意是，寄上一份中國出版物清單，這些出版物很可能放在華萊士返程的專機上；出版物中包括給 13 所合作圖書館的《古氣候與大陸漂移之研究》（馬廷英著）一書，因為未收到美方資金，所以是提前寄上；送上《圖書季刊》的多份複印件，該刊反映了中國新出的部分出版物；最後，再次強調中國科學刊物只限量發行，希望美方之合作購買項目能於 7 月 1 日開始，而該項目自從提交《中美文化關係備忘錄》以來，實際已被推遲了一年半。〔註96〕此兩函表明，袁先生非常關心為美國 13 所圖書館購買中文書刊項目的進度，在美方款項遲遲未到的情況下，他甚至墊資為其購買資料。這體現出袁同禮寬宏大度的胸襟和不拘小節的辦事風格。直到 1945 年 4 月 1 日，美方只有 3000 美元寄到中國，實際占 13 所圖書館集資款的十三分之三，相當於每館只用了 230.77 美元，而袁先生已給每館寄去超過 88 件的書刊，相當於每件只花費了 2.62 美元，而一些用最初集資款採購來的出版物還沒有發送。「顯然，袁博士已經以一個相當優惠價格成功地採購了出版物，尤其是考慮到中國的通貨膨脹現狀」，白朗在給 13 所圖書館館長的信中如是說到〔註97〕。

　　1944 年 7 月 29 日，白朗覆一長函，稱他進行了一場小型的右眼外科手術，未能及時覆信；肯定了袁先生為美國圖書館購書而組織的諮詢委員會和諮詢委員；他正計劃為戰區遭受毀壞的圖書館發起一場大規模的圖書運動；美國圖書館協會，與政府機構尤其是國務院，在工作上緊密合作，「為了彼此互助，需要政府關係和私人關係。很高興你及你的政府正在經營這一政策」；戰後中國各大學可能會進行重組，這會影響大學圖書館的結對子，但結對子的一個

〔註94〕我國贈華萊士書籍多種〔J〕，中華圖書館協會會報，1944，18（4）：12。

〔註95〕T. L. Yuan to Charles H. Brown, (1944-06-03), American Library Association Archives, University of Illinois, Urbana, 7/1/51, Box 2.

〔註96〕T. L. Yuan to Charles H. Brown, (1944-06-14), American Library Association Archives, University of Illinois, Urbana, 7/1/51, Box 2.

〔註97〕程煥文，裘開明年譜〔M〕，南寧：廣西師範大學出版社，2008：314。

目標是「使更多的中美圖書館員建立私人通信和關係」；打算派哥倫比亞大學圖書館館長懷特（Carl M. White）赴華考察〔註98〕；願意為袁先生搜集美國規模較大的大學圖書館和公共圖書館的近幾年的報告；最後表達了謝意：「你正在做的工作在美國極受欣賞。美國圖書館員皆希望在戰爭結束後有機會以一種更實在的形式表達他們的感激之情」〔註99〕。1945 年 1 月 9 日，米蘭致函袁同禮，轉達美國圖書館協會國際關係董事會在其 1944 年 10 月 7～8 日之會議中表決通過的謝辭：「美國圖書館協會代表 13 所參加聯合購買中文資料的圖書館，對袁同禮博士在執行該項目中所展現出的活力與智慧，表達崇高的謝意」〔註100〕。

　　1944 年 12 月，袁同禮奉國民政府行政院委派，赴美考察文化事業，促進中美文化關係，並考察戰後農業復員工作〔註101〕。此行，他拜訪了美國國務院、美國圖書館協會、以及部分大學和組織的相關人士，極受歡迎。通過發表演講、當面晤談、寫信溝通等多種方式，為戰後中國圖書館和教育的恢復重建，積極爭取援助。1945 年 8 月 15 日，日本宣布無條件投降，在這一重要的日子裏，袁同禮仍在歐美為中國的文化教育事業奔波。

3、袁同禮圖書請援的貢獻

　　一國存亡之時，也是文化續絕之際。在抗戰前期，袁同禮先生準確地預見到，解決中國學術和文化的生存問題是當務之急。作為圖書館學家，他充分利用專業優勢和個人資源，向國際社會廣泛開展徵募圖書的請援活動，取得了顯著成績。這些徵募來的圖書和膠卷，與北平圖書館徵集的大量西南民族文獻、抗日戰爭史料、以及訂購的大量西文期刊〔註102〕等一起，緩解了中

〔註98〕懷特在 1945 年 7 月上機前，被美國國防部否決，理由是無關軍事作戰，深為可惜。（徐家壁，袁守和先生在抗戰期間之貢獻〔J〕，（臺北）傳記文學，1966（民國五十五年），8（2）：40～45。是文收入《思憶錄：袁守和先生紀念冊》80～92 頁）

〔註99〕Charles H. Brown to T. L. Yuan, (1944-07-29), American Library Association Archives, University of Illinois, Urbana, 7/1/51, Box 2.

〔註100〕Carl H. Milam to T. L. Yuan, (1945-01-09), American Library Association Archives, University of Illinois, Urbana, 7/1/51, Box 2.

〔註101〕袁同禮今日離渝赴美考察農業〔N〕，中央日報，1944-11-30（2 版）。

〔註102〕例如，北平圖書館 1940 年訂購有 2000 餘種西文期刊，曾分送西南聯大、同濟大學、雲南大學及中日戰事史料徵輯會陳列閱覽。後又訂購醫學雜誌 200 餘種，分寄成都、重慶、貴陽、昆明各醫學機關，輪流參考。（國立北平圖書館工作近況〔J〕，中華圖書館協會會報，1940，15（1、2 期合刊）：11～12。）

國圖書資料極度匱乏的窘境，有力支持了中國學術、科技、文化在戰時的發展〔註103〕，也有效支撐了中國的文化抗戰。然而，宏大的戰爭敘事模糊了文化延續的艱難，也忽視了歷史語境中個人努力的作用。袁同禮先生文化請援之時，戰爭的陰雲覆蓋歐洲，軍事和政治上的角逐正次第展開，各國自顧不暇，很難有精力援助陷入戰爭泥潭的中國。而美國又受孤立主義思想的影響，對發生在中國的戰爭，也沒有做出有力的支持。中國忙於應戰，社會各界對文化請援尚難足夠重視。正是在這種內外交困的情況下，袁同禮先生依靠與國際友人的私交，通過大量信函往來，取得了文化請援的突破。他自覺為圖書館學家，以極強的身份認同和專業精神，不遺餘力徵募圖書，明知其難，仍以一己之力為之，以使中國學術不因戰爭而停滯，文化教育不因戰火而斷絕，這是他強烈的愛國主義精神的體現，也是他高度的專業能力的體現，更是他卓越的個人魅力的體現。

在抗戰的中後期，國際國內局勢發生重大變化。歐洲全面陷入戰爭，美國也因珍珠港事件被捲入戰爭。是時，美國官方加大了對華的軍事、經濟、文化、醫療等方面的援助力度。在文化援助上，中美雙方的政府參與到請援活動中來。袁同禮先生借勢而為，在請援活動中，突出強調文化交流和合作，將請援和互助結合起來。尤其重視通過為美國圖書館購買中文圖書，邀請美國圖書館專家來華考察，加強中美圖書館界的聯繫溝通等方式，來深入發展和保持雙方的合作關係，通過請援與互助相結合的文化交流活動，提升雙方的合作層次，加快中國文化事業的發展。這顯示出袁先生是一位具有國家意識、國際眼光、大局智慧和開放視野的圖書館事業領導者。在文化請援與互助中，袁同禮充分發揮個人影響力以及人脈優勢，與費正清夫婦、米蘭、白

〔註103〕袁同禮先生在為《現代中國數學研究目錄》作序時，曾談到他對此事的理解：「二三十年代，中國各大學開展了數學方面的基礎訓練，致使這一時期的數學活動受到某種激發。傑出的數學學生被送至日本、歐洲、美國，以進一步深造。他們被鼓勵在西方期刊上發表論文。儘管 1937～1945 年的日本侵華戰爭毀壞了中國的科學文化生活，但數學研究卻一度繁榮，這部分緣於西文科技期刊能通過印中和緬甸公路，被正常地運送至中國的非敵佔區。當上述路線受阻，這些期刊的運送就中斷了。此時的科學研究能夠繼續，主要是通過美國政府及英國文化委員會的援助，是他們發起了膠卷項目，該項目由設在重慶的國際文化服務社（International Cultural Service）負責管理，我就是該社的執行秘書。通過相同的渠道，中國的科技論文能有效組織，並及時在西方期刊上傳播。在科技文獻方面的這種雙向溝通，能夠解釋為何在國難時期，仍有大量的中國數學論文發表在海外。」

朗等國際友人保持了密切的私人關係和業務關係。這不僅對戰時的請援與合作起著舉足輕重的作用，而且還影響到戰後中美圖書館事業以及文化關係的發展。學者如費正清，不但開創了美國漢學研究的新時代，而且以他及其弟子為代表的漢學研究，對美國後來的對華政策，產生了深遠影響。誠然，專業上、學術上的交流與合作，常常會折射到國家層面的交流與合作上。而袁同禮先生正是充分發揮圖書館的專業價值以及他個人的專業學識之楷模！正如費正清所說：

> 我們發展了一種學術界中的文化交換。凡此種種，我都得到袁先生的意見及領導。……他有一種特殊的資賦，不管景況如何困難，總在繼續踴躍的奮發苦幹，而不疏忽他的職責。他總可以為知識及其分發，找出有價值的事來做。〔註104〕

總之，抗戰時期，袁同禮以實情邀援、全力爭援、極力助援、真情謝援，爭取到大量的國際文化援助，促進了中外學術交流與文化合作。他以圖書館學家的專業精神和專業素養，承擔了一個知識分子對民族和國家的責任，為抗戰做出了積極貢獻。

第二節　開放的文化交流觀

一、人際交流：「四海之內皆兄弟」

民國時期的北平，是研究漢學的各國學者必到之地。那裡有豐富的文獻館藏，有一流的學者和逐步成熟的研究機構。北平圖書館是來華學者最青睞的地方之一，作為一館之長的袁同禮，盡可能為這些學者創造便利的研究條件，時時為他們提供幫助，如開放珍貴的文獻資料、派遣學術功底深厚的館員為他們提供資料使用或學術方面的幫助，甚至親自為來華學者答疑解惑、指點方向。

西門華德（Walter Simon）與袁同禮在 1924 年相識於柏林大學圖書館，之後，袁同禮幫助他收集漢文典籍，編印書目；1932 年，邀請他以交換館員身份來北平圖書館研究；1934、1948、1962 年二人又多次見面。西門華德稱讚袁先生把北平圖書館變成中西文化交流的中心之一，並經常為外籍學人提

〔註104〕費正清，我所認識的袁守和先生〔G〕//袁慧熙，袁澄編，思憶錄：袁守和先生紀念冊，臺北：臺灣商務印書館，1968：14。

供幫助：「袁博士從來不分學人的國籍與他們的社會地位，遇事有求必應，一概依其需要，慨予助成。凡屬旅華的外籍學人，希望利用國立北平圖書館或故宮博物院圖書館（時亦由袁博士兼長館務）所收藏的珍貴資料，進行研究，他除了表示竭誠歡迎之外，而且還特別新創有關資料詢問服務處」〔註105〕。

　　1932年，費正清（John K. Fairbank）為完成牛津大學的論文，到北平查找資料。經胡適、陶孟和等人的介紹，他認識了袁同禮。對袁同禮的幫助，他回憶到：「不久他就替我找到一位研究員，來助我使用中文資料。同時，我發現在館中，袁先生已設立一專門部分（由顧子剛先生負責），是特別協助外國學者使用中國史料而創設的」〔註106〕。

　　著名作家賽珍珠（Pearl S. Buck）在翻譯《水滸傳》時，曾去北平圖書館查找資料，也得到袁同禮的幫助。比如，袁同禮認同她作為翻譯底本的那個版本，與其討論一些古代的術語，解釋小說中描寫的各種兵器的使用，告訴她一位著名學者（Ma Li Yien）的私人圖書館裏藏有一些非常古老的插圖，並為她將這些插圖拍成照片。後來，這些插圖用在了《水滸傳》英文版和意大利文版中，引起了西方世界的關注〔註107〕。

　　著名漢學家顧立雅（H. G. Creel）〔註108〕到北平做研究時，袁同禮曾派

〔註105〕西門華德（Walter Simon）撰；陳祚龍，譯，悼念袁同禮博士〔G〕//袁慧熙，袁澄編，思憶錄：袁守和先生紀念冊，臺北：臺灣商務印書館，1968：30～32；Walter Simon（西門華德），In memoriam Yuan T'ung-li [G] //袁慧熙，袁澄編，思憶錄：袁守和先生紀念冊，臺北：臺灣商務印書館，1968：41～44。（英文部分）

〔註106〕費正清，我所認識的袁守和先生〔G〕//袁慧熙，袁澄編，思憶錄：袁守和先生紀念冊，臺北：臺灣商務印書館，1968：13～14；John K. Fairbank. Tung-li Yuan as I knew him [G] //袁慧熙，袁澄編，思憶錄：袁守和先生紀念冊，臺北：臺灣商務印書館，1968：18～20。（英文部分）

〔註107〕Pearl S. Buck. In memoriam〔G〕//袁慧熙，袁澄編，思憶錄：袁守和先生紀念冊，臺北：臺灣商務印書館，1968：10～11。（英文部分）

〔註108〕《時代週報》曾問史學家許倬雲：「你在芝加哥大學的老師顧立雅是什麼樣的人？」許的回答是：「顧立雅（Herrlee G. Creel）是第一代的美國漢學家，他研究古代金文，學古文從讀《孝經》開始，很用功，後來讀中國古文是基本沒有問題的。所以何炳棣說：『他不懂古文，要找我來幫忙。』這是亂說。他是讀俄國史出身的，後來他到北京留學，到安陽去看發掘，眼光真好，安陽的小報告都還沒有出來，他就看出重要處，就寫出了《中國的誕生》（The Birth of China, 1936），但是李濟之先生不原諒他，說：『我們報告還沒有出來，你就替我們寫出書來了。』《中國的誕生》很重要，西方世界第一本書介紹中國第一個考古所得的朝代。」（許倬雲自述成長歲月：在「芝大」念書、搞民權‧

金石學家劉節，在兩年中每週都給他幾小時的指導。這種指導的重要性，用顧立雅自己的話說，就是：「作為一名學生，我艱難地摸索著處理隨時湧現的難度極大的研究資料。袁博士為我介紹了一名館員，他是金石領域的傑出學者，而金石學正是我需要研究的，如果沒有學者引導，我極可能對這一領域無能為力」。他因此感慨道：「袁先生的熱誠，即便在美國或其他西方國家，也是罕見的」〔註 109〕。

美國女漢學家芮瑪麗（Mary C. Wright，芮沃壽夫人）在中國內戰後期，試圖搜集中國戰爭和革命的原始資料，約請與袁同禮見面，立即獲允。袁同禮詢問她的研究興趣及困難，並說，如果她願意承擔編製《大清歷朝實錄》人名索引的準備工作，他會為其配備一名中國職員和一間工作室。芮瑪麗對編製索引的技術知識不甚瞭解，所以謝絕了。那以後，袁同禮在圖書館看到她時，經常請她進去喝杯茶〔註 110〕。

1930 年 3 月 2 日，英國牛津大學蘇錫爾（W. E. Soothill）教授致函袁同禮，申請影繪中國歷史博物館藏利瑪竇地圖。3 月 19 日，袁同禮即致函傅斯年，認為此事「事關傳播文化」，希望其惠允。〔註 111〕

他與蘇聯學者的關係也較好，從王重民勸其回國的信函中（1949 年 11 月 27 日），可略窺一二：「回國路線，最好取道歐洲。不論簽赴英或赴法護照，並不難辦理，到法國如不易簽赴蘇護照，可去另一小民主國家，赴蘇俄一行。此事最重要。因為一則蘇聯東方學者方面，對吾師感情素好，而由蘇回國，最為國人所崇拜也」〔註 112〕。

此外，他還與英國漢學家翟林奈（Lionel Giles）、法國漢學家伯希和（Paul Pelliot）、俄國漢學家鋼和泰等有往來。

雖然袁同禮為各國學者提供的幫助不一，深淺各異，但他的熱情和平易近人是顯見的。在這一過程中，他既促進了海外學者對中國文化的理解和親

搜狐文化〔OL〕，（2009-02-19）〔2011-02-21〕，http://cul.sohu.com/20090219/n262339109.shtml（原載《時代週報》）。

〔註 109〕H. G. Creel.A Confucian Accolade [G] //袁慧熙，袁澄編，思憶錄：袁守和先生紀念冊，臺北：臺灣商務印書館，1968：16～17。（英文部分）

〔註 110〕Mary C. Wright.Dr. T'ung-li Yuan: A personal reminiscence [G] //袁慧熙，袁澄編，思憶錄：袁守和先生紀念冊，臺北：臺灣商務印書館，1968：46～47。（英文部分）

〔註 111〕臺灣中央研究院歷史語言研究所藏本複印件。

〔註 112〕信函複印件，袁清先生提供。

近，又與各國學者建立了良好的私誼。這筆無形財富，無論對抗戰時期他的圖書請援活動，還是對北平圖書館發展圖書交流業務、培養人才，都起了重要作用。這種「四海之內皆兄弟」的世界觀，是他形成開放的文化交流觀的一個前提和基礎。

二、圖書交流：開放的大協作觀

考察自晚清以來的中外文化交流，中國長期處於一種被動狀態，「西學東漸」是面對中華與西方巨大落差時，被動學習的一種本能反應。從民國開始，阻礙新學長足發展的制度基礎已然崩塌，學術界、文化界的現代意識開始滋長，單向度的西學東漸逐漸轉為多維度的中外匯流。在舊學與新知、傳統與現代、保守與革命、專制與民主等思潮激烈碰撞的時代，文化交流呈現多樣化的特徵。學界的仁人志士，在不同階段、不同層面上展開了文化交流活動。

與學校、博物館等類似，圖書館是西方現代學術與教育發展的重要建制。袁同禮作為經歷過歐風美雨的新時代學人，對圖書館在文化交流、學術進步方面的重要作用，自然深有體悟。袁同禮執掌北平圖書館，並參與和領導中華圖書館協會後，一方面，大力推動現代圖書館運動；另一方面，加強中外學術文化交流。縱觀袁同禮的國際文化交流活動，其主要的交流形式是圖書交流。

袁同禮以圖書交流為核心的國際文化交流活動，在一定程度上推動了中西文化的相互理解和溝通、促進了中國現代圖書館的國際化水平，提高了北平圖書館的學術地位。

回到袁同禮時期的歷史語境，重新梳理他在國際文化交流方面的貢獻，可以檢省和反思我們當下的國際文化交流，其中尤其要重視袁同禮的國際文化交流觀。

1931 年，袁同禮在闡發北平圖書館的使命時，論述了他的學術文化交流觀：

> 中外大通，學術界亦不閉關自守，是以歐戰而還，國際聯盟乃有國際知識合作委員會之設，蓋所以謀萬國知識之溝通，化除畛域之見，以躋世界於大同也。吾人深願以此通中外圖書之郵，為文化交通之介。〔註113〕

〔註113〕袁同禮，國立北平圖書館之使命〔J〕，中華圖書館協會會報，1931，6（6）：3～4。

他認為，學術文化交流的首要問題是開放，是不預設前提，不閉關自守，要放棄傳統的以自我為中心的文化優越感，以國際化的視野，實現「中外大通」。其次，要重視協作，化除畛域之見，建設一個中外之間在學術文化交流層面相互合作、相互支持、相互交融的機制，從而提升中外之間的學術文化交流層次，加強中外之間的學術文化合作關係，提高中外學術文化研究的水平。

袁同禮的這種文化交流觀，是一種開放的大協作觀。這一理念，貫穿他的一生。從他圖書交流的事蹟來看，他的這一理念主要體現在兩個方面：一是圖書資料的互通有無。圖書交流是學術文化交流的重要組成部分。圖書是知識溝通的重要載體，也是文化交流的重要媒介。袁同禮通過各種方式幫助西方學術研究機構豐富中文館藏，尤其是抗戰時期的圖書請援活動，更是以圖書為最重要的紐帶。二是促成中外學人的信息共享與學術交流。袁同禮通過建立交換館員制度、支持西方學者等方式，提高他們的研究水平，在一定程度上推動了西方的漢學研究。

袁同禮的圖書交流活動與文化交流觀，對我們今天，有什麼啟示呢？

第一、學術文化交流是圖書館人的天然使命

袁同禮通過中外圖書交流促進了中國現代學術事業發展，也推動中國教育文化事業的現代化。這是民國時期以袁同禮為代表的圖書館人強烈的使命感和自覺性所決定的。他在《現代德國印刷展覽會目錄序》一文中略述歐洲印刷術之演進，德國印刷業的發展，中國印刷術之輝煌，文末感慨曰：「而印刷發明最早之東方古國，至今反聲光日墜，以視其先人且猶不逮，寧不大可哀乎？此所以有現代德國印刷展覽會之舉。國人覽此，庶幾足以發思古之幽情，啟憤悱於未來耳」〔註114〕。

他的這種感慨源自對文化事業發展滯後的警醒和憂慮。作為「老大帝國」的中國，在與西方的競爭中慘敗，不僅是政治、軍事上的失敗，更是文化教育落後造成的。西方近代學術與文化發展的強勢地位，使袁同禮意識到：向西方學習，放眼全球，立足本土，才能振興學術，提升中國的文化影響力。

學術文化交流要有戰略眼光。學術文化交流要為國家和民族利益服務。

〔註114〕袁同禮，現代德國印刷展覽會目錄序〔J〕，中華圖書館協會會報，1933，9（3）：1～2。

中國作為一個大國必將崛起，而中國要實現現代化，融入世界，就必然要學會理解西方，西方也需要重新認識崛起中的中國。作為圖書館人，在這個全球化的時代，要有一種振興學術文化的擔當精神和使命感，才能彰顯圖書館的專業價值，推動學術文化交流。

第二、學術文化交流的前提是能否進行對話

學術文化交流的主要作用在於不同思想的相互啟發。學術交流是「思想的碰撞」、「知識的協作」，其前提在於：學術共同體或學術中心是否具備思想與知識輸出的能力。20 世紀 30 年代，西方尤其是美國的漢學研究興起，北平圖書館在其中起到非常重要的作用。北平圖書館是當時國際學術研究的一個重鎮。倘若沒有這樣一個地位，學術交流與文化溝通就是一種失衡的對話，而不是建立在對等基礎上的知識的相互輸出與引進。正是因為袁同禮所執掌的北平圖書館經年建設，具備國際學術文化交流的先決性條件，在艱難時局中所產生的國際影響才更為彌足珍貴，而袁同禮在其中發揮了積極的推動性作用，名垂青史。

今天，我們要加強學術文化交流，就不應該僅僅成為西方知識的「搬運工」和「傳聲筒」，而要夯實基礎，注重原創，建立新知，提升學術對話的能力。

第五章　目錄編製實踐及目錄學貢獻

第一節　目錄編製實踐

　　旅美學者陳毓賢女士曾寫到：「洪業在旅途中有空便看書，看了很多當代美國社會評論家的著作。他在一個鎮上多耽幾天的話，就找機會去訪圖書館。他很羨慕美國大眾可隨意翻閱各種參考工具，如百科全書、索引、地圖、統計表、年表、族譜……等，在中國這些都是很難看到的。中國沒有這些工具，要提高知識水準，必定困難重重。洪業特地訪問了《讀者文摘期刊指導》的創辦人，去研究怎樣組織這類的刊物，也到美國國會圖書館去考察該處中文書如何編目」〔註1〕。洪業的這段經歷，恰好發生在袁同禮留學美國時期。作為專門研習圖書館學的袁同禮，極可能與洪業有相同的感觸。歸國後，洪、袁二人分別執掌中國兩所重要的圖書館，燕京大學圖書館和北平圖書館，並領導各自手下的「精兵強將」奮起直追，編撰了大量高水平的目錄、索引（引得），既培養了人才，又為中國學術的發展，做出了重要貢獻。袁同禮一生重視目錄工作，晚年甚至以此為職志，那麼他的目錄實踐究竟是怎樣的呢？

一、在國內的目錄實踐

（一）領導北平圖書館職員編纂目錄、索引

　　作為館長的袁同禮，十分重視館藏目錄、索引及專題目錄的編纂，這既是北平圖書館業務發展的需要，也是訓練人才的重要方法。當時，北平圖書

〔註1〕〔美〕陳毓賢，洪業傳〔M〕，北京：北京大學出版社，1995：69。

館編製的目錄主要有《國立北平圖書館方志目錄》《國立北平圖書館善本書目》《國立北平圖書館西文參考書目錄》《館藏中文輿圖目錄》等，索引主要有《國學論文索引》《文學論文索引》《中國地學論文索引》《清代文集篇目分類索引》《石刻題跋索引》等。這些成果的背後，有袁同禮引導、敦促之功。

　　1927 年 7 月他在為王重民《老子考》作序時寫到：「王君重民從余治目錄學，近輯《老子考》一書，其書其志均足繼朱謝二氏之後」〔註2〕。王重民在《老子考·自序》中也談到：「一九二五年從袁守和先生受目錄學，大好之，乃發憤先為《老子考》，因一可藉以抽繹各史志藏書志，一可為研究《老子》之預備也」〔註3〕。說明袁同禮曾是王重民在目錄學方面的指導老師。之後，王重民領銜編撰的《清代文集篇目分類索引》等工具書，也受到袁同禮的指導和影響。對此，王重民曰：「余年來服務北平圖書館，余師守和先生屬余摘錄清代文集篇目，製為索引：以說經者歸之經，考史者歸之史，校子者歸之子，金石、版本、書畫與傳狀、墓誌、碑記諸文各歸之本名本人之下」〔註4〕。可見，袁同禮是幫助王重民打下目錄學根基的啟蒙老師。

　　又如，袁同禮曾敦促楊殿珣編製《石刻題跋索引》，在序言中，他寫到：「唯自宋代以還，著述繁多，檢索匪易，甀思宜有以統攝之，爰屬楊君殿珣，先就記載石刻書籍，製為索引，歷四年竣事，共收書百四十種，計得四萬條」，「有此一書，學者庶可稍省翻檢之勞，其有志於此者，亦可藉以窺金石學之門徑」〔註5〕。足見袁同禮一面注重提攜人才，一面高揚以目錄索引便利學術的精神。

　　此外，他還給予目錄作品在期刊上發表或單獨出版的機會，這對於由目錄進入學術殿堂之學者，起了促進作用。曾有學者感慨：「不難想像，在不少高等院校、科研機構將書目、資料彙編逐出學術專著殿堂的今天，如果《中國通俗小說書目》、《日本東京所見小說書目》不是在先前就已獲得很高學術聲譽的話，它們是否能得到出版的機會？」〔註6〕這說明，孫楷第的書目作品，正是因為當時能夠及時發表，才為學術界所知，並得到認可和再次出版的機會。（這段話也表明，今天我們對待目錄作品的態度是值得反思的。）以後，

〔註 2〕袁同禮，序〔M〕//王重民，老子考，北平：中華圖書館協會，1927。
〔註 3〕王重民，冷廬文藪〔M〕，上海：上海古籍出版社，1992：365。
〔註 4〕王重民，冷廬文藪〔M〕，上海：上海古籍出版社，1992：432。
〔註 5〕袁同禮，序〔M〕//楊殿珣編，石刻題跋索引，〔香港〕：商務印書館，1940。
〔註 6〕苗懷明，讀孫楷第《小說旁證》劄記〔J〕，文獻，2001（4）：236～246。

孫楷第能在中國小說史方面繼續鑽研，達到極深造詣，其書目的出版，既是
治學基礎，也是學術激勵。其他如王重民、謝國楨、向達、楊殿珣、趙萬里
等人的目錄作品，也時常見諸《國立北平圖書館館刊》、《圖書季刊》、《圖書
館學季刊》等刊物，這既夯實了他們的學術功底，又為其由目錄學步入專科
學術領域鋪平了道路。

（二）袁同禮在國內發表的目錄作品

除了領導北平圖書館職員開展目錄工作外，袁同禮還親力親為，編製了
《永樂大典》存目、中國音樂書目、宛委別藏現存書目、國立北平圖書館現
藏海外敦煌遺籍照片總目等目錄（見表 5-1）。其中，有關《永樂大典》存目
的持續調查和研究，得到學界的高度評價。

學者張昇認為，袁同禮《永樂大典考》一文推動了民國《永樂大典》研
究的興起，所撰多種《永樂大典現存卷目表》是當時國內最權威的有關《永
樂大典》下落的統計表〔註7〕。在袁同禮《永樂大典考》一文發表後，相繼有
李正奮的《永樂大典考》（《圖書館學季刊》1926 年 1 卷 2 期）、孫壯的《永樂
大典考》（《北平北海圖書館月刊》1929 年 2 卷 3、4 期）、郭伯恭的《永樂
大典考》（長沙商務印書館 1938 年版）、容媛的《永樂大典考》（《燕京學報》1940
年 27 期）等作品問世。

可以說，袁文成為了民國《永樂大典》研究的先聲。除了對《永樂大典》
下落的詳細調查外，他還撰寫了兩篇重要的研究文獻，即《關於永樂大典之
文獻》和《四庫全書中永樂大典輯本之缺點》。前者「是對孫壯《永樂大典考》
所收《大典》研究資料的補充」，具有較高的史料價值；後者「是對四庫館輯
《大典》佚書工作的批判。該文主要觀點〔註8〕一直為研究《四庫》大典本的
學者所接受與傳揚」〔註9〕。

〔註7〕張昇．再解《永樂大典》正本下落之謎〔C〕//國家圖書館編，袁同禮紀念文
　　　集，2012：319～325。

〔註8〕即：「（一）乾隆時採輯之《永樂大典》，已非全書。」「（二）《永樂大典》引用
　　　之書，割裂全文，前後不易貫串。」「（三）《永樂大典》分韻編次，入韻之法，
　　　參差無緒，凌雜不倫。」「（四）四庫館臣，採輯《大典》，棄多取少，菁華未
　　　盡。」（見：袁同禮，四庫全書中永樂大典輯本之缺點〔J〕，國立北平圖書館
　　　館刊，1933，7（5）：63～70。）

〔註9〕張昇．再解《永樂大典》正本下落之謎〔C〕//國家圖書館編，袁同禮紀念文
　　　集，2012：319。

表 5-1　袁同禮早年在國內發表的目錄作品

類　別	作　者	篇　名	刊　物	發表時間	卷期頁
《永樂大典》存目	袁同禮	永樂大典考	學衡	1924.02.	26 期 1～19 頁
	袁同禮	永樂大典現存卷目	中華圖書館協會會報	1925.12.20	1 卷 4 期 4～10 頁
	袁同禮，劉國鈞	永樂大典現存卷數續目	中華圖書館協會會報	1927.02.28	2 卷 4 期 9～13 頁
	袁同禮	永樂大典現存卷數續目	中華圖書館協會會報	1927.08.31	3 卷 1 期 9～11 頁
	袁同禮	永樂大典現存卷目表	北平北海圖書館月刊	1929.04.	2 卷 3、4 期合刊 215～251 頁
	和（袁同禮）	永樂大典現存卷數表續記	國立北平圖書館月刊	1929.10.	3 卷 4 期 458 頁
	和（袁同禮）	永樂大典現存卷數表再補	國立北平圖書館館刊	1931.03、04.	4 卷 2 期 42 頁
	和（袁同禮）	永樂大典現存卷數表三補	國立北平圖書館館刊	1931.07、08.	4 卷 4 期 4 頁
	袁同禮	永樂大典存目	國立北平圖書館館刊	1932.02.	6 卷 1 期 93～133 頁
	袁同禮	近三年來發現之永樂大典	讀書月刊（國立北平圖書館）	1932.03.10	1 卷 6 期 40～46 頁
	袁同禮	永樂大典現存卷目表	國立北平圖書館館刊	1933.02.	7 卷 1 期 103～140 頁
	袁同禮	永樂大典現存卷目表	圖書季刊	1939.09.	新 1 卷 3 期 246～286 頁
中國音樂書目	袁同禮	中國音樂書舉要	音樂雜誌（國樂改進社）	1928.01.10	1 卷 1 期 1～12 頁
	袁同禮	中國音樂書舉要（續）	音樂雜誌（國樂改進社）	1928.02.10	1 卷 2 期 13～23 頁

	袁同禮	中國音樂書舉要〔註10〕	中華圖書館協會會報	1928.02.29	3卷4期6～17頁
	袁同禮	西人關於國樂之著作	音樂雜誌（國樂改進社）	1928.03.10	1卷3期1～4頁
	袁同禮	北平圖書館西文音樂書目錄	音樂雜誌（國樂改進社）	1928.10.20	1卷4期1～12頁
宛委別藏現存書目	袁同禮	宛委別藏現存書目〔註11〕	北大圖書部月刊	1930.03.20	2卷1、2期合刊39～52頁
	袁同禮	宛委別藏現存書目及其板本〔註12〕	圖書館學季刊	1932.03.	6卷2期256～277頁
地志書簡目	和（袁同禮）	民國十九年來出版之地志書簡目	中華圖書館協會會報	1930.10.31	6卷2期7～13頁
平館藏海外敦煌遺籍照片總目	袁同禮	國立北平圖書館現藏海外敦煌遺籍照片總目	圖書季刊	1940.12.	新2卷4期609～624頁

〔註10〕該文曾分期發表在《音樂雜誌》1卷1號《中國音樂書舉要》、2號《中國音樂書舉要（續）》、3號《西人關於國樂之著作》上。但《中華圖書館協會會報》上的中國音樂書目錄與《音樂雜誌》上的目錄，在標著上略有差異，如《會報》有

「皇朝禮器圖式二十八卷，清乾隆二十四年敕編

萬壽衢歌樂章六卷，清彭元瑞撰，北京圖書館藏乾隆五十五年內府刊本」

兩條目錄，而《音樂雜誌》則將其誤寫作

「皇朝禮器圖式二十八卷，清乾隆二十四年數編，殿本萬壽衢歌樂章清彭元瑞」一條目錄，且將「敕」誤寫作「數」。

此外，外文部分個別地方在字母書寫上略有差異。所以，望讀者諸君對照閱讀，此不贅述。《中華圖書館協會會報》上發表的《中國音樂書舉要》，後經由梁在平先生增補，題名為《中國音樂書譜目錄》（1956年）出版。

〔註11〕分經史子集四部，每部均按以下項目列表顯示：「書名及卷數」、「撰者或注者」、「版本」、「每半葉行款」、「冊數」、「未收書目卷數葉數」、「備註」。

〔註12〕分經史子集四部，每部均按以下項目列表顯示：「書名及卷數」、「撰者或注者」、「收入版本」、「每半葉行款」、「其他版本」。

二、寓美後編製目錄的原因及情形

（一）編製目錄的原因

袁同禮在留學歐美及回國後的一段時間裏，對《永樂大典》存目的調查，表現出格外的興趣。之後，因工作繁忙，無暇著書，所以作品大多為簡短的序跋、書目或論文。旅居美國後，無論從其時間、精力，還是工作經驗、社會閱歷來講，他完全可以著書立說，但為何卻選擇了「為他人做嫁衣裳」的目錄編製工作？

早年，他在清華學校圖書館工作，後赴美國留學，在國會圖書館編製中文書目，考察歐洲各國圖書館，並對《永樂大典》存目進行持續追蹤等經歷，可能激發了他對目錄工作和目錄作品的特殊興趣。嚴文郁在回憶與袁同禮同住北大附近的東皇城根曉教胡同的生活情形時說到：「間或我們到隆福寺街及東安市場逛逛書鋪，遇著有關目錄學書籍或書目收買一些」〔註13〕。約翰·波普（John A. Pope，曾任弗利爾美術館館長）也撰文寫到，袁同禮常飽含熱情地說：「我恰恰喜歡編目」〔註14〕。在執掌北平圖書館期間，他領導同人編製了大量具有極高學術價值的目錄，得到學術界的肯定，這使他對目錄的編製技術與重要作用有深刻領悟。而在與國內外學術界廣泛交往的過程中，他發現書目（尤其是高質量的漢學書目）對溝通中西學術文化具有重要作用。由此看來，個人興趣、工作經驗、深刻認識以及溝通中西文化的使命感，或許就是他寓美後自覺承擔起目錄編製工作的原因。

（二）編製目錄的情形

錢存訓先生在為《袁同禮中國藝術考古西文目錄》作序時寫道：

> 編製如此規模的、複雜的主題目錄，要求編者精通各種語言，具備編製目錄的能力，並熟諳各主題的具體知識。很少有學者能同時具備這三種能力，以及有犧牲自我、服務他人的意願。〔註15〕

〔註13〕嚴文郁，提攜後進的袁守和先生〔J〕，（臺北）傳記文學，1966（民國五十五年），8（2）：38～39。（是文收入《思憶錄：袁守和先生紀念冊》74～79頁）

〔註14〕John A. Pope.A delightful human being [G] //袁慧熙，袁澄編，思憶錄：袁守和先生紀念冊，臺北：臺灣商務印書館，1968：37～38。（英文部分）

〔註15〕Tung-li Yuan, Harrie A. Vanderstappen. The T. L. Yuan Bibliography of Western Writings on Chinese Art and Archaeology [M], London: Mansell Information/Publishing Limited, 1975: vii.

　　袁同禮恰恰是具有這三種能力的優秀編目者。他在北京大學求學時，是英語專業的學生，留學美國，遊歷歐洲，使他的英語水平更上層樓。寓居美國後，與二公子袁清「一起到夜校學習俄文，那時他已六十多歲，但仍興致勃勃」〔註16〕。此外，他對德語、法語等語言也有所掌握。在清華學校圖書館、美國國會圖書館、北平圖書館的編目工作，讓他對編目的原理、技術、方法了然於胸。而他深厚的國學底蘊，與國內外學術界人士的密切交往，讓他具有學術的敏銳感和寬廣的視野。

　　除了擁有編製目錄的「硬能力」，他還具備勤奮、堅忍、耐得住寂寞這些難能可貴的「軟能力」。他生前的很多親朋對此都有生動的描寫。例如，張紀定回憶到：「在他華盛頓的住宅裏，他有一間光線充足的精緻書室，圍繞他書桌的四周都是目錄卡片盒，他老人家黎明即起，就在他的書桌四周打轉，在辛勤地做這項學術工作」〔註17〕。袁澄回憶說：父親在晚飯前後時常要寫中、英文信6、7封之多。其中不少是向歐美各大圖書館詢問《西文漢學書目》中一些書的基本信息。發完信，他即對白天所記卡片目錄分類整理，然後用打字機打出，近11點才站起來說：「收攤兒了」，然後就寢。週末他在家工作如常，有時更甚〔註18〕。袁清也有類似的記述：父親「晚飯後短暫休息一下，又投入到工作中，經常工做到11點以後才休息」〔註19〕。「除工作外他幾乎沒有什麼嗜好，也難得有片刻的消遣。他雖天性好客，常請客人到家中吃飯，但又不願客人坐得太久，因為他每天有自己規定要完成的項目，客人離去幾分鐘，他又恢復工作了」〔註20〕。

〔註16〕袁清，回憶我的父親袁守和先生〔G〕//（臺灣）中國圖書館學會輯印，袁同禮先生百齡冥誕紀念專輯，1995：30～31。

〔註17〕張紀定，袁同禮先生與圖書編目〔N〕，（臺北）中央日報，1965-02-28（6版），（是文收入《思憶錄：袁守和先生紀念冊》51～53頁）

〔註18〕袁澄，勞碌一生的父親〔J〕，（臺北）傳記文學，1966（民國五十五年），8（2）：46～50。（是文收入《思憶錄：袁守和先生紀念冊》132～146頁，有幾處文字略有不同）

〔註19〕Tsing Yuan.Tung-li Yuan (1895-1965): Founding father of National Library of China and cultural communicator between the East and West [M] //沈志佳，周煉紅，陳同麗編，架起中美文化的橋樑：華人圖書館員協會回眸三十年，1973～2003（Bridging cultures-Chinese American librarians and their organization: a glance at the thirty years of CALA, 1973-2003），桂林：廣西師範大學出版社，2004：174～187。

〔註20〕袁清，回憶我的父親袁守和先生〔G〕//（臺灣）中國圖書館學會輯印，袁同禮先生百齡冥誕紀念專輯，1995：30～31。

在紮實的「硬能力」與可貴的「軟能力」背後，有袁同禮「犧牲自我、服務他人的意願」，有他為中國文化保存一點紀錄的使命感，以及為溝通中西文化矢志不渝的精神。

在目錄編撰過程中，他除了翻閱美國各大圖書館、檔案館、美術館、博物館的資料外，還奔赴歐洲查閱資料，並不厭其煩地寫信向友人或學者請教、求證或索取資料。這點，從袁同禮為《西文漢學書目》撰寫的自序中所感謝的眾多學者和機構，我們可以感知到；從相關學者的記述中，也能略窺一二。李書華寫到：

> 守和利用其知識與經驗，先由各有關刊物或書籍中，找出中國留學生而獲得博士學位者之西文姓名、論文題目、獲得學位地點和年代，及論文發表的刊物名稱。如疑某人似有博士學位而未查出者，便函請原校查覆，或向熟人詢問後再查。復次守和親自訪問歐美各大圖書館和各大學，以證實其找出之結果是否正確？再次為填入論文著作人的中文姓名與其生年，此係最困難之事。中文姓名可查出者，均分別填入；其查不出者，則函託熟人代查，或託熟人轉託友人代填。〔註21〕

尤為可貴的是，他在埋頭苦幹之際，還鼓勵友人加入到編撰目錄的行列中來。例如，1959 年 2 月 20 日，在致蔣復璁的信中寫到：「尊處能否將近十餘年來臺灣出版之論文編一索引，至為企望」〔註22〕。

袁同禮的工作得到相關人士的積極支持。友人裘開明 1951 年 1 月 24 日在覆函中曰：「為答覆您 1 月 5 日的調查，現寄上本館所藏 1934 年到 1943 年間的 7 份有關留美學生的目錄。同時奉上我的一個折疊式小冊子，裏面包括清華、燕京、南開的留美同學校友錄。……」〔註 23〕其他如著名學者胡適、恒慕義（Arthur W. Hummel）、西門華德（Walter Simon）、博克舍（Charles R. Boxer）、戴密微（Paul Demiéville）、傅吾康（Wolfgang Franke）、海西希（Walter Heissig）、何四維（A. F. P. Hulsewé）等，都給予了袁同禮熱心的幫助〔註24〕。

〔註21〕李書華，追憶袁守和先生〔J〕，（臺北）傳記文學，1966（民國五十五年），8（2）：33～35。（是文收入《思憶錄：袁守和先生紀念冊》62～68 頁）

〔註22〕臺灣中央圖書館檔藏複印件。（袁清先生提供）

〔註23〕1951 年 1 月 24 日，裘開明覆袁同禮，信函複印件（英文）。（袁清先生提供）

〔註24〕Tung-li Yuan.China in Western Literature: A Continuation of Cordier's Bibliotheca Sinica [M], New Haven: Far Eastern Publications, Yale University, 1958: Preface, viii-ix.

他的目錄工作也曾得到羅氏基金會（Rockefeller Foundation）、美國學術團體委員會（American Council of Learned Societies, ACLS）、大學和研究圖書館協會（Association of College and Research Libraries）、中美文化協會（Sino-American Cultural Society）、「中基會」（China Foundation）等的資助。

三、晚年目錄著作分析

　　袁同禮晚年所著目錄，按內容大致可分為六類，即西文有關中國著述之圖書總目、西文有關中國之專科書目、西文有關日本之書目、中國留學生博士論文目錄〔註25〕、美國國會圖書館藏中國善本書目、胡適西文著作目錄。下面列表介紹其概況（見表 5-2 和 5-3），並分析其優缺點。

（一）袁同禮晚年目錄著作的概況

表 5-2　袁同禮晚年目錄著作的概況（一）

類別	作者	英文名稱	中文名稱	出版或登載情況	出版年	頁數
西文有關中國著述之圖書總目	袁同禮	China in Western Literature: A Continuation of Cordier's Bibliotheca Sinica	西文漢學書目（又譯為：西洋文獻中的中國：高第〈中國書目〉續編）	New Haven: Far Eastern Publications, Yale University	1958	xix+802頁
	袁同禮	Russian Works on China 1918-1958: A Selected Bibliography	俄文漢學選目	Monumenta Serica, v. XVIII（《華裔學誌》18 卷）	1959	388～430頁

〔註25〕在 1928 年 6 月《北京圖書館月刊》第 1 卷 2 號的「館訊」中（126 頁），談到「徵求博士論文」的相關情況：「我國留學生在國外各大學提出博士論文而得學位者，當不乏佳作。本館此數月來已分別去函徵求，共收得百餘通，極盼學界諸君隨時協助云」。由是可知，袁同禮早年的工作經驗對其晚年的目錄選題有重要影響。此條信息也反映出他對學術信息組織的敏感，而這正是當代圖書館員亟需之素養。

	袁同禮	Russian Works on China, 1918-1960 in American Libraries	美國圖書館藏俄文漢學書目	New Haven: Far Eastern Publications, Yale University	1961	xiv+162 頁
西文有關中國之專科書目	袁同禮原著，梁在平增訂	Bibliography on Chinese Music	中國音樂書譜目錄	臺北：中華國樂會（Taipei: Chinese National Music Association）	1956	77 頁
	袁同禮	Economic and Social Development of Modern China: A Bibliographical Guide	現代中國經濟社會發展目錄	New Haven: Human Relations Area Files	1956	viii +130 頁；v +87 頁
	袁同禮，渡邊宏，合編	Classified Bibliography of Japanese Books and Articles concerning SINKIANG	新疆研究文獻目錄（1886～1962 ）（日文本）	Published by Tung-li Yuan (Printed in Tokyo)	1962	92 頁
	袁同禮	Bibliography of Chinese Mathematics 1918-1960	現代中國數學研究目錄	Published by Tung-li Yuan (Printed in the U. S. A.)	1963	x+154 頁
	袁同禮，范德本（Harrie A. Vanderstappen）	The T. L. Yuan Bibliography of Western Writings on Chinese Art and Archaeology	袁同禮中國藝術考古西文目錄	London: Mansell Information/Publishing Limited	1975	xlvii+ 606 頁
西文有關日本之書目	袁同禮	Russian Works on Japan: A Selected Bibliography	俄文日本研究選目	Monumenta Serica, v. XIX（《華裔學誌》19 卷）	1960	403～436 頁
中國留學生博士論文目錄	袁同禮	A Guide to Doctoral Dissertations by Chinese Students in America 1905-1960	中國留美同學博士論文目錄	Washington, D. C.: Sino-American Cultural Society	1961	xix+248 頁

	袁同禮	Doctoral Dissertations by Chinese Students in Great Britain and Northern Ireland 1916-1961	中國留英同學博士論文目錄	Chinese Culture (Taipei), v.4, no.4	1963	107～137頁
	袁同禮	A Guide to Doctoral Dissertations by Chinese Students in Continental Europe 1907-1962	中國留歐大陸同學博士論文目錄	Reprinted form Chinese Culture Quarterly (Taipei), v.5, nos.3-4; v.6, no.1	1963	154頁
美國國會圖書館藏中國善本書目	王重民輯錄，袁同禮重校	A Descriptive Catalog of Rare Chinese Books in the Library of Congress	美國國會圖書館藏中國善本書目（也名美國國會圖書館藏中國善本書錄）	Washington, D. C.: Library of Congress	1957	1306頁（2冊）
胡適西文著作目錄	袁同禮	Selected Bibliography of Dr. Hu Shih's Writings in Western Languages	胡適先生著作目錄二（西文）	中央研究院歷史語言研究所集刊（第二十八本下冊）：慶祝胡適先生六十五歲論文集 臺北：中央研究院歷史語言研究所	1957	909～914頁
	袁同禮，Eugene L. Delafield，編	Bibliography of Dr. Hu Shih's Writings in Western Languages	胡適先生西文著作目錄	中央研究院歷史語言研究所集刊（第三十四本下冊） 臺北：中央研究院歷史語言研究所	1963	813～828頁

注：2010年6月，《袁同禮著書目彙編》（全六冊）由國家圖書館出版社影印出版，內容包含袁同禮旅居美國後所編的13種目錄。

表 5-3　袁同禮晚年目錄著作的概況（二）

類別	中文名稱	收錄範圍	編排體例	備　註
西文有關中國著述之圖書總目	西文漢學書目（又譯為：西洋文獻中的中國：高第〈中國書目〉續編）	收錄 1921～1957 年以英、法、德文（包含部分研究澳門的葡萄牙文）出版的 18000 種有關中國的著述，不包括期刊論文〔註26〕（論文又以專題文章形式單獨出版的除外）。	◆按主題編排，包含 28 個大類，分別是「書目與參考書」、「總論性著作」、「地理與遊記」、「歷史」、「傳記」、「政治與政府」、「陸海空軍」、「法律法規」、「外交關係」、「經濟與工商業」、「社會狀況與問題」、「哲學」、「宗教」、「教育」、「語言」、「文學」、「考古與美術」、「音樂與運動」、「自然科學」、「農業與林業」、「醫藥與公共衛生」、「東北各省（滿洲）」、「蒙古與蒙古人（包括唐努——圖瓦）」、「西藏」、「新疆」、「臺灣」、「香港」、「澳門」。各大類下再按一定標準分為若干二級類目。書目正文還有更詳細的分類，但未能在分類目次中體現。每類下的條目按責任者名稱升序排列。書前有縮略語解釋，書中設有「互見」（see also），書後有附錄（連續出版物和補遺）和索引（人名索引和中文書名索引）。 ◆條目一般包括以下部分：責任者西文名稱（如有中文姓名則在其後標注出），生卒年，題名，出版地，出版社，出版年，頁數，圖表等其他信息。部分條目有更詳細的著錄。 ◆舉例：TAAM, CHEUK-WOON，譚卓垣（T'an Cho-yüan）1900-56. The development of Chinese libraries under the Ch'ing dynasty, 1644-1911. Shanghai, Commercial Press, 1935.ix, 107p.	袁同禮調查了美國 21 個主要圖書館，以及英國倫敦、牛津、劍橋，法國巴黎，德國法蘭克福、馬堡、慕尼黑，瑞士蘇黎世、伯爾尼，荷蘭萊頓、海牙的相關機構，以收集書目數據。此外，還從多種國家目錄中挑選了部分目錄。他也得到奧地利國家圖書館、比利時皇家圖書館、加拿大國家圖書館、在堪培拉的英聯邦國家圖書館、新加坡萊佛士圖書館、印度國家圖書館、菲律賓國家圖書館、臺北中央圖書館、日本國會圖書館、香港大學圖書館等機構的館長和館員的幫助。（見該書 Preface） 恒慕義撰前言，袁同禮作序言。 獻辭：「獻給對中國文化——一個繁榮四千年不綴的文化——更好的理解」。

〔註26〕原本由譚卓垣（Cheuk-woon Taam）負責期刊論文部分，但他於 1956 年 10 月 20 日不幸辭世，所以這部分工作中斷了。見袁同禮《西文漢學書目》自序 vii 頁。

| 俄文漢學選目 | 收錄 1918～1958 年間出版的研究中國（不包括邊疆地區如蒙古、西藏、新疆）的俄文專著 318 種，主要集中在歷史文化領域。 | ◆包括 15 個大類，分別是「書目」、「總論性著作」、「地理」、「歷史」、「傳記」、「語言」、「文學」、「有關中國之俄語小說」、「戲劇與劇場」、「哲學與宗教」、「藝術與考古」、「科學」、「臺灣」、「期刊」、「學術出版物」。各大類下直接列舉條目，各條目按責任者名稱升序排列，前面標有阿拉伯數字，表示條目號，正文共有 318 條書目。目錄正文前有縮略語解釋，正文後附有人名索引。
◆條目一般包括以下部分：條目號、責任者西文名稱（如有中文姓名則在其後標注出），生卒年，題名（羅馬化拼寫），題名英文翻譯（有時注出中文），其他責任者（如有中文也注出）及責任方式（用英文縮寫），出版地，出版者，出版年，頁數或卷數，圖表等其他信息。部分條目有更詳細的著錄。
◆舉例：199. Liu, E 劉鶚，1857～1909. Puteshestvie Lao TSania; roman（Travels of Lao Ts'an; a novel 老殘遊記）. Trans. from the Chinese by V. Semanov. M., Gos. izd. khudozh. Literatury, 1958. 263 p. | 調查範圍僅限於美國圖書館可查到的館藏。
它是《西文漢學書目》的補充，也可看作《 Kitaiskaia Khudozhestvennaia Literatura 》的補充。
袁同禮作引言。 |
| 美國圖書館藏俄文漢學書目 | 收錄 1918～1960 年間出版的研究中國的俄文專著 1348 種。（因為美國圖書館的採訪時滯，1960 年的資料可能有缺漏。） | ◆包括 8 個大類，分別是「中國本部」、「東北各省」、「蒙古」、「新疆」、「西藏」、「臺灣」、「期刊」、「補遺」，前 6 個大類是主體部分。各大類下，又包括若干二級類目，按主題分類。條目編製遵循美國國會圖書館編目條例和音譯條例。中文姓名，依據韋傑氏羅馬拼音拼寫。各條目只著錄最新版本，較早的版本置於注釋中。盡可能列出作者的全名和生卒年。各條目按責任者名稱升序排列，前面標有阿拉伯數字，表示條目號，正文共有 1336 條書目（書成後又增補至 1348 條）。目錄正文前有縮略語解釋，正文中設有「互見」（see also），正文後附有人名索引。 | 調查開始於 1953 年，原本打算作為《西文漢學書目》的補充。相當多的條目來源於胡佛研究所圖書館的館藏，以及加州大學伯克利分校和洛杉磯分校。之後，隨時保持更新，又調查了國會圖書館、紐約公共圖書館、芝加哥大學圖書館、哥倫比亞大學圖書館、哈佛大學圖書館、印第安納大學圖書館、約翰 |

西文有關中國之專科目	中國音樂書譜目錄	收錄古今中外有關中國音樂的論著。袁同禮原編有 343 種（中文 290 種、英法德文 53 種），梁在平增訂了 138 種(中文 133 種、英法德日文 5 種)，又收入 Waterman 等人編錄的中國西文音樂目錄 378 種，共計 859 種。	◆條目一般包括以下部分：條目號、責任者西文名稱（如有中文姓名則在其後標注出），生卒年，題名（羅馬化拼寫），題名英文翻譯（有時注出中文），其他責任者（如有中文也注出）及責任方式（用羅馬化拼寫的縮寫），出版地，出版者，出版年，頁數或卷數，圖表等其他信息。部分條目有更詳細的著錄。 ◆各條目在拼寫上與《俄文漢學選目》略有不同。舉例：604. LIU, Ê 劉鶚，1857～1909. Puteshestvie Lao TSania; roman（The travels of Lao Ts'an; a novel 老殘遊記）. Per. s kitaiskogo V. Semanova. Moskva, Gos. izd-vo khudozh. lit-ry, 1958. 263 p.	霍普金斯大學圖書館、賓夕法尼亞大學圖書館、普林斯頓大學圖書館、耶魯大學圖書館。該項目得到美國學術團體委員會、大學和研究圖書館協會、社會科學研究委員會的資助。（見該書 Preface） 《俄文漢學選目》中的絕大多數條目被再次收入此目，並按主題重新編排。此目部分條目標注的中文信息比《選目》要多〔註27〕。 格雷夫斯（Mortimer Graves）作前言，袁同禮作序言。
			◆梁在平在增補時，仍舊依據袁同禮先生《中國音樂書舉要》的分類編排。中文部分包括（一）樂書，（二）琴書，(三) 其他樂器，(四) 雜書。西文部分，袁同禮先生稱其為「西人關於國樂之著作」，梁在平則分兩部分編錄，第一部分是他增補袁同禮先生的西文目錄，各條目前面標有出版年，並按出版時間先後排列，年份相同者，按作者姓名升序排列；第二部分收入 Waterman 等人編錄的中國西文音樂目錄，條目依作者姓名升序排列，各條目前面標有條目號。 ◆中文條目一般包括以下部分：題名，卷冊數，作者，版本（叢書則將子目名及卷數列於其後） 舉例：琵琶錄一卷，唐段安節撰，說郛本，粵雅堂續談助本，十萬卷	袁同禮先生發表在《中華圖書館協會會報》上的《中國音樂書舉要》，經蔣復璁先生轉給梁在平。Waterman 等人的目錄係美國俄列岡大學圖書館莫莉絲（True Morris）女士寄給梁在平。（見梁在平序言） 袁同禮原序，蔣復璁序文，梁在平序言。

〔註27〕如《俄文漢學選目》第 157 條「Izbrannoe（Selections）」在《美國圖書館藏俄文漢學書目》第 622 條中增補為「Izbrannoe（Selections 魯迅選集）」。

		樓續談助本。 ◆西文條目一般包括以下部分：責任者，題名，出版地，出版者（或刊名），（卷數），出版年，（期數），頁數。（Waterman 等人的編排與此有所不同，著錄較詳細。） 舉例：1916 Mysham, H. Cley.: Chinese Songs and Musical Instruments. In: Metronome, vol. 32, 1916, no. 9, p. 42-43.	
現代中國經濟社會發展目錄	收錄20世紀初至1955年底用英、法、德文出版的專著和小冊子（1955年的後幾個月出版的法、德文資料可能收集不全，對在中國出版的相關文獻也未搜集齊全）。	◆共分「經濟發展」（下文簡稱「前目」）和「社會發展」（下文簡稱「後目」）兩大部分，這兩部分各自分類、編排和編製索引，相當於兩份獨立的目錄。前目包括 14 個大類，分別是「統計」、「經濟史」、「基本經濟資源」、「農業」、「工業」、「商業」、「貿易」、「通訊」、「貨幣與銀行」、「公共財政」、「國際經濟關係」、「全國及地區調查」、「期刊」、「參考書」。後目包括 9 個大類，分別是「社會生活與風俗習慣」、「社會傳統」、「社會制度」、「社會工作」、「社會弊病」、「勞工問題」、「移民」、「民族學與民族志」、「期刊與書目」。兩目的部分大類下都細分為若干二級類目。分類反映出近代中國經濟社會發展史研究的內容與特色。兩目文後都附有個人作者索引，能考證出中文名的，在索引的英文名後標出。 ◆兩目的條目一般包括以下部分：責任者，生卒年，題名，出版地，出版者，出版年（印刷年），頁數，圖表等信息，尺寸。 ◆舉例：Sze, Sao-Ke Alfred, 1877- Geneva opium conferences; statements of the Chinese delegation. Baltimore, The Johns Hopkins Press, 1926. Vii, 163 p. 20 cm.	該書「前目」調查範圍僅限於美國各主要圖書館。 袁同禮撰引言。
新疆研究文獻目錄（1886～1962）（日	收錄 1886～1962 年間在日本刊行的日本學者有	◆包含 9 個大類，分別是「總記」、「社會」、「歷史」、「地理」、「藝術」、「宗教」、「語言」、「產業與交通」、「科學」。部分大類下再分為若干二	調查範圍包括美國國會圖書館、日本國會圖書館、東洋文庫、慶應義塾圖

文本）	關新疆之著作、論文、翻譯作品等1166種。（不包括外地發行的刊物，報紙上登的內容，以及用西文發表的內容）	級類目。目錄以表格形式編排，正文共有1166條書目。書後附「人名索引」、「件名索引」（相當於西文、日文、中文的名詞對照表，各名詞按西文字母升序排列，後邊標出含有該名詞的條目號）、「番號順分類要目表」（按條目號順序，再次進行主題細分，比二級類目更詳細。比如「宗教」大類下原只分為「佛教」和「諸教」兩類，「番號順分類要目表」則包括「佛教概論」、「地域佛教」、「佛教寺院」、「佛典發見」、「佛典研究」、「佛教僧侶」、「摩尼教」、「諸宗教」幾類）。 ◆各條目一般包括以下部分：條目號、著者、標題（有時在標題前加注提示信息）、刊載雜誌卷號或發行所、頁數、發行年（包括日本紀年和西曆紀年）。 ◆舉例：368，羽田亨，西域文明史概論，弘文堂，1～200，昭和6（1931）	書館、東方學會圖書室等。 袁同禮撰序言。
現代中國數學研究目錄	收錄1918～1960年間用西方語言發表的數學專著和論文，並選錄數學家在相關領域的部分論文，如彈性力學、液體力學、量子力學、流體動力學、熱力學、計算力學、應用統計學等。（之所以選擇1918年為起始，是因為那年，中國數學家的第一篇博士論文發表於西文期刊上。）	◆目錄正文前是縮略語解釋，正文後是期刊名縮略語解釋。目錄正文中，各條目按作者名集中，作者姓名按英文字母升序排列，英文名旁邊注出中文姓名。某作者名下條目不止一條的，依出版時間先後排列，前綴條目號。如果條目既有專著，又有論文，則分「Monographs」和「Papers」兩類排列。 ◆各條目一般包括以下部分：題名，期刊名，卷期年，頁數/題名，出版地，出版者，出版年，頁數。部分條目在頁數後括注其他責任者、語種、論文性質及地點、時間等相關信息。 ◆舉例： Hu, Ming-fu Tah 胡達 　　An integro-differential equations with a boundary condition. Trans. Amer. Math. Soc. 19 (1918), 363-407. (Thesis—Harvard, 1917.105 1.)	陳省身、林致平、美國科學院、美國標準局、普林斯頓Fine Hall圖書館、美國數學學會等對該目錄提供了幫助。 陳省身撰前言，袁同禮作序言。

	袁同禮中國藝術考古西文目錄	收錄 1920～1965 年間（也包括 1920 年前的一些主要成果）用英語、德語、荷蘭語、斯堪的納維亞語、斯拉夫語、法語及其他羅馬語言出版的有關中國藝術及考古（也包括蒙古、中亞、韓國和日本出版的與中國有關的材料）的 15000 條文獻，包含圖書、評論、展覽目錄、期刊文章等類型。	◆目錄正文前是資料來源縮略語解釋、圖書分類表、論文分類表。兩個分類表都分為相同的 10 個大類，分別是「總論」、「考古」、「建築」、「書法」、「繪畫」、「圖像」、「雕刻」、「青銅」、「陶瓷」、「裝飾品及手工藝品」。但在大類下的二級三級目錄有所不同。正文後是作者索引、收藏者及藏品索引。各類下之條目按作者姓名字母升序排列。 ◆各條目一般包括以下部分：條目號、作者，書名，出版地，出版者，出版年，頁數，圖表等信息，書評信息/條目號、作者，篇名，期刊名，卷期年，頁數，圖表等信息。 ◆舉例： 圖書類： 31　Ferguson, J.C. Survey of Chinese Art. Shanghai: Commercial Press, 1939, 153 pp., illus., pls., map. 　　Review: 　　　Chuan, T. K., THM X (1940), 101-103 論文類： 5 BINYON, L. The art of Asia. <u>Art and Civilization</u>. (1928), 124-151, illus. (SS)	袁先生生前，只完成了該作的一半（1920～1955 年），另一半（1956～1965 年）是由芝加哥大學的范德本（Harrie A. Vanderstappen）教授及助手完成，他們進行了擴充、核實、分類、索引、編輯等工作。時學顏（Hsio-Yen Shih）女士向美國相關機構推薦該作的重要性，從而使它的增補工作及最後完成得到美國人文學科基金會（National Endowment for the Humanities, NEH）的支持。時女士還對該作的主題目錄設計有貢獻。 錢存訓撰前言，范德本撰引言。 該作可看作是《西文漢學書目》的補充。
西文有關日本之書目	俄文日本研究選目	收錄 1904～1959 年間在美國各圖書館可查到之俄文日本研究專著 221 種（包括偽滿洲國與蘇聯簽訂的有關邊境爭端處理的協議，不包括宣傳性的圖書。）	◆共分 15 個大類，分別是「書目」、「地理與遊記」、「歷史」、「日俄戰爭（1904～1905）」、「滿洲里之日本人」、「邊境爭端（1938）」、「日本與二戰」、「外交關係」、「庫頁島」、「軍隊」、「政治與政府」、「經濟狀況」、「語言」、「文學」、「其他」。目錄正文後有作者索引。各類下之條目按作者姓名字母升序排列。 ◆各條目一般包括以下部分：條目號、作者（有時注出生卒年），書名（括注出英文翻譯），出版地，出版者，出版年，頁數，圖表等其他信息。	可看作是對 Zotik Nikolaevich Matveev《Bibliografiia IAponii》（日本書目，1923 年出版）一作的補充。1960 年蘇聯出版更全面、標準的《日本書目》（1917～1958），共 327 頁。（參見袁同禮先生在《俄文日本研究選目》索引後的附注說明）

中國留學生博士論文目錄	中國留美同學博士論文目錄	收錄 1905～1960 年間中國留美同學博士論文 2789 篇，並附中國留學加拿大同學博士論文 28 篇。	◆舉例： 2. Vlov, V. IAponiia i iapontsy (Japan and the Japanese). S.-Peterburg, 1904. 150p. illus., fold. map. (Dal'nii Vostok, 1).	
			◆目錄正文前有學位、期刊和機構的縮略語解釋。正文大致分為兩大類，即「人文、社會及行為科學」、「自然、生物及工程科學」，並附中國留學加拿大同學博士論文。各類下之條目按作者英文姓名字母升序排列。女性作者在目錄中著錄為夫姓＋本姓名，並且與本姓名之間有「參見」（see）。正文後有兩個附錄，一是 1876～1961 年間名譽博士學位獲得者情況（包括獲得者中英文姓名、生卒年、學位、學校、獲得時間），一是統計表（分別按頒發學位機構及研究領域統計）。另有按研究領域劃分之索引，共分 41 個領域。 ◆各條目一般包括以下部分：條目號，作者西文姓名，中文姓名（未考證出的則暫缺），生卒年，學位名稱，獲得時間，論文名稱。（如有出版，則注出出版地、出版者、出版年，頁數等信息）（部分條目下還注出論文發表的詳細信息） ◆舉例： 382 KOO, VI KYUIN WELLINGTON 顧維鈞，1888～ （Ph.D. Columbia, 1912） The status of aliens in China. New York, 1912. 361 p. (Columbia University Studies in history, economics and public law, v.50, no.2; whole no. 126).	蔣夢麟題簽。郭秉文撰前言。獻辭：「獻給中國學者」。華美協進社曾在該社出版的六份《會報》上刊載過 1902～1938 年間中國留美學生論文和博士論文的情況。袁目可看作是對上述工作的延續和深化。
	中國留英同學博士論文目錄	收錄 1916～1961 年間中國留英學生博士論文 346 篇。	◆目錄正文前有縮略語解釋。正文大致分為兩大類，即「人文、社會及行為科學」、「自然、生物及工程科學」。各類下之條目按作者英文姓名字母升序排列，女性作者在目錄中著錄為夫姓＋本姓名。正文後附統計表，分別按頒發學位機構及研究領域統計論文數量。	鄭天錫撰前言。他於 1916 年獲得英國法學博士學位，給袁同禮的此項工作提供了許多幫助。袁同禮作序言。

			◆各條目一般包括以下部分：條目號，作者西文姓名，中文姓名（未考證出的則暫缺），學位名稱，地點及學校，獲得時間，論文名稱。（如有出版，則注出出版地、出版者、出版年，頁數，圖表等信息） ◆舉例： 32 FEI, HSIAO-TUNG 費孝通 Ph. D. London (LSE), 1938. 　Kaihsienkung: economic life in a Chinese village.	
	中國留歐大陸同學博士論文目錄	收錄 1907～1962 年間中國留學法國、比利時、瑞士、德國、奧地利、荷蘭、意大利、西班牙八國同學博士論文 1574 篇。	◆目錄正文前有縮略語解釋。正文按國別排列，每國下之條目，按作者西文姓名字母升序排列。女性作者在目錄中著錄為夫姓＋本姓名，並且與本姓名之間有「參見」（voir）。末附統計表，依各國統計，每國下又按頒發機構和研究領域分別統計。 ◆各條目一般包括以下部分：條目號，作者西文姓名，中文姓名（未考證出的則暫缺），獲得地點，學位名稱，獲得時間，論文名稱。（如有出版，則注出出版地、出版者、出版年，頁數，圖表等信息）（部分條目下還注出論文發表的詳細信息） ◆舉例： 130　YANG-TCHANG, LOMINE. 楊張若名（Lyon, Lettres, 1931）. 　L'attitude d'André Gide, essai d'analyse psychologique. Lyon, Bosc frères M. et L., Riou, 1930, 128 p.	李書華撰前言。袁同禮作序言。
美國國會圖書館藏中國善本書目	美國國會圖書館藏中國善本書目	共收錄 1777 部國會圖書館藏中國善本書籍。其中宋代善本 11 部，金代 1 部，元代 14 部，明代 1518 部，清代 70 部；手稿 140 部；	按中國傳統的四部分類法排列。末附著者索引和書名索引（由 Dr. John T. Find 編製）。	袁同禮先生所作的工作主要包括編輯、修改、增補。如：統一注釋風格，刪減由王重民注出的部分引文，將款目按四部分類法排列等。（參見該作《前言》） Edwin G. Beal, Jr.（曾任美國國會圖

	在韓國出版者11部，在日本出版者11部；拓本1部。		書館東方部中國文獻組主任）撰前言。
胡適西文著作目錄	胡適先生著作目錄二（西文）		
	胡適先生西文著作目錄	收錄胡適先生西文著作目錄237種。	分9個大類，分別是「專著」、「圖書中析出之論文」、「小冊子」、「期刊論文」、「書評」、「引言、前言、序言」、「演講、陳述、評論」、「對於胡適作品之翻譯」、「附錄」。各類下之條目按發表時間先後排列。

（二）袁同禮晚年目錄著作的特點

通過閱讀袁同禮的目錄著作，可以歸納出每種目錄的優、缺點（見表5-4）。這裡指出袁目的缺點，並無苛責袁同禮先生的意思，只是為人們以後編纂續目，提供某種啟示。

表5-4　袁同禮晚年目錄著作的優缺點

類　別	中文名稱	優　點	缺　點
西文有關中國著述之圖書總目	西文漢學書目（又譯為：西洋文獻中的中國：高第〈中國書目〉續編）	（1）它的格局和規模較大，重視收集一些鮮見的資料，是繼考狄《中國書目》之後最重要的西文漢學書目工具書。 （2）分類框架雖有一定主觀性，但目的是方便讀者檢索。注重設立專題，以反映西方漢學的研究重點。相關條目間建立了「參照」。 （3）除了圖書的尺寸外，儘量使每個條目的細節信息完備、準確。 （4）在中國作者的西文姓名之後標注出中文姓名，大多數作者名後標注了生卒年，書後設有人名和中文書名索引，這些都方便了讀者查檢。	（1）目錄的遺漏和誤印在所難免。比如，在語言學方面存在不少漏收的情況。 （2）未編製主題索引。
	俄文漢學選目	（1）責任者有中文名稱的，全部注出，並列出了作者的生卒年，方便查檢。	（1）調查範圍僅限於美國的圖書館，勢必會遺漏某些書目信息。

		（2）在西文書名之後括注出英文翻譯（有時還注出中文），方便檢索。 （3）在人名索引的條目數字後綴有相應的英文字母，以表示該作者對文獻的貢獻方式。如 c 表示彙編，e 表示編輯，i 表示插圖，ia 表示介紹性文章，n 表示注釋，p 表示序言，t 表示翻譯。若為著者則不加任何字母。這種編排方式增加了索引的信息量，方便讀者查檢。 （4）將俄文轉寫成羅馬字母，方便了更多讀者的使用。	（2）將俄文轉寫成羅馬字母，對於本身掌握了俄語的讀者可能有所不便。
	美國圖書館藏俄文漢學書目	同上。 （5）中文姓名的拼寫，依據韋傑氏羅馬拼音，其他寫法在人名索引中也列出，並在二者間設立了參見，如 Li, Sy-guan see Li, Ssŭ-kuang，這能方便熟悉不同寫法的讀者查檢。 （6）部分俄文人名或機構名的羅馬化拼寫和英文拼寫在人名索引中皆能查到，且設立了參見，方便查檢。如 Yefremov, I. A. see Efremov, I. A.	同上。
西文有關中國之專科書目	中國音樂書譜目錄	——	未編製任何索引。
	現代中國經濟社會發展目錄	附有個人作者索引，能考證出中文名字的，在索引的英文名後標出，方便查檢。	未收入期刊文章。
	新疆研究文獻目錄（1886～1962）（日文本）	（1）書後附「人名索引」、「件名索引」，其中「件名索引」方便熟悉不同語言的人們查找相關名詞的含義。「番號順分類要目表」提供了更詳細的二級主題分類，方便檢索。 （2）部分標題前加注「評」、「補」、「譯」、「講」字樣，分別表示書評、補正、翻譯者、講演要旨，加「〔〕」則表示編者注記。這為各條目增添了更多信息，方便查檢和使用。	——
	現代中國數學研究目錄	（1）作者的英文名旁邊注出中文姓名，方便查檢。 （2）各條目信息儘量著錄詳細。	（1）未編製人名和主題索引。 （2）如果按年統計出研究數量，則更佳。

	袁同禮中國藝術考古西文目錄	（1）收錄範圍廣泛（多語種、多地區、多種類），資料珍貴（如包含展覽目錄、圖書和展覽評價、未出版的博士論文等）。 （2）子目清晰詳細，排版清楚，可通過類目多寡判斷研究情況。 （3）列出了書評信息，書評作者也編入作者索引（以*表示）。作者索引中在首條論文文獻編號前加 A，以區別圖書和論文。同一圖書在不同類目中出現時，只在第一次出現的條目中列舉書評信息，其他則用參見標注。這都方便了檢索。	（1）俄文作者名和書名在羅馬化拼寫時存在前後矛盾的情況，有部分印刷錯誤。 （2）將目錄分為圖書和論文兩大類，再在其下按相同主題、次主題等分類，讀者對同一主題須檢索兩次，不方便。 （3）缺少主題索引。
西文有關日本之書目	俄文日本研究選目	（1）在羅馬化之俄文書名後，括注出英文書名，方便不懂俄語的讀者使用。 （2）在人名索引的條目數字後綴有相應的英文字母，以表示該作者對文獻的貢獻方式。如 c 表示彙編，e 表示編輯，ia 表示介紹性文章，ja 表示合著，jc 表示合編，jct 表示合編與合譯，je 表示合編，jt 表示合譯，n 表示注釋，p 表示序言，t 表示翻譯。若為著者則不加任何字母。	調查範圍限於美國各圖書館，僅收錄了 221 條目錄，難免存在漏收的情況。
中國留學生博士論文目錄	中國留美同學博士論文目錄	（1）考證出了絕大多數作者的中文姓名，並在其西文姓名之後標注出。在大多數作者的中文姓名後標注出了生卒年，方便檢閱。 （2）目錄正文後列有統計表，它能反映中國留美學生主要在哪些學校攻讀博士學位，以及取得博士學位較多的領域（最多的是在自然科學，其次是工程學、社會學、生物學、人文科學）。 （3）目錄後編有按研究領域劃分的索引，欲查某一學科的研究狀況，一索即知。（尤其是對目錄中籠統稱哲學博士學位的條目，根據內容進行了重新分類，方便查檢）	（1）序號編排有一定失誤，導致索引中的部分條目號要另加字母才能辨認是哪條。 （2）未編製作者索引，查檢不便。

	中國留英同學博士論文目錄	（1）考證出了絕大多數作者的中文姓名，並在其西文姓名之後標注出。 （2）目錄正文後列有統計表，它能反映中國留英學生主要在哪些學校、攻讀何種領域的博士學位。	未編製作者索引。
	中國留歐大陸同學博士論文目錄	（1）考證出了絕大多數作者的中文姓名，並在其西文姓名之後標注出。 （2）目錄正文後列有統計表，它能反映中國留歐大陸學生主要在哪些國家、哪些學校攻讀何種領域的博士學位。	未編製作者索引。
美國國會圖書館藏中國善本書目	美國國會圖書館藏中國善本書目	——	刪減王重民注出的部分引文，有精簡目錄的作用，但不利於讀者更好地理解各部善本書籍。
胡適西文著作目錄	胡適先生著作目錄二（西文）		
	胡適先生西文著作目錄	對各條目之信息盡量著錄完備。部分條目下以注釋（note）的形式提供更多線索。	——

總體來看，他的目錄作品具有以下特點：

1、搜集範圍廣

袁同禮晚年的目錄著作，雖然規模大小不一，但搜集的範圍十分廣泛。從學科或研究領域看，既有包羅各科的《西文漢學書目》，也有涵蓋中國音樂、經濟社會、新疆、數學、藝術及考古、中國留學生博士論文、中國善本書目、知名學者目錄等領域的專科或專類書目。從語種看，包括英文、法文、德文、葡萄牙文、俄文、日文、荷蘭文及用其他羅馬語言出版的文獻。從資料類型看，既有專著、論文，也有小冊子、展覽目錄、評論文章等。從搜訪地看，除美國外，還包括加拿大、英國、法國、比利時、瑞士、德國、奧地利、荷蘭、意大利、西班牙等國。從調查的圖書館看，既有美國各主要圖書館，也包括奧地利國家圖書館、比利時皇家圖書館、加拿大國家圖書館、澳大利亞英聯邦國家圖書館、新加坡萊佛士圖書館、印度國家圖書館、菲律賓國家圖書館、臺北中央圖書館、日本國會圖書館、東洋文庫、慶應義塾圖書館、香港大學圖書館等。廣泛的資料搜集，是袁同禮編製高質量目錄的基礎。其間需要克服語言和專業知識障礙，以及地域阻隔等困難，難度是可想而知的。

2、查考出作者的中文姓名

查考出作者西文名稱的中文姓名，是袁同禮晚年目錄著作的一個鮮明特點。這一特色在以下作品中得以充分體現：《西文漢學書目》、《俄文漢學選目》、《美國圖書館藏俄文漢學書目》、《現代中國經濟社會發展目錄》、《現代中國數學研究目錄》、《中國留美同學博士論文目錄》、《中國留英同學博士論文目錄》、《中國留歐大陸同學博士論文目錄》。

其實早在 1930s 國立北平圖書館出版的《圖書季刊》英文本（主要由翟孟生（R. D. Jameson）、謝禮士（Ernst Schierlitz）等負責編輯）的目錄中，這種方法已經有所應用。袁同禮將這種方法繼承下來，盡可能查考出目錄中歐、美、日各國西文作者的中文姓名，有時還注出生卒年。這為讀者查閱提供了極大方便，也可避免現代翻譯、注釋中不必要的錯誤，不致鬧出「常凱申」「門修斯」之類的笑話。查考中文姓名這類工作繁瑣而辛苦。在《中國留美同學博士論文目錄》的自序中，袁同禮曾談到這項工作的難度：沒有標準的羅馬化拼寫方案，相當多的作者並不完全按照中文發音對其姓名進行羅馬化拼寫，缺乏相關的參考工具書，「基於上述侷限，可以想見，要辨認出作者的中文姓名是何等困難」〔註 28〕。但他毫不厭倦，書函往返，詢朋問友，一人辛苦，而群受其益。今天，當我們翻閱袁氏目錄時，可以看到西文姓名旁邊那一個個赫然醒目的中文漢字，其中有我們熟悉的中外風雲人物、學界巨擘，更多的是我們不熟悉甚至陌生的人物。如果沒有袁同禮先生不辭辛勞的查考工作，即便翻到了某條目錄，可能也很難知道作者究竟是誰？

3、完善每條目錄的細節

袁同禮注重完善每條目錄的細節，以為讀者提供更多信息，這是其目錄著作的重要特點。此項工作兼有記錄、考訂、增補信息三層含義。第一層是記錄，即記下文獻的基本信息。第二層是考訂，除核實基本信息外，側重對細節信息的考訂，如頁數多少，是否有圖表，出版的相關情況等。第三層是增補，除前述增補出作者西文名稱的中文姓名、生卒年外，他還在羅馬化的俄文書名後注出英文翻譯，並在部分英文書名後注出中文名稱，增錄部分文獻的書評信息（用「Review：」顯示），用注釋（note）提供更多線索等。

〔註 28〕Tung li Yuan. A Guide to Doctoral Dissertations by Chinese Students in America 1905-1960 [M], Washington, D. C.：Sino-American Cultural Society, 1961: xv-xvi.

　　例如，《俄文漢學選目》的條目一般包括以下部分：條目號、責任者西文名稱（如有中文姓名則在其後標注出），生卒年，題名（羅馬化拼寫），題名英文翻譯（有時注出中文），其他責任者（如有中文也注出）及責任方式（用英文縮寫），出版地，出版者，出版年，頁數或卷數，圖表等其他信息（部分條目有更詳細的著錄）。示例如下：

　　199. Liu, E 劉鶚，1857～1909.　Puteshestvie Lao TSania; roman

　　（Travels of Lao Ts'an; a novel　老殘遊記）. Trans. from the Chinese

　　by V. Semanov. M., Gos. izd. khudozh. Literatury, 1958. 263 p.

顯然，作者的中文姓名、生卒年、題名的英文翻譯及中文翻譯、其他責任者的中文名等信息，是袁同禮增補的。而正是這些信息，讓人們對俄文的目錄內容有大致瞭解，提高了目錄的實用性。

　　面對艱巨的目錄核實工作，袁同禮除親赴各地查考外，還通過大量信函往來，求證目錄的各種細節，以使其真實、可靠、豐富。在這點上，他恐怕要算最勤奮的目錄編撰家了。在編著中國數學論文目錄時，他與數學大師陳省身討論由著者的西文譯名去找原名等問題，並時有通信〔註 29〕。還與德國著名學者、圖書館專家和中國文獻專家賽貝爾利克（Wolfgang Seuberlich）多次通信，談論漢學出版物、有關中國及遠東的書目、中國學生姓名及作者信息等相關問題〔註 30〕。在編製中國留學生博士論文目錄時，他函請蔣復璁代填中國留德學生的中文姓名：「茲有留德同學數人之中文姓名，未能在留德同學名單內予以查明，用特奉上，請就所知者，賜予填注，凡不知者，並盼轉詢其他友人，早日賜覆，感荷無似」〔註 31〕。信函附件所詢 Chang Pao-yuan、Liang Chiang、Li Huan-hsin、Liang Ssu-mu 等人，最後在《中國留歐大陸同學博士論文目錄》中，分別標注為張寶源、梁強、李煥燦、梁師目。此外，他還與蔣彝（畫家、詩人、作家、書法家）、鄭德坤（考古學家）、查良鑒（法學家）等一大批相關人士通信，多為詢問著者的中文姓名、生卒年、中國留學生名單等，或請求代填某些目錄作品的細節信息。

　　袁同禮晚年目錄著作的精細、實用，即便今天看來，仍讓人驚歎！一份

〔註 29〕陳省身，懷念守和先生〔G〕//袁慧熙，袁澄編，思憶錄：袁守和先生紀念冊，臺北：臺灣商務印書館，1968：36。
〔註 30〕Wolfgang Seuberlich.A personal reminiscence [G] //袁慧熙，袁澄編，思憶錄：袁守和先生紀念冊，臺北：臺灣商務印書館，1968：39～40。（英文部分）
〔註 31〕臺灣中央圖書館檔藏複印件。（袁清先生提供）

優秀的目錄作品，不僅要準確著錄基本信息，更重要的是，能為人們提供更多有價值的信息。這或許就是袁氏目錄留給我們的重要啟示。

4、編製方法靈活

在編製目錄的過程中，袁同禮靈活運用分類、索引、統計表、縮略語、參見、互見等各種方法，其宗旨是方便讀者查檢。

在分類上，以體現研究的重點和特色為主，並不拘泥於某種分類法，甚至不侷限於嚴格的上、下位類邏輯關係。如《西文漢學書目》分為 28 個大類：「書目與參考書」、「總論性著作」、「地理與遊記」、「歷史」、「傳記」、「政治與政府」、「陸海空軍」、「法律法規」、「外交關係」、「經濟與工商業」、「社會狀況與問題」、「哲學」、「宗教」、「教育」、「語言」、「文學」、「考古與美術」、「音樂與運動」、「自然科學」、「農業與林業」、「醫藥與公共衛生」、「東北各省（滿洲）」、「蒙古與蒙古人（包括唐努——圖瓦）」、「西藏」、「新疆」、「臺灣」、「香港」、「澳門」。它有按主題分類與按地區分類兩個標準，帶有一定主觀性，但目的是反映西方漢學的研究重點，以方便讀者檢索。

編製索引時，在人名索引的條目數字後綴上相應的英文字母，表示該作者對文獻的貢獻方式，以增加索引的信息量。如《俄文漢學選目》的人名索引中用 c 表示彙編，e 表示編輯，i 表示插圖，ia 表示介紹性文章，n 表示注釋，p 表示序言，t 表示翻譯，若為著者則不加任何字母。在《俄文日本研究選目》的人名索引中，用 c 表示彙編，e 表示編輯，ia 表示介紹性文章，ja 表示合著，jc 表示合編，jct 表示合編與合譯，je 表示合編，jt 表示合譯，n 表示注釋，p 表示序言，t 表示翻譯，若為著者則不加任何字母。在索引中，有時也設立人名或機構名間的參照。比如在用羅馬化拼寫和英文拼寫的同一人名之間建立參照，方便熟悉不同寫法的讀者查檢。

此外，在中國留美、留英、留歐大陸同學博士論文目錄後，他都列有相應的統計表，翻閱即可獲知當時中國留學生主要在哪些學校攻讀博士學位，以及取得博士學位的領域。用縮略語指代相應的期刊、機構、學位等內容，使目錄更加簡潔。在相關的條目、人名、機構名間建立互見（see also）、參見（see），給讀者更多指引。比如在《美國圖書館藏俄文漢學書目》中列出了中文人名的韋傑氏羅馬拼音寫法和其他寫法的參照，如 Li，Sy-guan see Li，Ssǔ-kuang。他還在《新疆研究文獻目錄》（日文本）的部分標題前加注「評」、「補」、「譯」、「講」字樣，分別表示書評、補正、翻譯、講演要旨。這為人

們瞭解各條目錄的性質，提示了更多線索，方便使用。

　　總之，袁同禮在編製目錄時，為方便讀者查檢，靈活運用了多種方法，值得借鑒。

第二節　目錄學貢獻

一、目錄學思想

（一）目錄工作應因時而變、分工合作

　　中國古人認為目錄是一種治學門徑，是「辨章學術，考鏡源流」的良好工具。對於此點，袁同禮是認同的，但又提出了自己的看法：「我國載籍浩如淵海，尤有賴於專門目錄為之統系貫穿。乃前此之治目錄學者，或偏重學術流源，或偏重板本，若夫專門目錄之書，朱彝尊《經義考》、謝啟昆《小學考》而外，殊不多覯，此今日學者所亟應補救者也」〔註 32〕。他認為在書籍急劇增長的新環境下，只注重學術源流和版本的目錄，已經很難滿足時代需要，必須「因時而變」，盡快編纂實用、方便的現代專科目錄。之後中國各學術團體、圖書館等大量編製現代專科目錄的實踐，證明了這一看法的正確性。

　　他認為目錄工作應注重分工合作（如機構之間、協會之間、國與國之間）。在闡釋國際目錄的功能時，他特別強調了現代目錄對於科學研究的先導作用以及分工合作之必要：「甲國研究某種科學者，對於乙國丙國或其他各國作同樣之研究者，亟有確知其研究程度之必要。學術研究愈進步，此種需要愈迫切。因此國際目錄學在學術界遂占重要之位置。」「此二團體（指國際學術研究會議和國際學士院協會）之目的，在使國際學術界有一種密切之聯絡，於互助之中避免重複之工作。其方法不外給予從事研究者一種工具，使其瞭解某國某人對於某種問題之研究已有若何之結果，使其利用前人已獲之成績，而發揚其獨立研究。蓋國際目錄學實為研究任何科學之先決工作，自應由各國學術界分工合作，繼續進行。」「國際學術上之關係，以目錄方面最為重要。蓋從事科學研究者，對於科學文字之發表，均有充分注意之必要。」〔註 33〕在領導北平圖書館協會期間，他積極推動聯合目錄的編製，出版了《北平各

〔註 32〕袁同禮，序〔M〕//王重民，老子考，北平：中華圖書館協會，1927。

〔註 33〕袁同禮，近十年來國際目錄事業之組織〔J〕，北大圖書部月刊，1929，1（1）：7～18。

圖書館所藏期刊聯合目錄》（1929 年）、《北平各圖書館所藏叢書聯合目錄》（1930 年）等作品，這是他「分工合作」思想的體現。

（二）編製目錄是學術訓練方法之一

編製目錄、索引等工作是北平圖書館一項十分重要的業務內容，袁同禮認為編製目錄是為學問打底子的工作，是進行學術訓練的重要方法，於是將業務發展與人才培養有機結合起來，既實現了目錄編製技術的現代化，又有效鍛鍊了人才，培養了王重民、孫楷第等一大批目錄學大家。他「提倡通過目錄學的方法治史：即一個人絕不能寫史，除非他已經查閱了所有可獲得的材料」〔註 34〕。無論對圖書館研究型人才，還是其他治學者，編製目錄都是學術訓練的重要方法，他的這一思想，不僅在民國時期的北平圖書館得到落實，獲得成功，而且對今天的學術研究仍不過時。

（三）編製目錄是一種學術自覺和學術關懷

袁同禮編撰目錄，一個重要的心理動因，是他對學術的關切。例如，在《美國圖書館藏俄文漢學書目（1918～1960）》自序裏，他說：「俄羅斯學者對理解中國（文化）的貢獻顯著，但因為俄語不是一種被廣泛閱讀的語言，所以他們的研究在許多學術圈內仍舊不為人知」〔註 35〕。在《現代中國經濟社會發展目錄》前言中說：「學習和研究中國經濟的人們希望有一份系統書目，這種需要由來已久，但書目的缺乏，已給學生和學者帶來了巨大障礙」〔註 36〕。在為《新疆研究文獻目錄（1886～1962）》（日文本）作序時，他寫道：「除一部分之專著已譯成中文外，其他則散見於各學術期刊及還曆祝賀集之內，國人殊鮮注意，不無遺憾。余對新疆研究，素感興趣。鑒於他人知我，勝於我之自知，涉獵所及，隨筆記錄，日就月將，篇帙遂巨。久擬編製書目，俾承學之士，有所稽尋。……好學深思之士，因類以求，此目實為津逮。並可窺見東鄰學者研究中亞文化之總績，從茲發揚而光大之，此則余所馨香企禱者也。除此目外，另將有關新疆中西文獻，各列一篇，分別印行，俾研究人

〔註 34〕 C. Yuan（袁澄），'Knowledge for others': A note [G] //袁慧熙，袁澄編，思憶錄：袁守和先生紀念冊，臺北：臺灣商務印書館，1968：72～74。（英文部分）

〔註 35〕 Tung-li Yuan.Russian Works on China, 1918-1960 in American Libraries [M], New Haven: Far Eastern Publications, Yale University, 1956: preface.

〔註 36〕 Tung-li Yuan.Economic and Social Development of Modern China: A Bibliographical Guide [M], New Haven: Human Relations Area Files, 1956: Part I, introduction, v.

士，資以致力而無暗中摸索之苦」〔註37〕。顯然，對於學術研究中的「不為人知」、「障礙」、「遺憾」處，他欲盡自己的一份心力，試圖以目錄這一公器便利之、溝通之、彌補之，減少學者的「翻檢之勞」和「暗中摸索之苦」。

袁同禮先生認為目錄是學術文化溝通的工具，而編製目錄是一種學術自覺和學術關懷，這是極其寶貴的思想。

二、目錄著作的價值

袁同禮的目錄著作出版後，不少學者撰寫了書評或研究文章。如關於《西文漢學書目》的研究文章有：溫國強《袁同禮與〈西方文獻中之中國〉》（2002年）、余豐民《袁同禮〈西文漢學書目〉分類體系淺析》（2008年）、周欣平《袁同禮和他的〈西文漢學書目〉》（2010年）、張紅揚《考狄的〈中國學書目〉和袁同禮的〈續考狄中國學書目〉》（2010年）。關於《中國留美同學博士論文目錄》的書評有：錢存訓的 *Review: A Guide to Doctoral Dissertations by Chinese Students in America 1905-1960*（1962年）、薛光前的 *Tung-li Yuan, A Guide to Doctoral Dissertation by Chinese Student in America, 1905-1960 (Book Review)*（1962年）。對《現代中國數學研究目錄》的書評有：柏石義的 *Tung-li Yuan, Bibliography of Chinese Mathematics, 1918-1960 (Book Review)*（1963年）。對《袁同禮中國藝術考古西文目錄》的書評有：Margaret Medley 的 *Review of The T. L. Yuan Bibliography of Western Writings on Chinese Art and Archaeology (1975, edited by Harrie A. Vanderstappen)*（1977年）、林嘉琳（Katheryn M. Linduff）的 *Review of The T. L. Yuan Bibliography of Western Writings on Chinese Art and Archaeology (1975, edited by Harrie A. Vanderstappen)*（1977年）、舒悅的《評〈袁同禮的中國藝術及考古西文文獻書目〉》（2008年）。這從反映了學術界對袁氏目錄的重視。

目錄作品不屬於風光豔麗的「學術前臺」，但卻是學術研究的重要支持，可謂「學術後臺」。高質量的目錄作品，其所需之能力、所付之艱辛，並不遜於一般學術研究。如陳垣的《中國佛教史籍概論》、《敦煌劫餘錄》，王重民的《中國善本書提要》及《補編》、《敦煌古籍敘錄》，孫楷第的《中國通俗小說書目》等，已成為各自領域的經典文獻，得到學術界之贊許。但對於目錄作

〔註37〕袁同禮，渡邊宏，合編，新疆研究文獻目錄（1886～1962）（日文本）〔M〕，Published by Tung-li Yuan (Printed in Tokyo), 1962：序。

品在學術研究中佔據怎樣的位置，它是否能與學術著作等量齊觀，人們是有爭議的。如果目錄作品帶有相當的研究性，具備「辨章學術，考鏡源流」的功能，稱其為學術著作，達成共識相對容易。但如果目錄作品僅是分門別類，按目排列，雖然仍做了大量的考證、核實、鑒別、索引、增補信息等工作，要使人們承認它們的價值，則不易。

袁同禮傾其心力編撰的各種目錄作品，顯然屬於第二種情形。對於這類高質量的「利他之作」，其價值主要體現在三個方面：

（一）工具價值

袁同禮的目錄作品具備目錄的一般功能，即具有檢索著述基本信息（作者、題名、出版年、出版地、出版者、期刊名、發表年卷期、頁碼、圖表信息、書評等）的工具價值。例如，有關中國留學歐美同學的博士論文目錄，是目前這方面最詳細的記錄，「其中不僅可查到中國的風雲人物當年在校時研究的專題，即使一些冷僻、傳奇名士，翻查亦可得知其詳」〔註38〕。此外，若修訂《民國人物大辭典》等工具書，如欲注出部分人物的英文名稱，袁同禮的《西文漢學書目》、《現代中國數學研究目錄》、中國留學生博士論文目錄等都是較好的參考。

（二）線索價值

袁同禮的目錄作品對於某些學科或專題的歷史考察具有線索提示作用。例如，利用《中國留美同學博士論文目錄》，就可獲知 1905～1960 年間中國留美同學獲得圖書館學領域博士學位的情況（見表 5-5），以及誰是第一位獲得者。部分圖書館學教材曾言桂質柏是第一位獲得美國圖書館學博士學位的人，然而，袁同禮先生的目錄著作告訴我們，第一位獲得該學位的人是戴志騫（當時不稱圖書館學博士學位，而叫哲學博士學位。美國部分大學頒發博士學位時，其稱謂不按專業甚至不按學科劃分，常常籠統名哲學博士學位，這在當時是普遍現象，可能是按古希臘分類法的緣故。例如著名物理學家鄧稼先所獲學位也是哲學博士學位）。還可獲知民國時期圖書館學知名人士所獲其他領域（如法學、歷史學、哲學）博士學位的情況，如查修的《航空法之責任論》（*Liability in the law of aviation*，1933 年伊利諾大學）、朱士嘉的《章

〔註38〕錢存訓，袁同禮先生對國際文化交流的貢獻〔G〕//（臺灣）中國圖書館學會輯印，袁同禮先生百齡冥誕紀念專輯，1995：14。

學誠對中國地方歷史編撰的貢獻》（*Chang Hsueh-ch'eng, his contributions to Chinese local historiography*，1950 年哥倫比亞大學）、劉國鈞的《當代美英哲學的意義問題》（*The problem of meaning in contemporary American and British philosophy*，1925 年威斯康星大學）等。這些信息對於研究中國圖書館學家，都是有益的線索。

表 5-5　1905～1960 年間中國留美同學獲得圖書館學領域博士學位的情況

姓　名	時　間	論文名稱	學　校	學　位
戴志騫 Tai, Tse-Chien	1925	《論圖書館員的職業教育》 （Professional education for librarianship）	愛荷華大學	哲學博士
桂質柏 Kuei, Chih-Ber	1931	《美國圖書館中文圖書歸併的目錄及管理問題》 （Bibliographical and administrative problems arising from the incorporation of Chinese books in American libraries）	芝加哥大學	哲學博士
譚卓垣 Taam, Cheuk-Woon	1933	《清代圖書館發展史》 （The development of Chinese libraries under the Ch'ing dynasty, 1644-1911）	芝加哥大學	哲學博士
吳光清 Wu, Kwang-Tsing	1944	《唐至明代的學術發展、圖書出版與圖書館》 （Scholarship, book production, and libraries in China 618-1644）	芝加哥大學	哲學博士
沈寶環 Seng, Harris Bao-Hwan	1953	《文華圖書館專科學校課程設置芻議》 （A suggested curriculum for Boone Library School）	丹佛大學	教育學博士
錢存訓 Tsien, Tsuen-Hsuin	1957	《中國的文字記錄：古代碑文及書籍發展之研究》 （The pre-printing records of China: a study of the development of early Chinese inscriptions and books）	芝加哥大學	哲學博士

李書華先生曾談到，通過袁同禮的目錄可知，一戰前共有 9 名中國學生獲得了歐洲大陸的博士學位，分別是李賦基、馬德潤、周業慶、周澤春、周

慕西、吳金科、陳繼善、錢泰、趙承嘏〔註 39〕。而著名漢學家舒衡哲（Vera Schwarcz）在論述張申府等中國學人在歐洲的研究興趣時，有一條腳註（第 8 條）談到：「到目前為止，要瞭解中國學生在歐洲的學術興趣，沒有比袁同禮的《中國留歐大陸各國博士論文目錄 1907～1962》（1963 年）更好的資料了。張若名的博士論文《紀德的態度》反映出中國留歐學生的某種學術興趣」〔註 40〕。張若名（周恩來前女友）是中國第一位留法女博士，她與楊堃被譽為「中國第一對博士夫妻」，兩人的博士論文情況均見載於袁同禮所編目錄〔註 41〕中。可見袁氏目錄對研究中國近現代的教育史、中西交流史，無疑都提供了極有價值的線索。

數學大師陳省身評價《現代中國數學研究目錄》曰：「這本書目錄和他的中國留美學生博士論文目錄，都是重要的工作。這種工作，要在能完備。守和先生在這方面的功力和細心實在叫人驚佩。將來如有人從事於中國近代科學史的研究，這裡面將有無限的資料」〔註 42〕。這是袁氏目錄具備線索價值的又一力證。例如，在《現代中國數學研究目錄》裏，可以查到中國數學家發表於西文期刊上的第一篇博士論文，即 1918 年胡達（明復）的 *An integro-differential equations with a boundary condition*（基於邊界條件的微積分方程）〔註 43〕。

袁同禮編撰的多種《永樂大典》存目表，既記錄了《大典》的散佚情況，又保存了其流傳過程中的某些歷史信息，對這些信息進行研究，能發現一些有價值的線索。如通過考查庋藏地的變化，可以探究《永樂大典》的流傳及去向。如，《永樂大典》卷 8268（26 頁）～卷 8269（19 頁），在《永樂大典

〔註 39〕 Li Shu-hua. Foreword [M] // Tung-li Yuan. A Guide to Doctoral Dissertations by Chinese Students in Continental Europe 1907-1962. Reprinted from Chinese Culture Quarterly, Taipei, 1964: 2.

〔註 40〕 Vera Schwarcz. Out of historical amnesia: An eclectic and nearly forgotten Chinese Communist in Europe [J], Modern China, 1987, 13(2): 177-225.（腳註在第 223 頁）（安德列·紀德是法國著名作家，1947 年獲諾貝爾文學獎。）

〔註 41〕 Tung-li Yuan. A Guide to Doctoral Dissertations by Chinese Students in Continental Europe 1907-1962 [M], Reprinted from Chinese Culture Quarterly, Taipei, 1964: 17-18.

〔註 42〕 陳省身，懷念守和先生〔G〕//袁慧熙，袁澄編，思憶錄：袁守和先生紀念冊，臺北：臺灣商務印書館，1968：36。

〔註 43〕 Tung-li Yuan. Bibliography of Chinese Mathematics 1918-1960（現代中國數學研究目錄）〔M〕: Published by Tung-li Yuan, Printed in the U. S. A.: ix, 51-52.

現存卷數表再補》中，記載藏於英國著名漢學家鄧羅（C. H. Brewitt-Taylor，1857～1938）處〔註44〕；在《永樂大典現存卷目表》中，記載藏於英倫博物院〔註45〕；據張昇所編《〈永樂大典〉現存卷目表》的最新調查，它現在仍藏於英國大英博物館中〔註46〕。通過對庋藏地的變化，可以發現，分散於藏書家、學者、書商等手中的《永樂大典》最後大多流向了大型公共收藏機構，如中國國家圖書館、美國國會圖書館、英國大英博物館等。探尋其中原因，或亦是一有趣之問題。

　　袁氏目錄的線索價值除了體現在學術研究上，還體現在可為圖書館西文書刊的採購或補藏提供參考。波蘭漢學家愛德華‧卡伊丹斯基（Edward Kajdanski）曾在文中寫到：「在 1980 到 1981 年間，我注意到，中國的圖書館缺少許多關於中西文化交流的經典外文著作，同樣缺乏三四十年代在中國出版（主要在北京和上海）的這些書籍的中譯本。但去年在北京逗留期間，其中部分書籍在北京圖書館（即中國國家圖書館）也沒能找到」〔註47〕。這從某種程度上反映出海外漢學家對中國圖書館缺藏一些重要的有關中西文化交流的經典外文文獻的遺憾。袁同禮編撰的大量目錄著作（如《西文漢學書目》），正可為中國圖書館採訪西文圖書或進行經典文獻的補藏，提供寶貴的線索或參考。

（三）學術積累價值

　　目錄是高效的學術知識管理工具，是進行學術總結的重要手段。它在一定程度上體現出某一學科階段性的學術積累狀況。一人或幾人為之，則「群受其賜」〔註48〕，避免重複勞動。它具有可回溯的特點，具備學術追蹤功能，為知識考古提供方便。在信息爆炸和知識分化的時代，它為人們瞭解其他學科的研究情況，提供了可能，這有利於開展跨學科研究。

　　袁同禮在晚年各種目錄的自序中多次談到，部分學科的書目缺乏，對學

〔註44〕和（袁同禮），永樂大典現存卷數表再補〔J〕，國立北平圖書館館刊，1931，4（2）：42。

〔註45〕袁同禮，永樂大典現存卷目表〔J〕，國立北平圖書館館刊，1933，7（1）：121。

〔註46〕張昇編，永樂大典研究資料輯刊〔M〕，北京：北京圖書館出版社，2005：999。

〔註47〕〔波蘭〕愛德華‧卡伊丹斯基著；張振輝，譯.我的漢學之路〔M〕//國際漢學（第十三輯），鄭州：大象出版社，2005：7～14。

〔註48〕和（袁同禮），（評）四庫全書總目韻編〔J〕，中華圖書館協會會報，1928，3（5）：23～24。

者的研究和學生的學習造成了障礙，希望所編目錄對他們調查、瞭解某一領域有所幫助。如在《現代中國經濟社會發展目錄》第二部分「社會發展」的序言中說：「不言而喻，只要有一份包含專著和期刊論文的完整書目，就能讓學者對中國的社會現象有一個全面瞭解」，「曾經發生在中國的深遠社會變化，已造成了新的形勢和問題。雖然這些變化只是歷史遺跡，但一份有關它們的書目卻能夠提供理解和分析現實問題的背景」〔註49〕。他認為，目錄能為人們瞭解某一學科或領域，提供「全景式展示」和「背景性提示」，是學術積累的重要方面。

而他的目錄作品，確實具備能反映某一時段、某一學科、某一範圍的學術面貌的功能。例如，錢存訓先生曾言，如果將考狄的《中國書目》（*Bibliotheca Sinica*）、袁同禮的《西文漢學書目》與英國勒士特（John Lust）所編《外文期刊有關中國論文索引》（*Index Sinicus*，1920～1958）合併檢用，「即可窺見十六世紀以來迄二十世紀前半期西文有關中國著述之全貌，為從事中國學術研究者所必備之重要參考書」〔註50〕。而他的《中國留美同學博士論文目錄（1905～1960）》「不僅顯示了中國人對美國高等教育的貢獻，而且反映出美國科學技術對中國現代化的影響。因此，它是一份關於中美文化交流和文化關係的珍貴文獻」〔註51〕，是「具有永久價值的參考書」〔註52〕。袁同禮的部分目錄作品曾被列入哥倫比亞大學和華盛頓大學的教材或參考資料，這「對不瞭解中文之西人，尤有莫大之助益」〔註53〕。如《西文漢學書目》、《現代中國經濟社會發展目錄》）曾被列為哥倫比亞大學「中國書目學」一課（由傅路德等講授）的主要課本。顯然，它不僅是翻查的工具書，更是人們瞭解某一學科學術研究情況的重要參考書，體現出學術積澱的價值。今天，當人們研究

〔註49〕 Tung-li Yuan. Economic and Social Development of Modern China: A Bibliographical Guide [M], New Haven: Human Relations Area Files, 1956: Part II, introduction, iii.

〔註50〕 錢存訓，袁同禮先生對國際文化交流的貢獻〔G〕//（臺灣）中國圖書館學會輯印，袁同禮先生百齡冥誕紀念專輯，1995：13。

〔註51〕 T. H. Tsien. Review: A Guide to Doctoral Dissertations by Chinese Students in America 1905-1960 [J], The Library Quarterly, 1962, 32(3): 241-242.

〔註52〕 P. W. Kuo. Foreword [M] // Tung li Yuan. A Guide to Doctoral Dissertations by Chinese Students in America 1905-1960. Washington, D. C.: Sino-American Cultural Society, 1961: ix-xi.

〔註53〕 胡應元，袁守和先生與學術研究工作〔G〕//袁慧熙，袁澄編，思憶錄：袁守和先生紀念冊，臺北：臺灣商務印書館，1968：25～28。

音樂史、數學史、藝術史、考古史、教育史、文化交流史（中美、中歐）、新疆歷史、中西漢學等方面的內容時，袁同禮的目錄作品將提供豐富的資料，並對相關學科的學術傳承和積累，產生一定的作用。

三、當代啟示

　　圖書館學從誕生之日起，就帶有借鑒和輔助其他學科兩個基因。如今，借鑒各學科的理論、方法來豐富發展圖書館學，已蔚然成風，且取得了一定成績。利用自身的資源優勢，以及網絡、數據庫、可視化技術等各種新手段，圖書館學在輔助其他學科方面，也取得了令人矚目的成果。比如，各種專題數據庫和綜合數據庫的建立，就極大方便了學者的研究。但這種「大鍋飯」式的知識組織方式，在反映各學科以及各學科某一領域的研究面貌時，是有缺陷的。（許多圖書館也看到了這一問題，所以用「學科導航」等試圖彌補，但離學者們的要求，還是有相當距離。）在知識組織這一領域，恰好是圖書館學與各學科「走得近」的地帶，所以，編製切合其他學科的高質量目錄，在未來大有可為。對於那些有學術潛力的館員，則可能因編製某科目錄，而直接「走進」其他學科，取得較大的學術成就。民國時期的王重民、向達、孫楷第、譚其驤等一大批學者，無不是在北平圖書館經歷了編纂目錄的訓練，擴展了學術視野，建立起對某一領域的興趣，從而在學術上大有斬獲。

　　每個學科都應該貢獻自己的公共知識。圖書館學是能夠幫助或輔助其他專業，將某些知識組織化、進而公共化的學科。北大歷史學教授榮新江先生曾在課堂上感慨，真希望有人多編纂些專題目錄，這樣既節省了教師的科研時間，又有利於學生把握研究現狀，減少重複勞動。而在談到日本學人每年通過書評、綜述、目錄等方式，有意識地開展學術積累工作，而國內學者，每研究一主題，大都要從頭開始，重新梳理，而浪費掉大量時間時，他坦言痛心疾首。其實，這部分累積性工作只要有人做，且持續做，就可以為科學研究節省大量時間。袁同禮編纂的《西文漢學書目》等作品，在國際上取得了崇高聲譽，也說明學術界對高質量目錄作品的渴望和重視。

　　綜上所述，我們應該承認這樣一種價值，尊重這種勞動，進而倡導編製目錄的行動〔註 54〕。袁同禮先生所指示的圖書館員編纂目錄的路子非常正

〔註54〕正如王子舟教授所言：「讀書治學，有為己之學，有為人之學，索引等工具書，『學者資之為治學之利器編者不能藉之以獲名，此為人之學也』。既然學術為

確。如果能把目錄作品納入館員的科研成果考核中，相信會有越來越多的目錄精品問世。這也是著名目錄學家姚名達先生多年前之期望：「至於藏書目錄以外之專科目錄與特種目錄，除由專家分頭撰述外，宜特籌的款，另組專會，分時，分地，分科，分派，通考古今存佚著作，撰為各種圖書辭典或著述考，以統攝古來全貌，並每年刊一年鑒，以繼續之，俾我國學術之源流，了然無餘蘊，豈不懿歟？」〔註55〕而圖書館學專業期刊，可為目錄作品提供發表的機會，不必拘泥於登載學術論文。例如，民國時期的《圖書館學季刊》、《國立北平圖書館館刊》、《圖書季刊》等高質量刊物，就曾刊登了梁啟超、孫楷第、王重民、謝國楨等學者的目錄作品，這既激勵了目錄編纂者，又讓圖書館學的「致用性」得以高揚。

小結

錢存訓先生在《袁同禮中國藝術考古西文目錄》前言中寫到：「袁先生是眾所周知的傑出學者型館員，他以副館長和館長的身份在國立北平圖書館服務長達二十餘年之久，在 1920s～1940s 間，他在促進中國現代圖書館運動方面起著積極作用。袁先生將中國傳統學術與現代圖書館技術結合在一起，從而在他的領導下出版了一系列重要的書目、目錄、期刊索引、圖書館書目雜誌、珍貴手稿以及通過照相膠印法產生的早期印刷品」〔註56〕。

誠如斯言，袁同禮是學者型館長，他將中國傳統學術、中西漢學領域與現代書目技術相結合，不僅領導北平圖書館館員編纂了大量目錄、索引著作，培養了大批學術精英，而且在晚年，獨自馳騁學術沙場，編製了許多高質量的目錄作品，無愧於「目錄學家」之稱號。其辛勤搜羅的奉獻精神、求實求真的考證工夫和親力親為的實踐風格，值得後輩認真學習、永久景仰！

天下之公器，圖書館作為學術文化機構，如能不事喧嘩熱鬧、不逐虛譽浮名而多作『為人之學』，不正是圖書館對本民族學術文化的重大貢獻嗎？」（王子舟，圖書館學基礎教程〔M〕，武漢：武漢大學出版社，2003：269～270。）此外，王教授早在 90 年代就提出：「在目錄學研究中，『致用』原則應該是高揚的旗幟」。（王子舟，時代需求與目錄學的發展〔J〕，圖書情報知識，1998（1）：7～10。）

〔註55〕姚名達，中國目錄學史〔M〕，上海：上海古籍出版社，2005：309。

〔註56〕Tsuen-hsuin Tsien.Foreword [M] // Tung-li Yuan, Harrie A. Vanderstappen.The T. L. Yuan Bibliography of Western Writings on Chinese Art and Archaeology. London: Mansell Information/Publishing Limited, 1975: vii.

第六章　結　語

　　清末民初，近代中國進入一個重大的轉型期。啟蒙和救亡成為那個時代最重要的主題，但隨著日益緊迫的民族危機，啟蒙和救亡發生了雙重變奏，救亡越來越成為時代的「主旋律」，而許多為啟蒙做出貢獻的人，卻長期不能得到應有的重視。正如李澤厚所言：「五四之後，除了接受馬克思列寧主義參加救亡——革命這條道路之外，另一條繼續從事教育、科學、文化等工作的啟蒙方面，也應該得到積極的評價。因為它們對中國社會的現代化發展是起促進作用的。」〔註1〕

　　誠哉斯言！那些拿起武器，參加革命，以救亡為己任的革命者，固然值得敬佩，但另一些埋首教育、傳承文化、獻身啟蒙的知識分子，也應該受到尊重。他們在各自的職位上，為民族的現代化貢獻了力量。袁同禮就是這樣一位人物。他生於甲午戰敗之時，長於軍閥混戰之際，出身詩書家庭，舊學功底深厚。同時又受過新文化運動的洗禮，習英文、遊歐美、廣交誼，接受了不少西方思想。歐美留學使他深受觸動，歸國後目睹黨派紛爭，強鄰虎視。作為「書生」，他與當時的許多知識分子一樣，雖手無寸鐵，但有極強的愛國熱情與強國訴求，並矢志不渝地在圖書館事業方面有所建樹。

　　作為一種新的社會機構，圖書館和新式學堂、博物館一樣，都具有啟迪民智，傳播公共知識的職能。所以，民國時期中國圖書館事業的進步和發展，有力地促進了中國人現代意識的覺醒，也有力地推動了中外學術文化的交流。儘管袁同禮沒有宏篇巨帙的圖書館學理論著述，但他為民國時期圖書館事業的發展，做出了極大貢獻。這種貢獻主要體現在「事功」方面。

―――――――――――――

〔註1〕李澤厚，中國思想史論（下）〔M〕，合肥：安徽文藝出版社，1999：857。

第一節　事業貢獻

民國時期，袁同禮擔任中華圖書館協會主席、理事長，北平圖書館副館長、館長，凡二十餘年，他全面參與並領導了中國圖書館的現代化運動，為中國圖書館事業的發展做出了諸多貢獻。正是這些貢獻，奠定了後來中國國家圖書館的基本格局，豐富並影響了中國圖書館的發展歷史。袁同禮在中國圖書館事業史上的重要貢獻，可歸納為如下三個方面。

一、領導享譽中外的北平圖書館

袁同禮是民國時期中國圖書館事業的領導者、踐行者，尤其是北平圖書館在他的領導下，成為享譽中外的國家圖書館，成就了北平圖書館在民國時期的人才「繁盛期」、文獻「豐碩期」和學術「輝煌期」。

（一）領導北平圖書館成為中國藏書重鎮

袁同禮極其重視文獻搜集，為北平圖書館的文獻搜集做出了重要貢獻。如派員攝照海外敦煌文獻，探訪《永樂大典》，保存抗戰史料，搜藏西南少數民族文獻、地方志、金石輿圖資料、西文書刊等眾多珍貴史料。北平圖書館還是國內較早徵求博士論文的圖書館，類似的舉措，不一而足。袁同禮對圖書館學術信息組織的敏感，對文獻搜藏的執著，最終將北平圖書館打造成為中國藏書甲富。他領導下的北平圖書館所搜集的大量文獻，至今仍然服務著各位讀者，也深刻影響著國圖進行數字資源建設和特色開發的內容。他為中國國家圖書館的發展，以及中國的相關學術研究，奠定了永久的文獻基礎。

（二）奠定了北平圖書館在民國時期的學術地位

評價一個機構的學術地位，最基本的評價標準不外乎人才的層次和學術作品的含金量，即是否在某一時期培養出了學術領軍人物，是否對學術界產生了持久的影響。在這兩個層面，袁同禮領導下的北平圖書館，都取得了巨大成就。他深刻認識到圖書館在現代學術發展中的支持作用，所以把圖書館建設成為學術研究的陣地和促進學術發展的推手。他以學者的態度，極富遠見地「將中國圖書館事業放在現代學術基礎之上」，並以此為標準進行文獻搜集、整理、編纂和出版。由於他的領導培植，北平圖書館人才濟濟，在民國學術叢林中佔據一席之地，彰顯了圖書館的學術尊嚴和氣度，成就了北平圖書館的「學術輝煌期」。

二、促進中國圖書館的普及與現代化

袁同禮所處的時代，正是中國現代圖書館運動深入發展的時期。國立北平圖書館是這場運動的範本，而袁同禮是這場運動的智囊和領袖人物。他提出要將圖書館打造成為學術機關，建立現代圖書館管理制度，推行研究與服務並舉的發展模式，要重視運用新技術，加強館際互助協作。他不僅倡導這些理念，而且身體力行之。袁同禮領導下的中華圖書館協會，在中國圖書館的普及化、現代化、標準化的過程中，起到了關鍵作用。

三、推動中國圖書館事業的國際交流與合作

通過領導中華圖書館協會參與國際圖書館會議及相關展覽，派員赴海外深造，或親自到國外考察、演講，邀請世界知名圖書館學專家來華訪問、講學，積極幫助其他國家受災的圖書館等方式，袁同禮推動了中國圖書館事業的國際交流。

袁同禮認為，圖書交流是文化交流的重要媒介，所以努力發展各種形式的國際圖書交流，如交換圖書、代購圖書、展覽圖書等，並以此為基礎，推動中外圖書館事業的深度交流與合作。尤其是他在抗戰時期的圖書請援活動，加強了與國外相關人士的私人聯繫，擴展了交流通道，極大促進了中西文化的理解與同情。他認為，學術文化交流的首要問題是開放，超越傳統的以自我為中心的文化優越感，以國際化的視野，實現「中外大通」。其次，要重視協作，消除壁壘，建設一套學術文化交流機制，使中外之間能夠相互合作、相互支持、相互交融，從而提升學術文化交流層次，加強學術文化合作關係，提高學術文化研究的水平。在國際學術文化交流方面，袁同禮所發揮的建設性作用，正如錢存訓所評價，是「長才大略」的傑出貢獻。

第二節　學術思想

雖然袁同禮的圖書館學理論著述不多，但他的實踐活動體現出的思想、觀念，仍具有寶貴的價值。那麼他最特出的學術思想是什麼呢？

一、人才第一的觀念

袁同禮認為，在圖書館事業的發展進程中，人才是第一位的要素。所以，他注重從選、用、育、留四個角度來培植人才。選才方面，重視人才的知識

基礎和學術功底；用才方面，尊重人才的志趣，用人所長；育才方面，努力為人才提供學術訓練和進修深造的機會，注重人才的成長性；留才方面，關心人才，並充分發揮個人的領導魅力。縱觀袁同禮的一生，他在培植人才方面，傾注了大量心血。由於他的不懈努力，北平圖書館在三四十年代人才濟濟，成為學界佳話。「人才第一」的觀念，是他學術思想中最豔麗的花朵。

二、採訪關乎學術升降的思想

採訪工作是袁同禮最重視的圖書館業務。他認為，文獻採訪要適應學者的研究需求和國家的發展需要，採訪人員應具學者態度和歷史眼光，綜合運用多種方法開展採訪工作，重視戰略收藏和特色收藏，注重培養公眾的文獻意識。

袁同禮文獻採訪思想中最精華的部分，就是認識到圖書館採訪工作「實與學術升降有關」。他提出的「夫一代學術之興，往往有待於新材料之發現」的觀點，與陳寅恪「一時代之學術，必有其新材料與新問題」極為相似。陳氏觀點在前，袁氏繼其後。而當時持此種觀點的學人並不在少數。這說明，袁同禮對新材料與學術發展關係的認識在當時是處在潮流前端的，而他有別於其他學人的地方在於，自覺將這種認識落實和貫徹到圖書館的採訪行為中，認為採訪工作的好壞，決定文獻收集的內容和質量，而文獻的多寡、新舊關乎學術之升降與榮衰。

正是在這一思想指導下，他極為重視「雜貨店式」的採訪方法和派員「走出去」採訪，取得了豐碩的成果。北平圖書館的新書與舊藏，成為一代代學人取用不盡的寶庫。

三、重視目錄編製實踐的思想

學術為天下之公器，目錄為學術之公器。中國傳統目錄「辨章學術，考鏡源流」的路數在現代逐漸式微，新的書目控制形式不斷產生。中國傳統目錄編纂在民國時期仍有一個較大的發展，其中的良性因子因為「文革」遭到了極大的破壞，而今已難復望古典目錄的輝煌。袁同禮晚年的目錄著作，顯然運用了新的編製技術，與中國傳統目錄形式有差別。但他「目錄為公」的理念以及重視目錄編製實踐的思想，對今天仍有啟發。

袁同禮《西文漢學書目》等作品在西方享有盛譽，說明切實編製一些實

用的目錄，仍是學術界所歡迎的。而今天強調目錄編製實踐，已經不是一個單純的認識上的問題，更是一個關係到圖書館學科實際影響力的重要問題。中國目錄學的再度繁榮，需要建立在大量目錄編製實踐基礎上。

綜觀袁同禮一生事功與治學成果，體現出鮮明的「知識為公」的治學理念、「厚養博學」的學術面貌、「開放協作」的學術視野。這些學術遺產，於今仍然寶貴。

參考文獻

（按拼音或字母升序排列）

一、著作

1. （臺灣）中國圖書館學會輯印，袁同禮先生百齡冥誕紀念專輯〔G〕，臺北：（臺灣）中國圖書館學會，1995。

2. 〔加〕保羅・埃文斯著，費正清看中國〔M〕，陳同，羅蘇文，袁燮銘，張培德譯；袁傳偉校，上海：上海人民出版社，1995。

3. 〔美〕陳毓賢，洪業傳〔M〕，北京：北京大學出版社，1995。

4. 〔美〕費正清，費維愷編，劍橋中華民國史（1912～1949，下卷）〔M〕，劉敬坤等譯，北京：中國社會科學出版社，1994。

5. 〔美〕費正清，費正清對華回憶錄〔M〕，陸惠勤，陳祖懷，陳維益，宋瑜譯；章克生校，上海：知識出版社，1991。

6. 《北京圖書館同人文選》編委會編，北京圖書館同人文選〔G〕，北京：書目文獻出版社，1987。

7. 北京大學校史研究室編，北京大學史料〔M〕，北京：北京大學出版社，1993。

8. 北京圖書館業務研究委員會編，北京圖書館館史資料彙編（1909～1949）〔G〕，北京：書目文獻出版社，1992。

9. 陳以愛，中國現代學術研究機構的興起：以北大研究所國學門為中心的探討〔M〕，南昌：江西教育出版社，2002。

10. 陳寅恪，金明館叢稿二編〔M〕，北京：三聯書店，2001。

11. 陳智超編注，陳垣來往書信集〔M〕，上海：上海古籍出版社，1990。

12. 程煥文，裘開明年譜〔M〕，桂林：廣西師範大學出版社，2008。

13. 程煥文，中國圖書館學教育之父：沈祖榮評傳〔M〕，臺北：臺灣學生書局，1997。

14. 丁文江，趙豐田編；歐陽哲生整理，梁任公先生年譜長編（初稿）〔M〕，北京：中華書局，2010。

15. 樊蔭南編纂，當代中國名人錄〔M〕，上海：良友圖書印刷公司，1931。

16. 傅振倫，蒲梢滄桑　九十憶往〔M〕，上海：華東師範大學出版社，1997。

17. 高平叔，王世儒編注，蔡元培書信集〔M〕，杭州：浙江教育出版社，2000。

18. 耿雲志，歐陽哲生編，胡適書信集〔M〕，北京，北京大學出版社，1996。

19. 郭建榮主編，國立西南聯合大學圖史〔M〕，昆明：雲南教育出版社，2006。

20. 國家圖書館編，袁同禮紀念文集〔C〕，北京：國家圖書館出版社，2012，（注：該書149～164頁缺漏，導致三篇研究文獻無法正常閱讀，相關內容採用該書出版前的2010年打印本補充）

21. 國家圖書館善本特藏部敦煌吐魯番學資料研究中心編，敦煌學國際研討會論文集〔C〕，北京：北京圖書館出版社，2005。

22. 何兆武口述，上學記〔M〕，文靖撰寫，修訂版，北京：三聯書店，2008。

23. 胡厚宣，古代研究的史料問題〔M〕，昆明：雲南人民出版社，2005。

24. 胡適著，胡適日記全編，7〔M〕，曹伯言整理合肥：安徽教育出版社，2001。

25. 胡述兆主編，圖書館學與信息科學大辭典（中）〔M〕，臺北：漢美圖書有限公司，1995。

26. 胡宗剛，胡先驌先生年譜長編〔M〕，南昌：江西教育出版社，2007。

27. 蔣復璁等口述，蔣復璁口述回憶錄〔M〕，黃克武編撰，臺北：中央研究院近代史研究所，2000（民國八十九年），（中央研究院近代史研究所史料叢刊 42 輯）

28. 蔣廷黻英文口述稿，蔣廷黻回憶錄〔M〕，謝鍾璉譯，臺北：傳記文學出版社，1979，（傳記文學叢刊之四十八）

29. 金恩輝，尋根集〔M〕，北京：北京圖書館出版社，1998。

30. 李澤厚，中國思想史論（下）〔M〕合肥：安徽文藝出版社，1999。

31. 李致忠主編，中國國家圖書館館史：1909～2009〔M〕，北京：國家圖書館出版社，2009。

32. 梁啟超，飲冰室合集〔M〕，北京：中華書局，1989。

33. 梁漱溟，憶往談舊錄〔M〕，北京：金城出版社，2006。

34. 劉哲民，陳政文，搶救祖國文獻的珍貴記錄：鄭振鐸先生書信集〔M〕，上海：學林出版社，1992。

35. 陸寶千主編，郭廷以先生書信選〔M〕，臺北：中央研究院近代史研究所，1995（民國八十四年）。

36. 倫明著，辛亥以來藏書紀事詩〔M〕，雷夢水校補，上海：上海古籍出版社，1990。

37. 馬衡撰，馬衡日記（附詩鈔）：一九四九年前後的故宮〔M〕，施安昌，華寧釋注，北京：紫禁城出版社，2005。

38. 麥群忠，朱育培主編，中國圖書館界名人辭典〔M〕，瀋陽：瀋陽出版社，1991。

39. 孟國祥，大劫難：日本侵華對中國文化的破壞〔M〕，北京：中國社會科學出版社，2005。

40. 浦江清，清華園日記　西行日記〔M〕，增補本，2 版，北京：三聯書店，1999。

41. 錢存訓，留美雜憶：六十年來美國生活的回顧〔M〕合肥：黃山書社，2008。

42. 橋川時雄編纂，中國文化界人物總鑒〔M〕，北京：中華法令編印館，1940（昭和十五年）。

43. 桑兵，國學與漢學〔M〕，北京：中國人民大學出版社，2010。

44. 沈津，顧廷龍年譜〔M〕，上海：上海古籍出版社，2004。

45. 蘇國有，楊振寧在昆明的讀書生活〔M〕，昆明：雲南人民出版社，2009。

46. 孫楷第，述也是園舊藏古今雜劇〔M〕，北平：北平圖書館，1940，（《圖書季刊》專刊第一種）

47. 唐德剛，晚清七十年（第一冊）〔M〕，臺北：遠流出版事業股份有限公司，1998。

48. 王啟龍，鄧小詠，鋼和泰學術評傳〔M〕，北京：北京大學出版社，2009。

49. 王毅，皇家亞洲文會北中國支會研究〔M〕，上海：上海書店出版社，2005。

50. 王重民，敦煌古籍敘錄〔M〕，北京：中華書局，2010。

51. 王重民，冷廬文藪〔M〕，上海：上海古籍出版社，1992。

52. 王子舟，杜定友和中國圖書館學〔M〕，北京：北京圖書館出版社，2002。

53. 王子舟，圖書館學基礎教程〔M〕，武漢：武漢大學出版社，2003。

54. 王子舟，圖書館學是什麼〔M〕，北京：北京大學出版社，2008。

55. 吳良忠，經世一書生：陳訓慈傳〔M〕，杭州：杭州出版社，2009。

56. 吳宓，吳宓日記（1～10 冊）〔M〕，吳學昭整理注釋，北京：三聯書店，1998/1999。

57. 向達著；榮新江編，向達先生敦煌遺墨〔M〕，北京：中華書局，2010。

58. 徐友春主編，民國人物大辭典（上）〔M〕，增訂版，石家莊：河北人民出版社，2007。

59. 姚名達，中國目錄學史〔M〕，上海：上海古籍出版社，2005。

60. 余英時著；邵東方編，史學研究經驗談〔M〕，上海：上海文藝出版社，2010。

61. 袁慧熙，袁澄編，思憶錄：袁守和先生紀念冊〔G〕，臺北：臺灣商務印

書館，1968。

62. 袁疆等編著，西北科學考察的先行者——地學家袁復禮的足跡〔M〕，北京：新華出版社，2007。

63. 袁同禮，渡邊宏合編，新疆研究文獻目錄（1886～1962）（日文本）〔M〕，Published by Tung-li Yuan (Printed in Tokyo), 1962。

64. 袁同禮，袁同禮文集〔M〕，北京：國家圖書館出版社，2010。

65. 袁詠秋，曾季光，中國歷代國家藏書機構及名家藏書敘傳選〔M〕，北京：北京大學出版社，1997。

66. 曾國藩著；唐浩明，評點，唐浩明評點曾國藩家書〔M〕，長沙：嶽麓書社，2002。

67. 張申府，所憶：張申府憶舊文選〔M〕，北京：中國文史出版社，1993。

68. 張昇編，永樂大典研究資料輯刊〔M〕，北京：北京圖書館出版社，2005。

69. 張元濟著，張元濟全集·第3卷·書信〔M〕，北京：商務印書館，2007。

70. 鄭重，中國文博名家畫傳·徐森玉〔M〕，北京：文物出版社，2007。

71. 中國社會科學院近代史研究所中華民國史組編，胡適來往書信選〔M〕，北京：中華書局，1979。

72. 朱傳譽主編，袁同禮傳記資料〔G〕，臺北：天一出版社，1979（民國六十八年）。

二、論文及期刊文獻

1. 〔波蘭〕愛德華·卡伊丹斯基著；張振輝譯，我的漢學之路〔M〕//國際漢學（第十三輯），鄭州：大象出版社，2005：7～14。

2. 白壽彝，關於袁同禮的兩封信〔J〕，文獻，1988（1）：263～254。

3. 北京大學雄辯會〔J〕//吳相湘，劉紹唐主編，國立北京大學紀念刊 第一冊（民國六年廿週年紀念冊·上），臺北：傳記文學出版社，1971（民國六十年）：182～186。

4. 北京圖書館徵求家譜〔J〕，中華圖書館協會會報，1926，1（6）：15。

5. 北平圖書館展覽中日戰史〔J〕，中華圖書館協會會報，1948，21（3、4期合刊）：14。

6. 北平圖努力徵集工作〔J〕，中華圖書館協會會報，1935，10（4）：22～23。

7. 北平圖與英國交換館員〔J〕，中華圖書館協會會報，1935，11（2）：38。

8. 北平圖最近消息〔J〕，中華圖書館協會會報，1936，12（2）：26。

9. 本會呈請中央執行委員會宣傳部恢復每月補助費〔J〕，中華圖書館協會會報，1939，13（5）：13。

10. 本會致美國圖協會總幹事米蘭博士謝函〔J〕，中華圖書館協會會報，1939，13（5）：15。

11. 本會致英國牛津大學石博鼎先生函〔J〕，中華圖書館協會會報，1939，13（5）：15。

12. 英國牛津大學捐書寄贈我國西南聯合大學〔J〕，中華圖書館協會會報，1939，13（5）：19～20。

13. 本刊編輯部啟事〔J〕，圖書季刊（中英文合訂本），1934，1（1）：封二。

14. 本刊旨趣〔J〕，讀書月刊，1931，1（1）：1。

15. 陳福康，《鄭振鐸致蔣復璁信札》整理中的錯誤〔J〕，學術月刊，2002（7）：90～93。

16. 第二次年會之籌備〔J〕，中華圖書館協會會報，1933，9（1）：12～15。

17. 讀書月刊停刊啟事〔J〕，讀書月刊，1933，2（12）：封二。

18. 俄國亞細亞博物院徵求我國名著〔J〕，北京圖書館月刊，1928，1（1）：28。

19. 傅振倫，近百年博物館事業先輩的事蹟〔J〕，中國博物館，1992（1）：24～28，41。

20. 傅振倫，袁同禮先生行誼（手稿複印件），1982：1～7。

21. 該刊編者，最近關於影印四庫全書之文獻〔J〕，浙江省立圖書館館刊，1933，2（5）：131～148。

22. 各國覆函〔J〕，中華圖書館協會會報，1938，13（2）：17～18。

23. 各國覆函〔J〕，中華圖書館協會會報，1938，13（3）：18。

24. 各國覆函〔J〕，中華圖書館協會會報，1939，13（5）：15～16。

25. 各國覆函〔J〕，中華圖書館協會會報，1939，14（1）：14。

26. 各國覆文〔J〕，中華圖書館協會會報，1939，13（6）：12。

27. 各國圖書館協會覆函〔J〕，中華圖書館協會會報，1938，13（1）：15～17。

28. 耿雲志，傅斯年對「五四」運動的反思——從傅斯年致袁同禮的信談起〔J〕，歷史研究，2004（5）：106～115；社會觀察，2004（12）：91～98。

29. 顧頡剛，購求中國圖書計劃書〔J〕，文獻，1981（8）：18～25。

30. 顧子剛先生捐贈本館圖書目錄〔J〕，圖書季刊，1946，新7卷（3、4期合刊）：72～79。

31. 館訊：本館藏書之保險〔J〕，北平北海圖書館月刊，1929，2（3，4期合刊）：362。

32. 館訊：本館與政治學會之合作〔J〕，北京圖書館月刊，1928，1（2）：127。

33. 館訊：德國使館之友誼協助〔J〕，北平北海圖書館月刊，1929，2（3，4 期合刊）：362。

34. 館訊：購書権商會〔J〕，北京圖書館月刊，1928，1（2）：126～127。

35. 館訊：購書委員會之組織〔J〕，北平北海圖書館月刊，1929，2（2）：185。

36. 館訊：館員體格檢查〔J〕，北平北海圖書館月刊，1929，2（3，4 期合刊）：361。

37. 館訊：聯合目錄〔J〕，北京圖書館月刊，1928，1（2）：126。

38. 館訊：美國寄贈全部官書〔J〕，北平北海圖書館月刊，1929，2（3，4 期合刊）：362。

39. 館訊：蒙藏俄文書之交換〔J〕，北京圖書館月刊，1928，1（2）：127。

40. 館訊：碩學來訪〔J〕，北京圖書館月刊，1928，1（2）：126。

41. 館訊：閱覽方面之設備〔J〕，北京圖書館月刊，1928，1（3）：183。

42. 館訊：中國官書之調查〔J〕，北平北海圖書館月刊，1929，2（2）：186。

43. 管理中英庚款董事會覆函本會准於在昆明籌設圖書館一所〔J〕，中華圖書館協會會報，1939，13（5）：13。

44. 國際學術文化資料供應委員會正式成立〔J〕，中華圖書館協會會報，1943，17（3、4 期合刊）：5。

45. 國立北平圖書館工作近況〔J〕，中華圖書館協會會報，1940，15（1、2 期合刊）：11～12。

46. 國立北平圖書館入藏西夏文書〔J〕，中華圖書館協會會報，1929，5（3）：29～30。

47. 國立北平圖書館之新藏與新預算〔J〕，中華圖書館協會會報，1930，6（1）：31～32。

48. 國立北平圖書館最近消息〔J〕，中華圖書館協會會報，1939，14（1）：23。

49. 國立北平圖近訊〔J〕，中華圖書館協會會報，1937，12（4）：17。

50. 國立北平圖近訊〔J〕，中華圖書館協會會報，1937，12（5）：21～22。

51. 國立北平圖近訊〔J〕，中華圖書館協會會報，1937，12（6）：23～24。

52. 和（袁同禮），（評）四庫全書總目韻編〔J〕，中華圖書館協會會報，1928，3（5）：23～24。

53. 和（袁同禮），（評）中國圖書館計劃書〔J〕，中華圖書館協會會報，1928，3（5）：23。

54. 和（袁同禮），永樂大典現存卷數表續記〔J〕，國立北平圖書館月刊，1929，3（4）：458。

55. 和（袁同禮），永樂大典現存卷數表再補〔J〕，國立北平圖書館館刊，1931，

4（2）：42。

56. 胡適，講，中國書的收集法〔J〕，中華圖書館協會會報，1934，9（5）：
1～8。

57. 華西協和大學圖書影片閱覽室工作簡訊〔J〕，中華圖書館協會會報，
1944，18（4）：13。

58. 會員簡訊〔J〕，中華圖書館協會會報，1934，10（2）：17～18；

59. 會員簡訊〔J〕，中華圖書館協會會報，1935，11（1）：17～18。

60. 會員消息〔J〕，中華圖書館協會會報，1932，8（1、2期合刊）：43～44。

61. 繼續調查全國圖被毀狀況、「中國教育文化機關被毀記實」脫稿、發展西
南圖計劃、復興事業〔J〕，中華圖書館協會會報，1938，13（2）：17。

62. 焦樹安，將畢生精力貢獻給中國圖書館事業的袁同禮〔J〕，國家圖書館
學刊，2001（2）：74～81，86。

63. 金問泗，袁守和先生對於本國外交問題之留意〔J〕，（臺北）傳記文學，
1966（民國五十五年），8（2）：36～37。

64. 勞幹，記袁守和先生〔J〕，（臺北）中外雜誌，1968，4（2）：9～10。

65. 李德範，王重民先生與敦煌遺書照片〔C〕//國家圖書館善本特藏部敦煌
吐魯番學資料研究中心編，敦煌學國際研討會論文集，北京：北京圖書
館出版社，2005：27～30。

66. 李璜，憶民十四五在北大教書時的四位好友〔J〕，（臺北）傳記文學，1967
（民國五十六年），10（5）：23～26。

67. 李書華，追憶袁守和先生〔J〕，（臺北）傳記文學，1966（民國五十五年），
8（2）：33～35。

68. 李婷，袁同禮與民國時期圖書館事業〔J〕，北京圖書館通訊，1989（1）：
63～67。

69. 李曉澤，袁同禮親屬及其贈書研究〔J〕，保定師範專科學校學報，2007，
20（3）：108～110。

70. 李興輝，回憶老館長袁同禮先生〔J〕，北京圖書館通訊，1989（1）：72。

71. 列寧格勒博物院的珍本圖書〔J〕，中華圖書館協會會報，1938，13（3）：
30。

72. 林清華，袁同禮先生與近代中國圖書館事業〔D〕，臺灣私立中國文化大
學史學研究所圖書文物組，1983。

73. 劉東元，憶袁同禮先生二、三事〔J〕，北京圖書館通訊，1989（1）：71。

74. 劉以煥，從袁守和遺存在大陸的一件墨蹟說起〔J〕，新亞論叢，2003（5）：
111～114。

75. 毛坤，調查四川省圖報告〔J〕，中華圖書館協會會報，1932，8（3）：1

～6。

76. 苗懷明,讀孫楷第《小說旁證》箚記〔J〕,文獻,2001(4):236～246。

77. 彭敏惠,文華公書林與文華圖專的巡迴文庫〔J〕,圖書館論壇,2008,
28(4):115～117。

78. 浦漢明,重溫陳寅恪先生給先父的信〔J〕,萬象,2009,11(11):131
～138。

79. 戚志芬,為圖書館事業奉獻一生的袁同禮先生〔J〕,北京圖書館館刊,
1992(1):24～30。

80. 戚志芬,袁同禮與中日戰爭史料徵輯會〔J〕,北京圖書館通訊,1989(1):
58～62,70。

81. 錢存訓,北平圖書館善本書籍運美經過──紀念袁守和先生〔J〕,(臺北)
傳記文學,1967(民國五十六年),10(2):55～57。

82. 錢存訓,吳光清博士生平概要〔J〕,國家圖書館學刊,2005(3):82～
84。

83. 秦賢次,袁同禮(1895～1965)〔G〕//劉紹唐主編,民國人物小傳(第
二冊),臺北:傳記文學出版社,1977(民國六十六年):129～132。

84. 全國學術機關團體組織戰時徵集圖書委員會〔J〕,中華圖書館協會會報,
1939,13(5):18～19。

85. 少年中國學會消息〔J〕,少年中國,1919,1(1):34～36。

86. 少年中國學會消息〔J〕,少年中國,1919,1(2):50。

87. 沈津,鄭振鐸致蔣復璁信札(上)(中)(下)〔J〕,文獻,2001(3):249
～275;2001(4):214～228;2002(1):216～231。

88. 沈祖榮,中國圖書館及圖書館教育調查報告〔J〕,中華圖書館協會會報,
1933,9(2):1～8。

89. 沈祖榮,參加國際圖書館第一次大會及歐洲圖書館概況調查報告〔J〕,
中華圖書館協會會報,1929,5(3):3～29。

90. 舒悅,評《袁同禮的中國藝術及考古西文文獻書目》〔J〕,中國索引,
2008,6(2):41～43。

91. 宋鳳英,袁同禮與北京圖書館〔J〕,文史月刊,2007(3):29～31。

92. 譚其驤,悼念王庸先生〔J〕,地理學報,1956,22(3):261～266。

93. 譚其驤,值得懷念的三年圖書館生活〔J〕,文獻,1982(4):243～247。

94. 唐德剛,袁同禮在中國近代史上的位置〔J〕,(臺北)傳記文學,1995(民
國八十四年),67(6):29～35。

95. 圖學免費新生招考〔J〕,中華圖書館協會會報,1933,8(6):24～26。

96. 王菡,王重民致胡適、袁同禮的一封信〔J〕,國家圖書館學刊,2004(1):

87～89。

97. 王振鵠，袁同禮傳〔J〕，國史擬傳（第九輯）：107～120。

98. 王重民，刀筆考〔J〕，圖書館學季刊，1929，3（1、2期合刊）：131～133。

99. 王重民，羅馬訪書記〔J〕，圖書季刊，1936，3（4）：231～238。

100. 王子舟，時代需求與目錄學的發展〔J〕，圖書情報知識，1998（1）：7～
10。

101. 王子舟，建國六十年來中國的圖書館學研究〔J〕，圖書情報知識，2011
（1）：4～12，35。

102. 王子舟，圖書館工作特性的幾點感知〔J〕，圖書與情報，2005（3）：2～
6。

103. 溫國強，袁同禮與《西方文獻中之中國》〔J〕，上海高校圖書情報學刊，
2002（4）：48～51。

104. 我國贈華萊士書籍多種〔J〕，中華圖書館協會會報，1944，18（4）：12。

105. 吳光清，原北平圖書館館長袁同禮學術傳略〔J〕，文獻，1985，（4）：139
～143。

106. 吳萍莉，袁同禮與美國國會圖書館〔J〕，晉圖學刊，2005（5）：75～77。

107. 吳小龍，毛澤東與少年中國學會〔J〕，炎黃春秋，2002（7）：52～57。

108. 武世俊，陳廣梅，袁同禮與中華圖書館協會〔J〕，淮海文匯，1997（6）：
28～30。

109. 現代德國印刷展覽會〔J〕，中華圖書館協會會報，1933，9（3）：20～22。

110. 新組織之國立北平圖書館〔J〕，中華圖書館協會會報，1929，5（1、2期
合刊）：43～46。

111. 徐家璧，袁守和先生在抗戰期間之貢獻〔J〕，（臺北）傳記文學，1966（民
國五十五年），8（2）：40～45。

112. 學生一覽〔J〕//吳相湘，劉紹唐主編，國立北京大學紀念刊 第二冊（民
國六年廿週年紀念冊 上），臺北：傳記文學出版社，1971（民國六十年）：
29～30。

113. 嚴蔣兩君分遊歐美〔J〕，中華圖書館協會會報，1930，6（1）：31。

114. 嚴文郁，提攜後進的袁守和先生〔J〕，（臺北）傳記文學，1966（民國五
十五年），8（2）：38～39。

115. 楊殿珣，對袁同禮館長的回憶〔J〕，北京圖書館通訊，1989（1）：68～
70。

116. 殷洪，錢基博、錢鍾書父子的圖書館情緣〔M〕//謝泳主編，錢鍾書和他
的時代，上海：上海辭書出版社，2009：205。

117. 英國捐贈我國圖書大批起運來華〔J〕，中華圖書館協會會報，1939，14

（2、3 期合刊）：14。

118. 英國圖協會發起捐書援華運動〔J〕，中華圖書館協會會報，1939，14（2、3 期合刊）：11～12。

119. 英美學術界積極援華〔J〕，中華圖書館協會會報，1939，14（1）：11～12。

120. 影印四庫全書往來箋〔J〕，青鶴，1933，1（20）：1～4。

121. 余豐民，袁同禮《西文漢學書目》分類體系淺析〔J〕，圖書館理論與實踐，2008（4）：131～132。

122. 于震寰，中華圖協會第二次年會紀事〔J〕，中華圖書館協會會報，1933，9（2）：22～26。

123. 袁澄，勞碌一生的父親〔J〕，（臺北）傳記文學，1966（民國五十五年），8（2）：46～50。

124. 袁疆，袁靜，袁玫等，袁復禮三兄弟〔G〕//北京市政協文史資料委員會編，名人與老房子，北京：北京出版社，2004：198～223。

125. 袁靜、袁澄、袁清，父親袁同禮與北京圖書館〔J〕，北京觀察，2003（5）：40～42。

126. 袁清、徐家璧同輯，袁同禮先生中英文著述目錄〔J〕，（臺北）傳記文學，1967（民國五十六年），10（2）：59～62。

127. 袁守和先生留歐消息〔J〕，中華圖書館協會會報，1934，10（1）：18～19。

128. 袁同禮，本館略史〔J〕，北京圖書館月刊，1928，1（1）：1。

129. 袁同禮，國立北平圖書館善本書目乙編序〔J〕，圖書館學季刊，1935，9（3、4 期合刊）：479～480。

130. 袁同禮，國立北平圖書館之使命〔J〕，中華圖書館協會會報，1931，6（6）：3～4。

131. 袁同禮，近十年來國際目錄事業之組織〔J〕，北大圖書部月刊，1929，1（1）：7～18。

132. 袁同禮，清代私家藏書概略〔J〕，圖書館學季刊，1926，1（1）：31～38。

133. 袁同禮，四庫全書中永樂大典輯本之缺點〔J〕，國立北平圖書館館刊，1933，7（5）：63～70。

134. 袁同禮，永樂大典現存卷目〔J〕，中華圖書館協會會報，1925，1（4）：4～10。

135. 袁同禮，永樂大典現存卷目表〔J〕，國立北平圖書館館刊，1933，7（1）：121。

136. 袁同禮，永樂大典現存卷數續目〔J〕，中華圖書館協會會報，1927，3（1）：

9～11。

137. 袁同禮，中華圖書館協會之過去現在與將來〔J〕，中華圖書館協會會報，1944，18（4）：2～3。

138. 曾凡菊，袁同禮與北圖善本運美之前前後後〔J〕，學術論壇，2008（5）：156～158。

139. 戰時徵集圖書委員會舉行第三第四兩次執行委員會會議〔J〕，中華圖書館協會會報，1939，13（6）：18～19。

140. 戰時徵集圖書委員會致本會袁理事長函〔J〕，中華圖書館協會會報，1939，13（5）：12。

141. 張書美，袁同禮先生的讀者服務觀〔J〕，圖書館，2007（1）：122～124，127。

142. 張秀民，袁同禮先生與國立北平圖書館〔J〕，國家圖書館學刊，1997（3）：53～59，92。

143. 張崟，最近景印四庫書三種草目比較表〔J〕，浙江省立圖書館館刊，1933，2（5）：1～45。

144. 趙達雄，影印宜止 比勘當行——讀蔡元培、袁同禮先生「對於影印《四庫全書》的建議」有感〔J〕，出版發行研究，2001（8）：76～78。

145. 趙河清、王英智，袁氏贈書提要及袁同禮部分著述題解〔J〕，保定師範專科學校學報，2007，20（3）：106～107，110。

146. 政府委託本會繼續辦理在美徵集圖書事宜〔J〕，中華圖書館協會會報，1939，13（5）：12～13。

147. 志書銷沉一斑〔J〕，中華圖書館協會會報，1932，8（3）：6～10。

148. 中德文化協會圖〔J〕，中華圖書館協會會報，1934，9（4）：16。

149. 中國國際圖在歐徵集圖書運到本會香港辦事處〔J〕，中華圖書館協會會報，1939，14（1）：12～13。

150. 中國圖書館友人美國波拉德教授去世〔J〕，中華圖書館協會會報，1939，14（1）：13～14。

151. 中華圖書館協會第六年度報告（十九年六月至二十年六月）〔J〕，中華圖書館協會會報，1931，7（1）：1～7。

152. 中華圖書館協會第十年度會務報告（二十三年七月至二十四年六月〔J〕，中華圖書館協會會報，1935，10（6）：3～7。

153. 中日戰事史料會定期舉行抗戰史料展覽〔J〕，中華圖書館協會會報，1940，14（4）：29。

154. 中日戰事史料徵集會集刊〔J〕，1940（1）：11. 轉引自：李曉明，李娟，袁同禮與中日戰事史料徵集會〔C〕//國家圖書館編，袁同禮紀念文集，

2012：138。

155. 鍾衍星，我國早期圖書館學專家袁同禮〔J〕，高校圖書館工作，1994（3）：35～37，45。

156. 周洪宇，陳競蓉，孟祿在華活動年表〔J〕，華東師範大學學報（教育科學版），2003，21（3）：51～52。

157. 朱士嘉，我所瞭解的袁同禮先生〔J〕，圖書館學通訊，1985（3）：90～92。

158. 駐比大使館及中國國際圖書館覆函〔J〕，中華圖書館協會會報，1939，13（5）：16。

159. 駐英郭大使覆函〔J〕，中華圖書館協會會報，1939，13（6）：12。

160. 資中筠，袁同禮——中國現代圖書館的先驅〔M〕//資中筠，讀書人的出世與入世，北京：中國社會科學出版社，2002：38～49，（原載《萬象》2000年1期，51～60頁）

161. 鄒新明，難以再現的輝煌？——20世紀30年代北平圖書館以編纂委員會為中心的青年學者群〔J〕，國家圖書館學刊，2010（2）：88～95。

三、報紙文獻

1. 北平圖書館館長副館長上教育部呈，教育部部長覆蔡袁二君函〔N〕，（天津）大公報文學副刊（第293期），1933-08-14（3張11版）。

2. 北平圖書館在西所購書籍抵滬，為該國羅克子君所收藏，多係孤本，經袁同禮購置〔N〕，中央日報，1935-02-06（2張2版）。

3. 蔡元培等向教部貢獻影印四庫全書意見〔N〕，申報，1933-08-05（4張16頁）。

4. 董康等對籌印四庫全書意見〔N〕，申報，1933-08-13（5張18頁）。

5. 蔣復璁，悼念袁同禮先生〔N〕，（臺北）中央日報，1965-02-10（5版）。

6. 李宗侗，敬悼袁同禮學長〔N〕，（臺北）中央日報，1965-02-16（6版）。

7. 梅貽琦昨抵京，李書華袁同禮等同來〔N〕，中央日報，1948-12-22（2版）。

8. 蘇瑩輝，北平圖書館與敦煌學——悼念袁守和先生〔N〕，（臺北）中央日報，1965-02-25（6版）。

9. 王重民，論教育部選印四庫全書〔N〕，（天津）大公報文學副刊（第293期），1933-08-14（3張11版）。

10. 文化基金會議決八要案已閉會〔N〕（天津）大公報，1929-07-01（2張5版）。

11. 影印四庫全書，現正編訂珍本目錄〔N〕，中央日報，1933-08-12（2張2版）。

12. 影印四庫全書目錄已定〔N〕，中華圖書館協會會報，1933，9（2）：28～32。

13. 袁同禮，向達，選印四庫全書平議〔N〕，（天津）大公報文學副刊（第293期），1933-08-14（3張11版）。

14. 袁同禮今日離渝赴美考察農業〔N〕，中央日報，1944-11-30（2版）。

15. 張紀定，袁同禮先生與圖書編目〔N〕，（臺北）中央日報，1965-02-28（6版）。

16. 張元濟對於影印四庫全書意見〔N〕，申報，1933-08-10（4張15頁）。

17. 張志清，趙萬里與永樂大典〔N〕，中國文物報，2002-05-10（5版）。

18. 鄭壽麟，從永樂大典與圖書集成說起——袁守和先生與中德文化之溝通〔N〕，（臺北）中央日報，1965-03-18（6版）。

19. 質素，袁同禮創設的北平圖書館〔N〕，（臺北）中央日報，1965-02-14（6版）。

20. 中德文化協會成立，推朱家驊陶德曼為名譽會長，丁文江胡適等十七人為董事〔N〕，（天津）大公報，1933-05-07（4版）。

四、英文文獻

1. Ask books for Chinese libraries [J], Bulletin of the American Library Association, 1938, 32(10): 710.

2. Books for China still welcome [J], A.L.A. Bulletin, 1940, 34(8): 469.

3. Carl H. Milam to T. L. Yuan, (1943-11-22). American Library Association Archives, University of Illinois, Urbana, 7/1/51, Box 2.

4. Carl H. Milam to T. L. Yuan, (1944-05-01). American Library Association Archives, University of Illinois, Urbana, 7/1/51, Box 2.

5. Carl H. Milam to T. L. Yuan, (1944-02-11). American Library Association Archives, University of Illinois, Urbana, 7/1/51, Box 2.

6. Carl H. Milam to T. L. Yuan, (1944-03-11). American Library Association Archives, University of Illinois, Urbana, 7/1/51, Box 2.

7. Carl H. Milam to T. L. Yuan, (1944-05-01). American Library Association Archives, University of Illinois, Urbana, 7/1/51, Box 2.

8. Carl H. Milam to T. L. Yuan, （1945-01-09）. American Library Association Archives, University of Illinois, Urbana, 7/1/51, Box 2.

9. Carl H. Milam. Secretary's report [J], A.L.A. Bulletin, 1939, 33(9): 529-541.

10. Charles H. Brown to T. L. Yuan, (1944-05-31). American Library Association Archives, University of Illinois, Urbana, 7/1/51, Box 2.

11. Charles H. Brown to T. L. Yuan, (1944-04-22). American Library Association Archives, University of Illinois, Urbana, 7/1/51, Box 2.

12. Charles H. Brown to T. L. Yuan, (1944-05-31). American Library Association

Archives, University of Illinois, Urbana, 7/1/51, Box 2.

13. Charles H. Brown to T. L. Yuan, (1944-07-29). American Library Association Archives, University of Illinois, Urbana, 7/1/51, Box 2.

14. Chi Wang.Yuan,T'ung-li [M] //Robert Wedgeworth.World encyclopedia of library and information services.2nd ed.. Chicago: American Library Association, 1986: 863-864.

15. Chinese libraries appeal for help [J], Bulletin of the American Library Association, 1938, 32(6): 403-404.

16. Dr. Bostwick asks books for China [J], Bulletin of the American Library Association, 1938, 32(11): 766.

17. J. Periam Danton. Have you helped? [J], Bulletin of the American Library Association, 1938, 32(13): 1046.

18. Howard L. Boorman,Richard C. Howard,ed..Biographical Dictionary of Republican China [G], New York: Columbia University Press, 1971, Vol.4: 89-92.

19. J. Periam Danton. Books for China [J], The Library Journal, 1938(17): 714.

20. J. Periam Danton. International relations [J], A.L.A. Bulletin, 1939, 33(9): 619-621.

21. J. Periam Danton. International Relations [J], A.L.A. Bulletin, 1940, 34(9): 584-585.

22. Katheryn M. Linduff.Review of The T. L. Yuan Bibliography of Western Writings on Chinese Art and Archaeology (1975, edited by Harrie A. Vanderstappen) [J], The Journal of Asian Studies, 1977, 37(1): 104-105.

23. Li Shu-hua. Foreword [M] // Tung-li Yuan.A Guide to Doctoral Dissertations by Chinese Students in Continental Europe 1907-1962. Reprinted from Chinese Culture Quarterly, Taipei, 1964: 2.

24. Margaret Medley.Review of The T. L. Yuan Bibliography of Western Writings on Chinese Art and Archaeology (1975, edited by Harrie A. Vanderstappen) [J], Bulletin of the School of Oriental and African Studies, University of London, 1977, 40(1): 185-186.

25. P. W. Kuo.Foreword [M] // Tung li Yuan. A Guide to Doctoral Dissertations by Chinese Students in America 1905-1960. Washington, D. C.: Sino-American Cultural Society, 1961: ix-xi.

26. Simon Winchester. The Man Who Loved China: The Fantastic Story of the Eccentric Scientist Who Unlocked the Mysteries of the Middle Kingdom [M], NewYork: Harper, 2008.

27. T. H. Tsien.Review: A Guide to Doctoral Dissertations by Chinese Students in America 1905-1960 [J], The Library Quarterly, 1962, 32(3): 241-242.

28. T. L. Yuan to Carl H. Milam, (1943-12-02). American Library Association Archives, University of Illinois, Urbana, 7/1/51, Box 2.

29. T. L. Yuan to Carl H. Milam, (1943-09-08). American Library Association Archives, University of Illinois, Urbana, 7/1/51, Box 2.

30. T. L. Yuan to Carl H. Milam, (1944-03-08). American Library Association Archives, University of Illinois, Urbana, 7/1/51, Box 2.

31. T. L. Yuan to Carl H. Milam, (1944-03-08). American Library Association Archives, University of Illinois, Urbana, 7/1/51, Box 2.

32. T. L. Yuan to Carl H. Milam, (1944-04-11). American Library Association Archives, University of Illinois, Urbana, 7/1/51, Box 2.

33. T. L. Yuan to Carl H. Milam, (1944-04-27). American Library Association Archives, University of Illinois, Urbana, 7/1/51, Box 2.

34. T. L. Yuan to Carl H. Milam, (1944-05-08). American Library Association Archives, University of Illinois, Urbana, 7/1/51, Box 2.

35. T. L. Yuan to Charles H. Brown, (1944-05-24). American Library Association Archives, University of Illinois, Urbana, 7/1/51, Box 2.

36. T. L. Yuan to Charles H. Brown, (1944-06-14). American Library Association Archives, University of Illinois, Urbana, 7/1/51, Box 2.

37. T. L. Yuan to Charles H. Brown, (1944-06-03). American Library Association Archives, University of Illinois, Urbana, 7/1/51, Box 2.

38. T. L. Yuan, J. K. Fairbank. Memo: Sino-American Intellectual Relations (1942-12-31). American Library Association Archives, University of Illinois, Urbana, 7/1/51, Box 1.

39. Tsing Yuan. Tung Li Yuan 袁同禮（1895～1965）and the Chinese Modern Library Movement [J], Journal of Chinese American Studies（華美族研究集刊），2007（13）：1～25。

40. Tsing Yuan.Tung-li Yuan (1895-1965): Founding father of National Library of China and cultural communicator between the East and West [M] //沈志佳、周煉紅、陳同麗編，架起中美文化的橋樑：華人圖書館員協會回眸三十年，1973～2003（Bridging cultures-Chinese American librarians and their organization: a glance at the thirty years of CALA, 1973-2003）。桂林：廣西師範大學出版社，2004：174～187。

41. Tsuen-hsuin Tsien.Foreword [M] // Tung-li Yuan, Harrie A. Vanderstappen. The T. L. Yuan Bibliography of Western Writings on Chinese Art and Archaeology. London: Mansell Information/Publishing Limited,1975.

42. Tung li Yuan. A Guide to Doctoral Dissertations by Chinese Students in America 1905-1960[M], Washington, D. C.: Sino-American Cultural Society, 1961.

43. Tung-li Yuan,Harrie A. Vanderstappen. The T. L. Yuan Bibliography of Western Writings on Chinese Art and Archaeology [M], London: Mansell Information/Publishing Limited, 1975.

44. Tung-li Yuan.A Guide to Doctoral Dissertations by Chinese Students in

Continental Europe 1907-1962 [M], Reprinted from Chinese Culture Quarterly, Taipei, 1964.

45. Tung-li Yuan.Bibliography of Chinese Mathematics 1918-1960（現代中國數學研究目錄）〔M〕: Published by Tung-li Yuan,Printed in the U. S. A..

46. Tung-li Yuan.China in Western Literature: A Continuation of Cordier's Bibliotheca Sinica [M], New Haven: Far Eastern Publications, Yale University, 1958.

47. Tung-li Yuan.Economic and Social Development of Modern China: A Bibliographical Guide [M], New Haven: Human Relations Area Files, 1956.

48. Tung-li Yuan.Russian Works on China, 1918-1960 in American Libraries [M], New Haven: Far Eastern Publications,Yale University, 1956.

49. Vera Schwarcz. Out of historical amnesia: An eclectic and nearly forgotten Chinese Communist in Europe [J], Modern China, 1987, 13(2): 177-225.

50. Wilma Fairbank. America's Cultural Experiment in China: 1942-1949 [M], Washington: Bureau of Educational and Cultural Affairs, U.S. Department of State, 1976.

51. Yuan Zhou,Calvin Elliker. From the people of the United States of America: The books for China programs during World War II [J], Library & Culture, 1997, 32(2): 191-226.

52. YUAN, T'ung-li (1895-1965) [J], Contemporary authors: permanent series, 1975(1): 695-696.

五、網絡資源

1. 從樣式雷圖檔到數字圓明園「九州清晏」一期成果發布〔EB/OL〕，中國國家圖書館網站·國圖新聞，（2010-09-08）〔2010-09-09〕，http://www.nlc.gov.cn/syzt/2010/0908/article_562.htm。

2. 第五屆中美圖書館合作會議在京隆重召開，中美專家再度聚首，共商數字資源共享〔EB/OL〕，中國國家圖書館網站·國圖新聞，（2010-09-09）〔2010-09-09〕， http://www.nlc.gov.cn/syzt/2010/0909/article_565.htm。

3. 北京圖書館第一年度報告（十五年三月至十六年六月）〔R/OL〕，〔2011-01-29〕，http://www.cadal.zju.edu.cn/book/11106157/。

4. 北京圖書館第二年度報告（十六年七月至十七年六月）〔R/OL〕，〔2011-01-29〕，http://www.cadal.zju.edu.cn/book/11106156/。

5. 北平北海圖書館第三年度報告（十七年七月至十八年六月）〔R/OL〕，〔2011-01-29〕，http://www.cadal.zju.edu.cn/book/13052795/。

6. 國立北平圖書館館務報告（民國十八年七月至十九年六月）〔R/OL〕，〔2011-01-29〕，http://www.cadal.zju. edu.cn/book/16002256/。

7. 國立北平圖書館館務報告（民國十九年七月至二十年六月）〔R/OL〕，〔2011-01-29〕，http://www.cadal.zju.edu.cn/book/13052875/。

8. 國立北平圖書館館務報告（民國二十年七月至二十一年六月）〔R/OL〕，〔2011-01-29〕，http://www.cadal.zju.edu.cn/book/16002257/。

9. 國立北平圖書館館務報告（民國二十一年七月至二十二年六月）〔R/OL〕，〔2011-01-29〕，http://www.cadal.zju.edu.cn/book/03005965/。

10. 國立北平圖書館館務報告（民國二十二年七月至二十三年六月）〔R/OL〕，〔2011-01-29〕，http://www.cadal.zju.edu.cn/book/16002258/。

11. 國立北平圖書館館務報告（民國二十三年七月至二十四年六月）〔R/OL〕，〔2011-01-29〕，http://www.cadal.zju.edu.cn/book/16002259/。

12. 國立北平圖書館館務報告（民國二十四年七月至二十五年六月）〔R/OL〕，〔2011-01-29〕，http://www.cadal.zju.edu.cn/book/09002873/。

13. 國立北平圖書館館務報告（民國二十五年七月至二十六年六月）〔R/OL〕，〔2011-01-29〕，http://www.cadal.zju.edu.cn/book/04100741/。

14. 國立北平圖書館館務報告（民國十八年七月至十九年六月）〔R/OL〕，〔2011-01-29〕，http://www.cadal.zju.edu.cn/book/16002256/。

15. 黃延復、梅貽琦、陳寅恪「解放」前夕為何要「出走」？〔OL〕，炎黃春秋網（刊外稿），（2010-05-23）〔2010-08-25〕，http://www.yhcqw.com/html/kwgnew/2010/523/10523189256BF9A742222A86GI7DAH9B58.html。

16. 馬嘶，從一份《館務報告》看國圖百年〔OL〕，中華讀書報，2009-09-09（5版），（2009-09-09）〔2011-04-16〕，http://www.gmw.cn/01ds/2009-09/09/content_978997.htm。

17. 袁同禮書札〔OL〕，孔夫子舊書網·中國書店 2009 年秋季書刊資料拍賣會，〔2011-03-30〕，http://pmgs.kongfz.com/detail/1_93407/。

18. 許倬雲自述成長歲月：在「芝大」念書、搞民權〔OL〕，搜狐文化，（2009-02-19）〔2011-02-21〕，http://cul.sohu.com/20090219/n262339109.shtml。（原載《時代週報》）

19. 中鐵建巨虧 40 億調查〔OL〕，上海法律顧問網，（2010-11-08）〔2011-04-19〕，http://www.021fagu.com/html/gszl/465.html。